Florian Bieber

Pulverfass Balkan

FLORIAN BIEBER

PULVERFASS BALKAN

Wie Diktaturen Einfluss in Europa nehmen

Ch.Links VERLAG

Auch als ebook erhältlich

Die Deutsche Nationalbibliothek verzeichnet diese Publikation
in der Deutschen Nationalbibliografie; detaillierte bibliografische Angaben
sind im Internet über www.dnb.de abrufbar.

Ch. Links Verlag ist eine Marke der Aufbau Verlage GmbH & Co. KG

www.aufbau-verlage.de/ch-links-verlag
Prinzenstraße 85, 10969 Berlin

Umschlaggestaltung: zero-media.net, München, unter Verwendung der Fotos
© ARMEND NIMANI/Kontributor/Getty Images (oben),
© picture alliance/AP Photo/Darko Vojinovic (unten)
Karten: Peter Palm, Berlin
Satz: LVD GmbH, Berlin
Druck und Bindung: Druckerei F. Pustet, Gutenbergstr. 8, 93051 Regensburg

ISBN 978-3-96289-193-0

INHALT

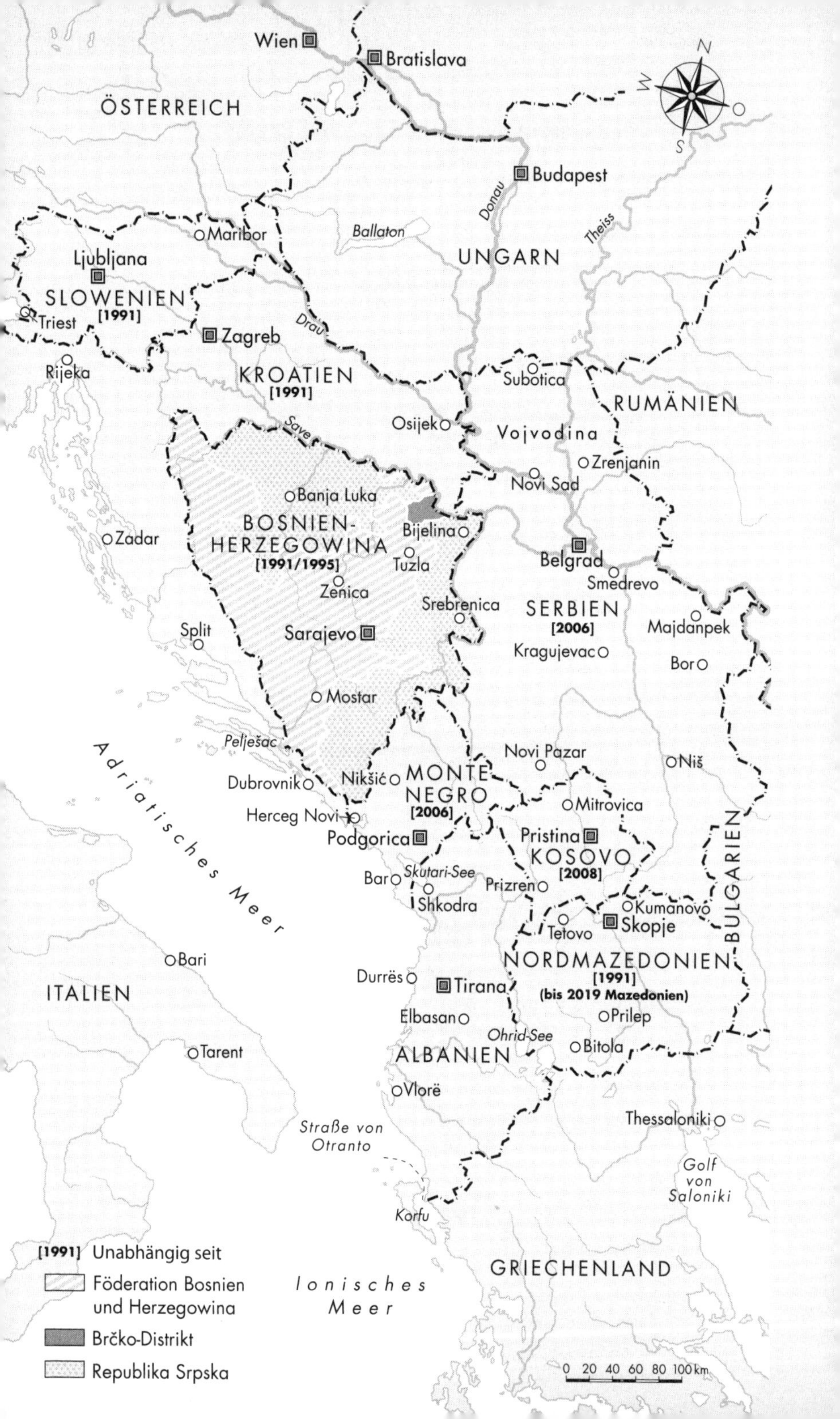

Wien
Bratislava
N
W
O
S
ÖSTERREICH
Budapest
Donau
Theiss
Ballaton
Maribor
UNGARN
Ljubljana
SLOWENIEN
[1991]
Triest
Drau
Zagreb
Rijeka
KROATIEN
[1991]
Subotica
RUMÄNIEN
Save
Osijek
Vojvodina
Zrenjanin
Novi Sad
Banja Luka
BOSNIEN-
HERZEGOWINA
[1991/1995]
Bijelina
Zadar
Tuzla
Belgrad
Smedrevo
Zenica
Srebrenica
SERBIEN
[2006]
Majdanpek
Split
Sarajevo
Kragujevac
Bor
Mostar
Pelješac
Novi Pazar
Niš
Adriatisches Meer
Dubrovnik
Nikšić
MONTE
NEGRO
[2006]
Mitrovica
Herceg Novi
Podgorica
Pristina
KOSOVO
[2008]
BULGARIEN
Bar
Skutari-See
Prizren
Shkodra
Kumanovo
Tetovo
Skopje
Bari
NORDMAZEDONIEN
[1991]
(bis 2019 Mazedonien)
Durrës
Tirana
ITALIEN
Elbasan
Prilep
Ohrid-See
Bitola
Tarent
ALBANIEN
Vlorë
Thessaloniki
Straße von
Otranto
Golf
von
Saloniki
Korfu
[1991] Unabhängig seit
Föderation Bosnien
und Herzegowina
Brčko-Distrikt
Republika Srpska
Ionisches
Meer
GRIECHENLAND
0 20 40 60 80 100 km

Vertrag von Bukarest (1913)
an Serbien
an Griechenland
an Bulgarien
an Montenegro
Albanien
Budapest
ÖSTERREICH-UNGARN
Timişoara
Drau
Osijek
Novi Sad
Kroatien-Slawonien
Save
Šabac
Belgrad
RUMÄNIEN
Craiova
Donau
Tuzla
Loznica
Bosnien und Herzegowina
Sarajevo
SERBIEN
Niš
BULGARIEN
Sofia
Novi Pazar
Mitrovica
MONTE-NEGRO
Pristina
Kosovo
N
W
O
S
Dubrovnik
Podgorica
Skutari-See
Skopje
Bar
Skutari
Kukës
Mazedonien
Gostivar
Adriatisches Meer
Durrës
Tirana
Bitola
Ohrid-See
Saloniki
ALBANIEN
OSMANISCHES REICH
Brindisi
Golf von Saloniki
Straße von Otranto
Ägäisches Meer
Korfu
Ionisches Meer
GRIECHENLAND
Grenze des Osmanischen Reiches vor den Balkankriegen
0 20 40 60 80 100km

EINLEITUNG

Anfang März 2022. Überall in Europa demonstrieren Menschen gegen den russischen Angriffskrieg in der Ukraine. Auch in Belgrad gehen Tausende auf die Straße, jedoch nicht, um sich mit der Ukraine zu solidarisieren, sondern mit Russland. Der Protestzug vom 4. März beginnt am Denkmal für Zar Nikolaus II., 2014 errichtet als Geschenk Russlands, und zieht von dort zur russischen und zur belarussischen Botschaft. Neben der Parole »Serbien und Russland brauchen die [Europäische] Union nicht« zeigen die Demonstrierenden den Buchstaben »Z« – das Symbol der russischen Invasion –, orthodoxe Ikonen sowie serbische und russische Fahnen. Der serbische Präsident Aleksandar Vučić tut ihnen zu wenig, um Russland zu unterstützen. Ein Plakat bringt es auf den Punkt: Es zeigt Vladimir Putin als »richtigen Präsidenten«, während Vučić als »Verräter« dargestellt wird. Aktivisten treten demonstrativ auf EU-Fahnen herum, malen das »Z« auch auf die Straße.

In der darauffolgenden Nacht wird auch ein großes Porträt von Putin an eine Hauswand im Belgrader Stadtteil Vračar gesprayt, nicht weit entfernt von einem ähnlich großen Abbild des Generals Ratko Mladić, der vom Internationalen Strafgerichtshof in Den Haag wegen Kriegsverbrechen zu einer lebenslangen Freiheitsstrafe verurteilt wurde. Das Konterfei des russischen Präsidenten wird in den folgenden Monaten immer wieder übermalt und restauriert, sodass Putins Gesicht im Laufe der Zeit immer groteskere Züge annimmt. Aufgrund der Proteste könnte man glauben, Vučić hätte sich auf die Seite des Westens geschlagen. Tatsächlich ist Serbien das einzige Land in

Europa, außer Belarus, das sich nicht den Sanktionen gegen Russland angeschlossen hatte und weiter gute Beziehungen mit Putin unterhält.

Der Protestzug vom 4. März 2022 blieb nicht die einzige prorussische Kundgebung in Serbien. Es folgten zahlreiche Demonstrationen in den kommenden Monaten, meist von kleinen rechtsextremen Gruppen organisiert. Die erste wurde von der »Narodna patrola«, auf Deutsch Volkspatrouille, auf die Beine gestellt. Diese Gruppe war in der Vergangenheit immer wieder aufgetreten, um vor einem »Verrat« an Kosovo zu warnen und Migranten aus dem Nahen Osten in Serbien zu bedrohen.

Auch wenn diese Proteste sehr lautstark daherkamen, waren sie längst nicht die größten, die es in Serbien gab. Weitaus mehr Menschen gingen nur wenige Monate vorher gegen Umweltverschmutzung und den Bau einer Lithiummine auf die Straße. Doch der Krieg überschattete nun alle anderen Themen. Dennoch reflektieren diese von der Teilnehmerzahl her kleineren Demonstrationen das Meinungsbild in Serbien: Putin ist auch nach Beginn des Angriffskrieges gegen die Ukraine der beliebteste internationale Politiker. In der Frage der Verantwortung für den Krieg sieht eine Mehrheit von 52,3 Prozent Russland als unschuldig an, während 84,8 Prozent der NATO die Schuld geben, mehr noch als der Ukraine selbst mit 66,3 Prozent. Hier hat Russland so viele Freunde wie sonst nirgends in Europa. Trotz und auch wegen dieser russlandfreundlichen Haltung sehen die meisten Serben ihre Zukunft irgendwo zwischen dem Osten und dem Westen.[1] Für einen EU-Beitritt gibt es derzeit keine Mehrheit.

Doch Russland ist längst nicht das einzige Land, das um die Gunst der Bevölkerung oder der Herrschenden in Serbien buhlt. Die sechs Staaten des westlichen Balkans – Albanien, Bosnien und Herzegowina, Kosovo, Montenegro, Nordmazedonien und Serbien, mit zusammen etwas mehr als 17 Millionen Einwohnern, Tendenz fallend, und der Wirtschaftskraft der Slowakei, umgeben von EU-Mitgliedern – könnten längst einen Teil der Europäischen Union bilden. Stattdessen sind sie seit Jahren eine Spielwiese der Großmächte ohne zeitnah absehbare Zukunft in der Union.

China baut hier Autobahnen und Eisenbahnstrecken, stellt Überwachungskameras auf, gräbt in riesigen Minen Kupfer aus dem Boden. Milliardenschwere Unternehmen und Staatsfonds aus den Golfstaaten investieren in neue Stadtteile, Fluglinien und Luxushotels. Die Türkei renoviert Moscheen und kauft Flughäfen. Zahlreiche Präsidenten und Premiers auf dem Balkan pflegen beste Beziehungen zu Wladimir Putin, Xi Jinping und Recep Tayyip Erdoğan. Auch wenn die Region wirtschaftlich und politisch weiterhin am stärksten der EU nahe steht, ist die Außen- und Selbstwahrnehmung eine andere. Putin, Erdoğan und Xi sind die wichtigeren Partner. Wenn sie dem Balkan einen Besuch abstatten, erhalten sie mehr Aufmerksamkeit als irgendein Präsident, Kanzler oder Ministerpräsident aus der EU.

Gleichzeitig brodelt es in den Staaten. Die Beziehungen zwischen Serbien und Kosovo sind angespannt und drohen immer wieder zu eskalieren. Provokationen entlang der Grenze rufen die Erinnerung an den Kosovokrieg von 1998/99 wach. In Bosnien droht Milorad Dodik, der führende Politiker in der Republika Srpska, der überwiegend serbisch bewohnten Entität mit einer Loslösung und leugnet serbische Kriegsverbrechen im Bosnienkrieg zwischen 1992 und 1995.

Obwohl es bisher friedlich geblieben ist, bestehen handfeste Konflikte fort. Die Hoffnung, dass die Region sich nach den Kriegen der neunziger Jahre in eine stabile und demokratische Richtung entwickeln würde, hat sich nicht erfüllt. In diese Unsicherheit, geprägt von Nationalismus, Revisionismus und Glorifizierung von Kriegsverbrechern, stoßen globale autoritäre Mächte, die mit einer Mischung aus Opportunismus und strategischer Einflussnahme auf dem Balkan Präsenz zeigen. Droht der Balkan erneut zu einem Schauplatz zu werden, an dem Machtkämpfe ausgetragen werden? Nicht, weil in der Region unweigerlich Konflikte entstehen, und schon gar nicht, weil die Vielfalt oder die Geschichte dies diktieren würden. Im Gegenteil, die Kriege endeten vor über zwei Jahrzehnten, aber es gelang nicht, die Region fest in europäische Strukturen zu verankern.

Dieses Buch gibt eine Antwort auf die Frage, wie es Diktaturen und autoritären Regimen aus aller Welt, von Russland und China über die

Vereinigten Arabischen Emirate bis zur Türkei, gelingt, auf dem Balkan Fuß zu fassen, und warum sie unter den Mächtigen der Region willige Partner gefunden haben. Jenseits von Stereotypen über den Balkan soll gezeigt werden, warum die EU und der Westen in der Region gescheitert sind.

Dafür muss zunächst das 19. Jahrhundert betrachtet werden: wie Staaten und Nationen sich auf dem Balkan oft in enger Symbiose mit der Einmischung europäischer Großmächte entwickelt haben. Dieses Ungleichgewicht wirft lange Schatten. Während des Kalten Krieges haben die beiden starken Männer Jugoslawiens und Albaniens, Josip Broz Tito und Enver Hoxha, auf sehr unterschiedliche Art und Weise versucht, die Eigenständigkeit ihrer Staaten jenseits der großen Blöcke sicherzustellen. Mit dem Ende des Kalten Krieges schien sich die Dominanz des Westens durchzusetzen. Die USA und die NATO konnten die Kriege in Bosnien und im Kosovo beenden und eine Friedensordnung durchsetzen.

Die Länder des westlichen Balkans stehen im Vordergrund, also die sechs Staaten, die noch nicht der EU beigetreten sind. Serbien wird einen zentralen Platz in diesem Buch einnehmen, weil das Land den westlichen Balkan aufgrund seiner Größe dominiert. Es ist mehr als doppelt so bevölkerungsreich wie das zweitgrößte Land, Bosnien. Und weil es über serbische Minderheiten und wirtschaftliche Bedeutung Einfluss auf fast alle anderen Staaten der Region ausübt. Nicht zuletzt versteht es Serbien unter Präsident Vučić am erfolgreichsten, Diktatoren aus aller Welt als Gegengewicht zur EU für sich einzunehmen. Natürlich üben auch innerhalb der EU Diktaturen Einfluss aus. Hierfür ist Ungarn unter Viktor Orbán ein besonders augenfälliges Beispiel. Nicht nur unterstützt seine Regierung teils offen, teils indirekt die Positionen Putins, auch nach Kriegsbeginn. Sie pflegt außerdem gute politische und wirtschaftliche Beziehungen zu China. Auch andere Staaten, nicht zuletzt Deutschland, zeigen sich geleitet von wirtschaftlichem Egoismus und politischem Zynismus oder fehlgeleitetem Idealismus offen für die Einflussnahme durch Putins Russland.

Der westliche Balkan blickt sowohl mit Hoffnung als auch Ablehnung auf die EU und ist ein Seismograf globaler und europäischer Entwicklungen. Dass Europa die eigenen Werte nicht durchsetzen und die Region einbeziehen kann, weist auf seine strukturellen Schwächen hin. Der gewaltsame Zerfall Jugoslawiens vor über 30 Jahren zeigte bereits, dass Europa nach dem Kalten Krieg nicht nur friedlich sein würde. 2022 vergaßen manche europäische Intellektuelle, wie Jürgen Habermas, dass der russische Angriff auf die Ukraine längst nicht der erste Krieg in Europa seit 1945 ist. Stattdessen gab es nach 1989 mehr Jahre Krieg als Frieden in Europa, so auch die fast zehn Jahre Krieg im ehemaligen Jugoslawien, der mit Pausen von 1991 bis 2001 dauerte.

Doch die Dominanz des Westens beruht auf der Idee von Demokratie und Marktwirtschaft als fast zwangsläufige Prozesse sowie der militärischen Dominanz der USA in Kombination mit der wirtschaftlichen Stärke der EU. NATO und EU sichern mit Soldaten den Frieden in Bosnien und Kosovo. Die Zukunft der Region liege in der EU, tönt es gebetsmühlenartig aus Brüssel. Doch diese Zukunft erfüllt sich bislang nicht. Auf dem Balkan wartet bereits eine ganze Generation, ohne viel Hoffnung und mit abnehmendem Eifer, auf diese europäische Zukunft.

1
DAS PULVERFASS

In der britischen Satirezeitschrift *Punch* tauchte um 1900 der Balkan immer wieder in Karikaturen auf. Mal als Kessel, der überzukochen droht und auf dem die fünf Großmächte hocken. Mal als Schlange, über der die Großmächte als Adler kreisen, oder als Pulverfass, das im nächsten Moment explodieren könnte. Immer als Bedrohung für Russland, Frankreich, Großbritannien, Deutschland und Österreich-Ungarn, die damals Europa und die Welt unter sich aufteilten. Die Ermordung Erzherzog Ferdinands durch Gavrilo Princip, Mitglied der serbischen nationalistischen revolutionären Vereinigung Mlada Bosna, am 28. Juni 1914 schien diesen Darstellungen recht zu geben: Die Lunte wurde in Sarajevo gezündet und führte zum Weltkrieg. Bis heute ist das Motiv des für Europa bedrohlichen Balkans lebendig.

Als in den neunziger Jahren der Krieg in Jugoslawien ausbrach, wurde das Buch »Die Geister des Balkans« des amerikanischen Journalisten Robert Kaplan zum Besteller und zur Pflichtlektüre für Diplomaten, Militärs und Politiker, die sich mit dem Balkan beschäftigten. In seinem Buch, mehr Reisebericht als politische Analyse, reist der Autor durch eine dunkle, unheilvolle Region. Aus seiner Sicht kam alles Übel des 20. Jahrhunderts irgendwie vom Balkan.[2] Die Bedrohung war fassbar, und so wurde der Balkan zum verhängnisvollen und ewigen Treffpunkt verschiedener Religionen und Reiche, Spannungen waren vorprogrammiert. Seine Thesen hatten Konsequenzen in der Öffentlichkeit: Der Konflikt auf dem Balkan müsse eingegrenzt werden, er dürfe nicht Europa zerstören. Zugleich seien Hass und Gewalt dort etwas Natürliches. Diese Sicht passte europäischen und amerikanischen Politikern gut ins Konzept. Britische Vermittler wie Lord Peter Carrington, die sich mit einer gewissen postimperialen Arroganz den Völkern auf dem Balkan widmeten, oder eigentlich desinteressierte amerikanische Politiker wie Präsident Bill Clinton machten sich Kaplans Thesen zu eigen.

Doch was ist dran am »Pulverfass Balkan«? Als scheinbar prophetische Antwort muss oft das vermeintliche Zitat des deutschen Reichskanzlers Otto von Bismarck herhalten: »Sollte es noch einmal zu einem Krieg in Europa kommen, wird er durch irgendeinen Unsinn auf dem Balkan ausgelöst werden.« Nachweisen lässt sich diese Aussage Bismarcks nicht. Doch dass der Balkan ihm keinen Krieg wert war, brachte er in einer Rede vor dem Deutschen Reichstag 1888 in Hinblick auf Bulgarien zum Ausdruck: »Das Ländchen zwischen Donau und Balkan ist überhaupt kein Objekt von hinreichender Größe [...], um seinetwillen Europa von Moskau bis an die Pyrenäen und von der Nordsee bis Palermo hin in einen Krieg zu stürzen, dessen Ausgang kein Mensch voraussehen kann, man würde am Ende nach dem Kriege kaum mehr wissen, warum man sich geschlagen hat.«[3]

Der Balkan als Kriegsproduzent ist derselbe Balkan, der den Europäern Dracula einbrachte, kurz: eine Projektionsfläche für die wilde, unbekannte und unberechenbare Seite Europas. Die bulgarische Historikerin Maria Todorova beschrieb diesen Balkanismus als Vorurteil, bei dem der Balkan zu einem wilden und halb barbarischen Raum zwischen Europa und dem Orient erklärt wird.[4] Der Begriff »Balkanisierung« verbreitete sich auch allgemein als Inbegriff für den Zerfall einer Einheit und ist eindeutig negativ besetzt. Bis heute: So appellierte der französische Präsident Emmanuel Macron bei einem Besuch in Kinshasa, der Hauptstadt der Demokratischen Republik Kongo, im März 2023, dass es im Land keine »Plünderung, keine Balkanisierung und keinen Krieg« geben dürfe.[5]

Auch auf dem Balkan ist dieses Zerrbild der eigenen Identität längst auf unterschiedliche Weise verinnerlicht worden. Der slowenische Philosoph Slavoj Žižek machte sich bereits in den neunziger Jahren darüber lustig, indem er in einem Video, aufgenommen auf einer Brücke in der Innenstadt von Ljubljana, erklärt, dass auf der einen Flussseite der Balkan beginne und deshalb orientalischer Despotismus drohe, während die andere Stadthälfte in Europa und damit in der Zivilisation liege.[6] Manchmal balkanisiert man sich auch selbst. Niemand hat das effektiver gemacht als der bosnische Regisseur Emir Kusturica, der nicht nur eine erstaunliche Karriere als Filmschaffender in Europa vorzuweisen hat, sondern auch ein profilierter Unterstützer nationalistischer serbischer Narrative und Projekte ist. In seinem Erfolgsfilm »Underground«, der seine Premiere während des Bosnienkrieges 1995 hatte, feiert er den Balkan als eine Region, in der Menschen viel trinken, wild umherschießen und fast andauernd im Kriegszustand sind. Er bot Westeuropäern eine exotische und zugleich beruhigende Erklärung für die Kriege: Das ist der Naturzustand der Region.

Der wilde Balkan wurde und wird immer wieder als Zwischenregion beschrieben: zwischen Ost und West, zwischen großen Mächten und verschiedenen Religionen. Der geografische Balkan umfasst dabei ein Gebiet, das von Slowenien bis in die Türkei reicht. Auch wenn in Wissenschaft und Politik oft gestritten wurde, wer dazu gehört und wer nicht, ist offenkundig, dass die nördliche Grenze eine Grauzone ist und man als Region oder Land natürlich zusätzlich Bezug zu Mitteleuropa, Osteuropa oder dem Mittelmeerraum haben kann. Somit ist das Label »Balkan« keine exklusive Zuordnung, sondern bringt Regionen zusammen, die bestimmte historische Erfahrungen teilen. Heute ist zudem oft die Rede von einem westlichen Balkan oder dem Westbalkan. Obgleich der britische Major und Historiker Harold Temperley bereits bei den Versailler Friedensverhandlungen von »Western Balkans« sprach,[7] blieb der Begriff bis in die jüngste Gegenwart unüblich. Er ist ein etwas künstliches Konstrukt der Europäischen Union, um jene Länder zu beschreiben, die 2004 und 2007 nicht der EU beitraten. Zunächst umfasste er Albanien und die Länder des ehemaligen Jugoslawiens außer Slowenien. Mit dem EU-Beitritt Kroatiens 2013 gehört dieses nun auch nicht länger dazu. Vom östlichen Balkan (Rumänien und Bulgarien) oder dem südlichen Balkan (Griechenland und Türkei) redet heute übrigens niemand.

Auch dieses Buch beschäftigt sich mit dem westlichen Balkan, weil die Position dieser Länder außerhalb der EU und die Kriegserfahrung[8] der neunziger Jahre die Grundlagen dafür geschaffen haben, dass einige externe Akteure und Politiker vor Ort immer wieder neue Krisen hervorrufen können. Wenn also hier vom Balkan die Rede ist, bezieht es sich, auch wenn die historische Dimension weiter gefasst ist, hauptsächlich auf die heutigen Staaten Albanien, Bosnien und Herzegowina, Kosovo, Montenegro, Nordmazedonien und Serbien.

Tatsächlich hat die Region mehr sprachliche und religiöse Vielfalt auf engem Raum vorzuweisen als die meisten anderen in Europa. Es gibt kaum eine europäische Sprachgruppe, die nicht in der Region zu finden ist: die eng miteinander verwandten slawischen Sprachen Serbisch, Kroatisch, Montenegrinisch, Bosnisch sowie Mazedonisch und Bulgarisch; romanische Sprachen mit Rumänisch, Aromunisch und Ladino; Deutsch als germanische Sprache, Griechisch, Albanisch sowie Ungarisch.[9] Neben der religiösen Vielfalt – vier große Religionen sind auf dem Balkan vertreten: Islam, Katholizismus, Orthodoxie und Judentum – sticht auch die nationale Vielfalt hervor. Diese hat zahlreiche Gründe, ganz wesentlich wurde sie durch die osmanische Herrschaft geprägt, die über ein halbes Jahrtausend vom 14. bis zum 20. Jahrhundert andauerte. Nicht nur nahm das Osmanische Reich die Juden Spaniens und Portugals nach ihrer Vertreibung auf, es brachte auch den Islam nach Südosteuropa und hatte zugleich keine Bedenken, Christen verschiedenster Ausprägung zu akzeptieren. Während im Rest Europas Inquisition und Religionskriege die Staaten religiös homogenisieren sollten, konnte die Vielfalt auf dem Balkan bestehen bleiben.

Niedergang des Osmanischen Reichs und Neuaufteilung des Balkans durch die Großmächte

Die europäischen Nationalbewegungen ab dem frühen 19. Jahrhundert waren von der Französischen Revolution geprägt. Auf dem Balkan nahmen Geheimbünde, wie der griechische Filiki Eteria (Deutsch etwa: Freundesgesellschaft), und Intellektuelle an den europäischen Debatten teil, die die Revolution und später die Napoleonischen Kriege auslösten. Die revolutionären Gruppen auf dem Balkan, die mehr Autonomie oder sogar Unabhängigkeit wollten, waren ebenfalls von der Französischen Revolution und auch von deutschen Universitäten beeinflusst. Zudem brachten rege Handelsbeziehungen mit griechischen, jüdischen und armenischen Händlern in Venedig, Wien und Odessa die neuen, freiheitlichen Ideen in die Region. Die Anführer der Aufständischen suchten in Wien, Paris, Berlin oder St. Petersburg nach Unterstützung. Sie hofften, gegen die osmanische Herrschaft die europäischen Mächte auf ihre Seite zu bringen und neue Nationalstaaten begründen zu können. Ohne Unterstützung wäre das Unterfangen gegen das übermächtige Osmanische Reich nicht sehr aussichtsreich gewesen.

Für die europäischen Großmächte sind die Osmanen nie ebenbürtige Partner gewesen. Zuerst waren sie zu mächtig und zu bedrohlich, dann waren sie zu schwach und zu orientalisch. Das Osmanische Reich war zwar in Europa präsent, wurde aber von den anderen Mächten nicht als europäisch angesehen. Sie hatten bereits seit der Frühen Neuzeit versucht, mit den Osmanen über Sonderrechte für sich zu verhandeln. Je schwächer das Osmanische Reich im 19. Jahrhundert wurde, umso mehr drängten die anderen Mächte darauf, die christliche Bevölkerung unter ihren Schutz zu stellen. Der Grund, weshalb der Balkan im 19. Jahrhundert schließlich zum Tummelplatz europäischer Großmächte wurde, hat mit dem politischen Vakuum zu tun, das die Osmanen zuließen. Das schwächelnde Osmanische Reich war noch stark genug, um nicht zusammenzubrechen, aber schon zu schwach, um seine Territorien zu kontrollieren.

1878 trafen sich die europäischen Großmächte in Berlin, um die Landkarte des Balkans neu zu zeichnen. Letztlich waren sie es, die die neuen Staaten anerkannten und Grenzen teilweise sogar mit dem Lineal zogen, wie es bei der Aufteilung Afrikas ebenfalls geschah, wo während der Kongokonferenz Einflusssphären abgesteckt wurden, um einen europäischen Konflikt zu vermeiden. 1884 wurden die europäischen Kolonialgrenzen in Afrika gezogen, 1878 waren es die Grenzen auf dem Balkan.

Der deutsche Reichskanzler Bismarck hatte den sogenannten Berliner Kongress einberufen, da sich ein Konflikt zwischen Russland und Großbritannien anbahnte. Großbritannien wollte seinen Einfluss entlang der Route nach Indien absichern, während Russland nach Süden drängte. Beide gerieten immer wieder in der Zone vom östlichen Mittelmeer bis nach Zentralasien aneinander. Russland strebte insbesondere einen direkten Zugang zum Mittelmeer an. Die einzige Passage aus dem Schwarzen Meer heraus führt durch Istanbul, sodass die Kontrolle über die Stadt auch jene über die Schifffahrt bedeutet. Zudem besaß Istanbul als das zweite Rom und Zentrum der Orthodoxie große symbolische Bedeutung für Russland. Großbritannien sah sich hierdurch in seiner Dominanz im Mittelmeer bedroht. Bismarck präsentierte sich in diesem Konflikt als »ehrlicher Makler«. Sein Bankier Gerson von Bleichröder soll daraufhin gemeint haben: »Einen ehrlichen Makler, das gibt es nicht.« In erster Linie ging es dem Deutschen Reich darum, die eigene Stellung unter den europäischen Großmächten auszubauen. So schrieb Bismarcks Sohn und Privatsekretär Herbert von Bismarck im Vorfeld des Kongresses: »Wir müßten zwischen den [...] anderen Kaisern vermitteln, was sich in Freundschaft vermitteln läßt, und der bedrohlichen Parteinahme aber enthalten.«[10] Die Vermittlerrolle sollte nicht nur das Mächtegleichgewicht erhalten, das durch unterschiedliche Ansprüche auf dem Balkan aus den Fugen zu geraten drohte. Sie sollte auch Deutschland unter den Mächten aufwerten. Letztlich war das Deutsche Reich zu jenem Zeitpunkt erst sieben Jahre alt.

Der Kongress folgte Jahren der Aufstände und Kriege. Drei Jahre zuvor (1875) rebellierten Christen in der Herzegowina, jener kargen Region im Hinterland der dalmatischen Adriaküste, gegen die osmanische Herrschaft. Die Rebellen erhielten Unterstützung aus Montenegro und Serbien. Beide waren formal noch unter osmanischer Oberherrschaft, de facto aber schon längst unabhängig. Auch die Kroaten und Serben in der Habsburger Monarchie sympathisierten mit den Aufständischen. Die Rebellion ermutigte Menschen in Bulgarien (1876) zum Widerstand, nun sehr viel näher am Zentrum der osmanischen Macht. Die osmanische Armee und Freiwillige unterdrückten den Aufstand brutal. Das Massaker von Batak, bei dem Tausende Bulgaren ermordet wurden, brachte die europäische Öffentlichkeit auf. So verurteilen Oscar Wilde, Victor Hugo und Giuseppe Garibaldi das Massaker.

Die Politik der Großmächte war jedoch komplexer. In Großbritannien beispielsweise unterstützte Premierminister Benjamin Disraeli das Osmanische Reich weiterhin, letztlich war es ihm wichtig, den Einfluss Russlands zurückzudrängen. Sein Rivale William Gladstone, damals in der Opposition, kritisierte jedoch die osmanischen Verbrechen. Die folgende Kriegserklärung Serbiens und Montenegros gegen das Osmanische Reich schufen auch keine Klarheit. Der erste europäische Versuch eines Friedensschlusses scheitere 1876. Man hatte die Osmanen nicht als gleichberechtigte Teilnehmer eingeladen, obwohl die Verhandlungen in Istanbul stattfanden. Die Reformen für Bosnien und Herzegowina und Bulgarien, die man dem Osmanischen Reich auferlegen wollte, lehnte dieses ab.

Der russisch-osmanische Krieg (1877–1878), der nun folgte, war letztlich eine Revanche für den Krimkrieg 1856. Dieses Mal konnte Russland einen ersten Frieden diktieren, und zwar in San Stefano, oder Yeşilköy auf Türkisch, einem Vorort Istanbuls, in dem später der alte Atatürk-Flughafen errichtet wurde. Neben der Anerkennung der Unabhängigkeit Serbiens, Montenegros und Rumäniens entstand durch den Vertrag auch ein großes bulgarisches Fürstentum, das Zugang zum Schwarzen Meer und der Ägäis erhielt. Dieses Fürstentum, unter russischem Einfluss, ging den anderen europäischen Großmächten jedoch zu weit, sodass es zum Kongress in Berlin kam. Das Ergebnis der Neuverhandlungen war ein viel kleineres Bulgarien, formal zudem unter osmanischer Oberherrschaft. Ein autonomes Ostrumelien, die südöstlich Region des heutigen Bulgariens entlang der Grenze zu Griechenland und der Türkei, und große Teile des Balkans verblieben, bis zu den Balkankriegen über drei Jahrzehnte später, beim Osmanischen Reich. Bosnien und Herzegowina sowie der Sandžak von Novi Pazar, die Region zwischen Bosnien, Serbien und Montenegro, fielen unter österreichisch-ungarische Verwaltung.

Die Intervention der Großmächte ging über den Friedensvertrag weit hinaus. Der Generalgouverneur von Ostrumelien musste nicht nur ein Christ sein, die Großmächte mussten seiner Nominierung auch zustimmen. Auch den neuen Nationalstaaten wurden Regeln auferlegt. Von Montenegro, Serbien und Rumänien wurde verlangt, dass sie die religiösen Minderheiten schützen müssen. Diese Minderheitenrechte betrafen in Serbien und Montenegro insbesondere Muslime, die nicht mit dem Rückzug der osmanischen Armee geflohen waren. In Rumänien waren es überwiegend Juden, die in dem neuen Staat als Minderheit lebten. Der Schutz von religiösen Minderheiten nahm bereits seinen Anfang, als die europäischen Mächte 1830 die Unabhängigkeit Griechenlands anerkannten. Die neuen Nationalstaaten waren über diese Einschränkung ihrer Souveränität wenig erfreut und versuchten, ihrer Verpflichtung zu entgehen.

Neben den rechtlichen Einschränkungen gab es bereits in den Jahren vor dem Ersten Weltkrieg so etwas wie internationale Friedensmissionen. Nach dem Ilinden-Aufstand in Mazedonien gegen die osmanische Herrschaft im Sommer 1903 vereinbarten Kaiser Franz-Joseph I. und Zar Nikolaus II. im kaiserlichen Jagdschloss in Mürzsteg, eine Gendarmeriemission der Großmächte einzurichten, um die osmanische Polizei zu reformieren. Die Mission blieb jedoch überschaubar und recht erfolglos. Etwas dauerhafter war das internationale Protektorat Kretas für ein Jahrzehnt, von 1898 bis 1908.

Nachdem lokale kretische Aufstände von der osmanischen Armee niedergeschlagen worden waren, intervenierten die Großmächte, jedoch ohne Deutschland und Österreich-Ungarn, und richteten eine eigene Verwaltung ein, die militärisch unter ihrem Schutz, formal unter osmanischer Vorherrschaft stand. De facto entwickelte sich Kreta als griechische Insel und schloss sich 1908 Griechenland an.

Nationalstaaten nach europäischem Vorbild

Ein weiterer Aspekt europäischer Großmachtpolitik auf dem Balkan war es, den neuen Staaten deutsche Prinzen aufzuerlegen. Aufgrund der langen osmanischen Herrschaft gab es keinen Adel auf dem Balkan. Man konnte weder auf die Tradition mittelalterlicher Königreiche zurückgreifen noch auf die der osmanischen Herrschaft. So kam es, dass in Rumänien Karl von Hohenzollern-Sigmaringen 1866 zu Fürst Carol I. und wenige Jahre später zum König von Rumänien wurde. Er folgte dem Vorbild Otto von Wittelsbachs, der von 1832 bis 1862 König Othon I. von Griechenland war. Seine absolutistische Herrschaft wurde ironisch »Bavarokratie« genannt. Er wurde schließlich aus Griechenland vertrieben und verstarb 1867 im Exil in Bamberg. Der erste deutsche Prinz auf dem bulgarischen Thron wurde 1879 Alexander von Battenberg. Dieser wurde jedoch bereits 1886 weggeputscht und floh nach Österreich-Ungarn, wo er 1893 in Graz starb. Die anderen deutschen Balkanprinzen hielten sich länger. Von Battenbergs Nachfolger Ferdinand von Sachsen-Coburg und Gotha wurde zu Ferdinand I., zuerst Fürst, später sogar Zar, und herrschte bis 1918. Sein Enkel schaffte es, als Minderjähriger von 1943 bis 1946 der letzte bulgarische Zar und zwischen 2001 und 2005 Ministerpräsident Bulgariens unter dem bürgerlichen Namen Simeon Sakskoburggotski zu sein.

Als letzter deutscher Prinz wurde Wilhelm Prinz zu Wied, ganze 180 Tage in Amt und Würden, als Wilhelm I. von Albanien 1914 auf den Balkan exportiert. Die Albaner waren lange dem osmanischen Reich loyal geblieben, obgleich die erste Nationalbewegung bereits

1878 im namensgebenden Prizren gegründet wurde: Liga von Prizren. Albanien wurde als letzter Staat 1913 auf der Londoner Botschafterkonferenz geschaffen. Die Konferenz wurde nötig, als die Regionen mit einer albanischen Bevölkerung unter den siegreichen Mächten der Balkankriege 1912/13 – Montenegro, Serbien und Griechenland – aufgeteilt werden sollten. Prinz Wied kam als Vertreter einer europäischen Mission, um aus Albanien einen Staat zu machen. Sehr viel weiter als über den Küstenort Durrës hinaus kam der Fürstenhof von Wied nicht. Die Kombination von albanischem Widerstand und dem Ausbruch des Ersten Weltkrieges, mit dem auch die Zusammenarbeit der europäischen Großmächte endgültig zusammenbrach, zwangen Wied, das Land zu verlassen. Einerseits erschienen die deutschen Prinzen auf dem Balkan etwas operettenhaft, andererseits waren sie Teil europäischer Großmachtpolitik. Aus den Balkanstaaten sollten sie »richtige europäische« Staaten machen und sie in das enge Geflecht des europäischen Adels einbetten.

Lediglich in Serbien und Montenegro gab es keine deutschen Prinzen. Die serbischen Herrscherdynastien Obrenović und Karadjordjević wurden von Anführern der ersten Aufstände gegen die Osmanen etabliert und hatten sich bis zur Unabhängigkeit über ein halbes Jahrhundert bereits so gefestigt, dass ein Prinzenimport nicht vorstellbar war. Noch weniger in Montenegro, wo Nikola I. Petrović Njegoš selbst nicht nur über ein halbes Jahrhundert herrschte, sondern seine Vorfahren bereits seit Ende des 17. Jahrhunderts den autonomen Bergstaat als Bischöfe und Prinzen regiert hatten.

Das Modell der konstitutionellen Monarchie war die europäische Herrschaftsform schlechthin. Viele der neuen Herrscher waren nicht unbedingt bereit, sich in die Zwangsjacke einer Verfassung zu begeben. Der Wettkampf zwischen absoluter Macht und einer Einschränkung durch meist importierte Verfassungen dauerte bis in die Zwischenkriegsjahre fort. Die Könige und Prinzen der neuen Nationalstaaten wussten zudem, dass ihre Staatsgebilde klein und schwach waren, gerade in einem Zeitalter, in dem die Kleinstaaterei als ein Relikt der Vergangenheit galt. Die Zukunft, so glaubten es Liberale,

Nationalisten und Imperialisten, würde Großreichen gehören. Um überleben zu können, müssten die Staaten expandieren. Nicht nur, um alle Angehörigen der Nation in sich zu vereinen, sondern auch, um im zwischenstaatlichen Wettbewerb zu überleben. Darwinismus der internationalen Beziehungen in einer Zeit, als Darwins Theorie der natürlichen Auslese sowohl auf die Natur als auch auf die soziale Welt angewandt wurde. Expansion war für die neuen Balkanstaaten jedoch ohne externe Hilfe undenkbar: Sie benötigten Geld, um einen Staat und eine Armee aufzubauen, und es brauchte Verbündete, und zwar unter den Großmächten.[11] Diese griffen in der Folge in alle Aspekte von politischem und wirtschaftlichem Leben auf dem Balkan ein. Als die Grenzen während der Berliner Konferenz gezogen wurden, waren Vertreter der betreffenden Völker nicht dabei. Deutsche Prinzen und Minderheitenrechte wurden eingesetzt, damit die Staaten besser ins europäische System passten.

Diese Dynamik zeigt die Ungleichheit im europäischen Staatensystem, in dem die neuen Balkanstaaten sich nun Partner unter den Großmächten suchten. Allianzen folgten dabei nicht immer religiösen oder nationalen Linien. So lehnte sich Serbien unter der Obrenović-Dynastie eng an Österreich-Ungarn an, den wirtschaftlich wichtigsten Partner. Erst als der unbeliebte König Aleksandar Obrenović und seine Frau Draga Mašin 1903 von Offizieren ermordet und ihre Leichen aus dem Fenster des Königspalastes geworfen wurden, endete die enge Beziehung zwischen Serbien und Österreich-Ungarn. Die folgende, andere Königsdynastie, die Karadjordjevićs, suchte die Nähe des zaristischen Russlands.

Die Nationalstaaten auf dem Balkan nahmen sich auch die westeuropäischen Staaten als Vorbilder. Die Idee des Nationalstaats selbst gelangte durch den engen Kontakt mit deutschen und österreichischen Gelehrten und Universitäten, an denen die Intellektuellen des Balkans studierten, in die Region. So wie Johann Gottfried Herder und die Gebrüder Grimm »morlackische«, also serbische Volkslieder und Märchen niederschrieben, so ließ sich Vuk Karadžić, Philologe und einer der Erschaffer der serbischen Standardsprache, von ihnen inspirieren und korrespondierte mit ihnen und auch mit Johann Wolfgang Goethe. Lieder und Märchen gelangten so vom Balkan nach Westeuropa, während gleichzeitig Gesetze und Verfassungen aus Westeuropa auf den Balkan übertragen und als Vorlagen genutzt wurden. Die belgische Verfassung galt als besonders vorbildhaft. Damit war die Geschichte von Nationenbildung und Großmachtpolitik auf dem Balkan von Beginn an eng miteinander verflochten. Es wäre aber ein Missverständnis, die Bevölkerung und die Könige sowie die Ministerpräsidenten der Balkanstaaten nur als Schachfiguren europäischer Machtpolitik zu sehen. Serbien beispielsweise war nicht einfach nur der verlängerte Arm Russlands, Bulgarien nicht nur ein bedingungsloser Verbündeter der Mittelmächte.

Vielmehr waren die Nationalstaaten auf dem Balkan ständig im Wandel. Und ihr Territorium wuchs. So expandierte Serbien innerhalb eines Jahrhunderts von 1817 bis 1913 gleich dreimal. Die Städte wandelten sich unter der neuen Herrschaft weg von ihrer osmanischen Prägung, und auch die Bevölkerungsstruktur änderte sich. Die muslimischen Einwohner der neuen Staaten wurden entweder vertrieben oder an den Rand der Gesellschaft gedrängt. Die große Herausforderung war die Gleichzeitigkeit von Nations- und Staatsbildung. In West- und Mitteleuropa entwickelte sich beides meist nacheinander, wenn auch in unterschiedlicher Reihenfolge. In Frankreich, Spanien und England entstand ein moderner Staat lange vor der Nation. In Deutschland und Italien sowie unter den Nationalbewegungen in Österreich-Ungarn war es umgekehrt. Hier entstanden Staaten aus einer Nationalbewegung, sowohl in Hinsicht auf das Territorium als auch auf die Menschen, die sich als Angehörige einer dieser neuen Nationen sahen. Die doppelte Herausforderung, gekoppelt mit einer Gesellschaft ohne starkes Bürgertum, führte dazu, dass sich auf dem Balkan besonders starke Staatlichkeiten entwickelten.

Die Balkankriege 1912/13

Die Expansion der Staaten richtete sich zunächst gegen das Osmanische Reich. Doch zunehmend wurde deutlich, dass die verschiedenen Nationalismen teilweise dasselbe Territorium beanspruchten. Die amerikanische Carnegie-Stiftung für internationalen Frieden dokumentierte die Balkankriege 1912/13 und publizierte eine Landkarte des Balkans, die die unterschiedlichen Maximalforderungen der Nationalismen auf dem Balkan darstellte. Griechische Nationalisten träumten von der »Megali Idea«, der großen Idee, dass auch Istanbul und weite Teile der anatolischen Küste zu Griechenland gehören sollten. Der bulgarische Nationalstaat hingegen sollte bis zur Ägäis reichen und bis an die albanische Grenze im Westen. In Serbien umfasste die Vision das mittelalterliche serbische Königreich unter Zar Dušan, das bis an die Ägäis reichte, und die Gebiete im Norden und Westen, unter Kontrolle der Habsburger, in dem Serben lebten. Diese Ideen von großen Nationalstaaten überlappten sich vor allem in einer Region: In Mazedonien trafen serbische, griechische und bulgarische Ansprüche aufeinander. So vertrieben die neuen christlich geprägten Nationalstaaten gemeinsam das Osmanische Reich im Ersten Balkankrieg, doch zerstritten sie sich bei der Aufteilung und kämpften um die Region im Zweiten Balkankrieg.

Diesen Krieg erlebte auch Leo Trotzki als Korrespondent der Zeitung *Kievskaya Mysl* (Kiewer Gedanke). Er war schockiert von der Gewalt gegen die Zivilbevölkerung, gerade gegen Albaner, und schrieb über den Mord an Männern, Frauen und Kindern: »Es ist etwas Alltägliches. Die Leute merken selbst nicht, was für eine riesige innere Veränderung die wenigen Kriegstage in ihnen hervorgerufen haben. Wie sehr doch der Mensch von den Umständen abhängt! In einer Atmosphäre organisierter Brutalität des Krieges werden die Menschen bald selbst brutal, ohne sich dessen bewusst zu sein.«[12] Gewalt, Mord und Vertreibung im Namen einer Nation sollten später auch im Rest Europas sichtbar werden: in zwei Weltkriegen. Der

Zweite Balkankrieg endete am 10. August 1913, etwas weniger als ein Jahr vor Ausbruch des Ersten Weltkrieges.

Das Attentat von Sarajevo am 28. Juni 1914 war nicht die Lunte für den Kriegsausbruch. Die Entscheidungen der europäischen Großmächte in den Wochen nach dem Attentat hätten nicht unweigerlich zu einem Krieg führen müssen. Auch wäre ein Krieg leicht zu verhindern gewesen, wenn sich Österreich-Ungarn nicht auf unerfüllbare Forderungen gegen Serbien versteift und über einen Monat nach dem Attentat, als das Mitgefühl in Europa schon wieder nachgelassen hatte, ein Ultimatum gestellt hätte. Der Krieg war das Ergebnis einer schlafwandelnden Diplomatie, die auf eine Auseinandersetzung zusteuerte, ohne die Konsequenzen der eigenen Politik zu durchdenken. Als der Krieg dann begann, war es die Kombination aus Hochmut und dem leichtfertigen Glauben der europäischen Mächte, dem jeweiligen Gegner schnell den entscheidenden Schlag zufügen zu können. Herrscher und ihre Regierungen unterschätzten auch die Wirkung der Massen, sowohl auf den Krieg selbst als ersten europäischen Massenkrieg als auch auf dessen Ende, das vielerorts durch Revolutionen durchgesetzt wurde.

Der Erste Weltkrieg war kein Balkankrieg, der zum Weltkrieg wurde, sondern ein Krieg, der sich aus den Spannungen der europäischen Großmächte speiste. Der Balkan, wie Afrika oder China, wurde zur Projektionsfläche europäischer Machtfantasien. Der Krieg hätte auch über Marokko oder andere Brennpunkte ausbrechen können. Doch die ersten Schüsse fielen in Belgrad, als Kanonenboote Österreich-Ungarns die serbische Hauptstadt von der Donau aus beschossen. Der Kriegsverlauf auf dem Balkan führte in keinen Stellungskrieg wie andernorts, sondern zu Besatzung und großem Leid in der Zivilbevölkerung. Auch nach 1918 dauerte der Konflikt an. Er endete erst mit dem, was euphemistisch als Bevölkerungsaustausch zwischen Griechenland und der Türkei bezeichnet wird. 1923 mussten etwa zwei Millionen Menschen ihre Heimat verlassen, weil beide Regierungen vereinbart hatten, dass alle orthodoxen Christen der Türkei und alle Muslime Griechenlands, mit einigen Ausnahmen, in das jeweils andere Land umsiedeln mussten. Diese dramatische und gewaltsame Entflechtung der Vielfalt war das letzte Kapitel eines Jahrzehnts der Kriege auf dem Balkan, das für Millionen Tod und Vertreibung bedeutete und die Grenzen in der Region neu zog.

Das Osmanische Reich war Geschichte, und Mustafa Kemal Atatürk baute in Anatolien die neue Türkei auf, gegen die Besetzung durch die Alliierten und die griechische Invasion. Jugoslawien entstand nach dem Zerfall Österreich-Ungarns als zentralistisches Königreich unter serbischer Vorherrschaft. Die Pariser Friedensverträge schienen einen Schlussstrich unter die sich ständig verschiebenden Grenzen des Balkans zu ziehen. Nun gab es nur noch Nationalstaaten und keine multinationalen Reiche mehr, und auch die Zeit der Großmachtpolitik wurde durch den Völkerbund ersetzt.

Die neuen Nationalstaaten waren jedoch weitaus weniger homogen als sie qua Selbstdefinition vermitteln wollten. In Bulgarien lebte eine große türkische Minderheit, in Rumänien wohnten Ungarn, Deutsche und Juden. In Jugoslawien gab es neben den drei »Stämmen« der Slowenen, Kroaten und Serben, die gemeinsam zur Staatsnation erkoren wurden, noch Albaner, Ungarn, Deutsche, Juden und Muslime, die alle nicht wirklich dazugehörten. Nur Albanien, als relativ kleines Land, und Griechenland, durch Assimilierung und den Bevölkerungsaustausch, waren so etwas wie Nationalstaaten. Wirtschaftlich lag die gesamte Region an der europäischen Peripherie: Es gab kaum Industriezentren, die Städte waren im europäischen Vergleich klein. Die meisten Menschen lebten von einer ineffizienten Landwirtschaft. In Bulgarien und Jugoslawien war die Hälfte aller Menschen Analphabeten, im Süden Jugoslawiens sogar über 80 Prozent. Auf dem gesamten Balkan lag die Rate im Durchschnitt bei 60 Prozent.

Die Zwischenkriegszeit war von Revisionismus geprägt, der die Grenzen immer wieder infrage stellte: Ungarn, Bulgarien und Italien stellten Gebietsansprüche, und so schufen die Friedensverträge von Neuilly, Trianon und St. Germain kaum eine stabile Ordnung in der Region. Als Hüter der Nachkriegsordnung wurden zunächst Frankreich und Großbritannien zu den wichtigsten externen Mächten. Die USA hatten sich in den Isolationismus verabschiedet, die Sowjetunion wurde aus der europäischen Ordnung gedrängt, und Deutschland war als Kriegsverlierer zunächst unbedeutend. Erst unter nationalsozialistischer Herrschaft ersetzten Deutschland und in geringerem Maße Italien die beiden Westmächte zunächst auf wirtschaftlicher Ebene und dann auch in politischer Hinsicht.

Von der Mitte des 19. Jahrhunderts bis zum Zweiten Weltkrieg veränderte sich die Balkan-Region von Grund auf: territorial, politisch und gesellschaftlich. Als Mustafa Kemal 1881 in Thessaloniki geboren wurde, war diese eine osmanische Großstadt, wobei Juden fast die Hälfte der Bevölkerung stellten. Einer ihrer Spitzennamen war Evraioupolis, die Stadt der Juden. Neben Juden lebten in ihr auch Muslime, Griechen, Slawen und Roma. Im Wettbewerb der Nationalismen gewann Griechenland Thessaloniki, und so wurde aus einer Stadt, in der niemand in der Mehrheit war, eine griechische Stadt. Im Holocaust wurden fast alle dort lebenden Juden deportiert und ermordet. In der Geburtsstadt Atatürks war nach dem Zweiten Weltkrieg keine der vielen Sprachen, die sie einst geprägt hatten, mehr zu hören: weder Mazedonisch oder Bulgarisch noch Türkisch oder Ladino. Wenngleich der Wandel anderswo auf dem Balkan weniger dramatisch verlief, waren die etwa 100 Jahre bis 1945 ein Zeitalter der Entflechtung und Grenzziehung, in der aus multireligiösen Gesellschaften Nationalstaaten entstanden, die in der Vielfalt eine Bedrohung statt eine Chance sahen.

2
BLOCKFREI UND ISOLIERT

Jugoslawien war 1941 vom nationalsozialistischen Deutschland und dem faschistischen Italien überfallen, zerschlagen und zwischen Italien, Deutschland, Bulgarien und Ungarn aufgeteilt worden. Die Reste, wie Zentralserbien, kamen unter deutsche Militärverwaltung oder wurden Marionettenstaaten angeschlossen. Der berüchtigtste unter ihnen war der Unabhängige Staat Kroatien, der weder ein richtiger Staat noch unabhängig war und auch nicht wirklich kroatisch, nachdem große Teile der dalmatischen Küste nicht dazu gehörten, aber zugleich Millionen Muslime und Serben dort lebten. Deutschland und Italien übertrugen die Herrschaft der kleinen radikalen, faschistischen Ustaša-Bewegung, die eine Gewaltherrschaft errichtete, Völkermord an Serben und Juden beging und keinen glaubwürdigen Staat aufbauen konnte. Die monarchistischen Četniks, die gegen sie kämpften, aber auch mit den italienischen und teils mit den deutschen Besatzern kollaborierten, entpuppten sich als serbische Nationalisten, die zahlreiche Kriegsverbrechen an Angehörigen anderer Nationen begingen und somit den Völkern Jugoslawiens nichts anzubieten hatten. Somit waren die Partisanen unter Josip Broz Tito die einzige Gruppierung, die nicht nur Jugoslawien wiederherstellen wollte, sondern auch allen Nationen einen Platz in einem neuen Staat anbieten konnte. Obwohl die Bewegung im Kern aus dezidierten Kommunisten bestand, beruhte ihr Erfolg auf der Idee der Befreiung von Fremdherrschaft und Kollaborateuren.

Im Oktober 1944, als ein Ende des Zweiten Weltkrieges absehbar war, reiste Winston Churchill nach Moskau, um sich mit Stalin über

Europas Nachkriegsordnung zu einigen. Das Ergebnis ist die wohl bekannteste Prozentrechnung der Geschichte. Auf einem kleinen Zettel, den Churchill beinahe verbrannt hätte, stehen die Einflusssphären der Sowjetunion und Großbritanniens in Osteuropa. Noch überschätzte Churchill den Einfluss, den das Imperium nach dem Krieg haben würde. Während Rumänien und Bulgarien in der sowjetischen Sphäre liegen und Griechenland in der westlichen, soll Jugoslawien neben Ungarn aufgeteilt werden. Weder die Amerikaner noch die Einwohner Jugoslawiens selbst wurden gefragt. Umso erstaunlicher, dass Jugoslawien sich nach dem Krieg tatsächlich zwischen dem Westen und dem Osten wiederfand. Albanien wurde auf dem Zettel gänzlich ignoriert, für beide Seiten war es nicht von Bedeutung. Stalin war bereit, Albanien an Jugoslawien zu delegieren, und wollte darüber keine Spannungen mit dem Westen riskieren. Obwohl Josip Titos Partisanen ideologisch der Sowjetunion nahestanden, hatten sie ihren Widerstand gegen die faschistische und nationalsozialistische Besatzung nur deshalb durchhalten können, weil sie britische Unterstützung erfuhren. Fitzroy Maclean, Churchills Vertreter bei Tito, hatte jenen davon überzeugen können, dass es sich lohnte, auf die Partisanen zu setzen. Über Titos Aufstieg und die von ihm geführten Partisanen war damals noch wenig bekannt, auch wenn sie später zum Stoff von Legenden wurden. Die Sowjetunion konnte und wollte erst spät im Krieg ihre Verbündeten unterstützen. Doch der Grund dafür, dass Jugoslawien sich letztlich zwischen West und Ost positionierte, lag weniger an sowjetischen oder britischen Plänen.

Der jugoslawische Sonderweg

Zunächst unterstützte das Nachkriegsjugoslawien linientreu die Sowjetunion. Kein Staat war Stalin gegenüber anfangs so loyal. Das lag vielleicht auch daran, weil es gerade nicht von der Roten Armee befreit worden war, mit Ausnahme Belgrads und einzelner nördlicher Regionen. Doch trotz der zur Schau gestellten Loyalität gegenüber der Sowjetunion irritierte Stalin das Selbstbewusstsein Titos und der

Kommunistischen Partei (KP). Als dann Jugoslawien mit Albanien und Bulgarien auch noch Pläne für eine Balkanföderation schmiedete, ohne explizite Zustimmung Moskaus, stufte Stalin Tito als Bedrohung ein. Denn diese Föderation hätte vermutlich nicht die untergeordnete und unterwürfige Rolle eingenommen, die er sich von den Staaten und Parteien in Osteuropa erwartete. Nach Monaten des zunehmend angespannten Austauschs zwischen Stalin und Tito beziehungsweise dessen innerem Kreis kam es am 28. Juni 1948 zum Bruch. Die Kominform, die Koordinationsstelle der kommunistischen Parteien, warf den Kommunisten Jugoslawiens vor, »abenteuerlich und unmarxistisch« zu handeln, auf »dem Weg des Verrates der Sache der internationalen Solidarität der Werktätigen« und zum »Nationalismus übergegangen« zu sein.[13] Partei und Staat waren für vogelfrei erklärt worden. Die Erklärung rief jugoslawische Kommunisten dazu auf, die Führung zu stürzen und durch loyale Anhänger der Sowjetunion zu ersetzen.

Nachdem Jugoslawien unter Tito von Stalin aus der Kominform ausgeschlossen worden war, glaubte der sowjetische Führer, Jugoslawien würde sich der sowjetischen Führungsrolle in der kommunistischen Welt schnell wieder unterordnen. Tito konnte sich jedoch behaupten. Er und die Partei genossen hohes Ansehen in der eigenen Bevölkerung: aufgrund des Partisanenkampfes, durch den sich Jugoslawien fast eigenständig befreit hatte und der aus der kleinen KP eine Massenbewegung gemacht hatte. Nirgendwo außerhalb der Sowjetunion war die Partei so stark verwurzelt wie in Jugoslawien. Außerdem zögerte Tito auch nicht, Stalins Methoden anzuwenden. Tausende Jugoslawen, die verdächtigt wurden, Stalin treu geblieben zu sein – oft reichte ein Witz oder eine Denunziation ohne Beweise aus –, landeten in Gefängnissen oder im berüchtigten Gefangenenlager auf der kargen Adria-Insel Goli Otok. Obwohl es noch Jahre dauerte, bis Jugoslawien eine eigene ideologische Grundlage fand, um einen Kommunismus ohne sowjetische Unterstützung aufzubauen, war die politische Eigenständigkeit schon früh eine zentrale Säule der Regimes. Letztlich war dies auch der Auslöser für den Bruch mit Stalin.

Tito brachte Jugoslawien auf einen neuen innen- und außenpolitischen Kurs, der dem Land ein Gewicht weit über seiner Bedeutung hinaus verschaffte. Die Dezentralisierung von Wirtschaft und Politik wurde ein wichtiges Standbein des jugoslawischen Systems, dessen Konzept der Arbeiterselbstverwaltung, ohne Fünfjahrespläne, bessere Ergebnisse zu bringen schien als der dogmatische Zugang der Sowjetunion. Außenpolitisch positionierte sich Jugoslawien zwischen Ost und West. Selbst als Stalins Nachfolger Nikita Chruschtschow eine Versöhnung anbot, führte kein Weg zurück ins sowjetische Lager. Die guten Beziehungen zu den USA, die Jugoslawien gerade in den ersten Jahren nach dem Bruch mit Stalin über Wasser hielten, blieben stabil, aber immer mit genügend Distanz. Durch die Gründung des Bündnisses der blockfreien Staaten 1961 konnte Tito mit dem indischen Ministerpräsidenten Jawaharlal Nehru und dem ägyptischen Staatspräsidenten Gamal Abdel Nasser ein Gegengewicht zu den Großmächten im Kalten Krieg bilden. Die Staaten, die sich hier zusammenfanden, hatten oft wenig gemeinsam. Neben Königen wie Haile Selassie von Äthiopien oder dem zypriotischen Erzbischof Makarios III., der von 1960 bis 1977 auch gewählter Präsident Zyperns war, beteiligten sich auch Revolutionäre wie Fidel Castro und Nasser sowie Dutzende Befreiungsbewegungen, die noch gegen Kolonialmächte kämpften. Trotz der Unterschiedlichkeit einte sie ein Ziel: keine Bevormundung durch die USA oder die Sowjetunion. Zudem hatten die meisten die Erfahrung gemacht, eine Fremdherrschaft abgeschüttelt zu haben: In Jugoslawien waren es der Partisanenkampf und die proletarische Revolution, bei anderen war es der politische oder bewaffnete Kampf gegen Kolonialherrscher. Auf der Gründungskonferenz der Blockfreien in Belgrad sagte Tito: »Diese Zusammenkunft soll meiner Ansicht nach die Großmächte zur Erkenntnis bringen, dass das Schicksal der Welt nicht nur in ihren Händen liegen kann.«[14]

Über die Blockfreien baute Tito ein dichtes globales Netzwerk von Kontakten auf und besuchte mit seinem Schiff »Galeb« (Möwe) seine Partner. Seine Bündnispolitik beinhaltete auch die Unterstützung des algerischen Freiheitskampfes gegen Frankreich in den frühen Sechzigern, das Training von Guerillakämpfern, wie denen des Afrikanischen Nationalkongresses (ANC) im Südafrika der Apartheid, den Bau von Wasserkraftwerken und Bürogebäuden in Sambia und von Bunkern im Irak. Tausende Menschen aus dem globalen Süden kamen zum Studium nach Jugoslawien. Der internationale Austausch gab dem Land Ansehen und verlieh dem Kampf der Partisanen in Zeiten des Kalten Krieges nachträglich Legitimität.

Nicht nur die Zerschlagung Jugoslawiens und die Besetzung durch Deutschland, Italien und ihre Verbündeten im Zweiten Weltkrieg, sondern auch die Erfahrung des 19. Jahrhunderts, den Großmächten ausgeliefert und später vom wirtschaftlichen Einfluss europäischer Unternehmen dominiert worden zu sein, prägte Jugoslawiens Sicht auf die Welt. Dass Tito bei der Gründung der Blockfreien die Konfrontation des Kalten Krieges bedauerte, wirkt – zumindest im Rückblick – ironisch, ermöglichte es der Kalte Krieg Jugoslawien doch erst, weltpolitisches Gewicht zu erlangen.

So sehr Jugoslawien auf internationalem Parkett globalen Einfluss und Respekt genoss, so schwierig stellten sich die Beziehungen zu seinen Nachbarn dar. Jugoslawien war, wie Schulkinder lernten, von Sorgen umgeben. Die Anfangsbuchstaben der Namen aller Nachbarstaaten – Bulgarien, Rumänien, Italien, Griechenland, Österreich (Austrija), Ungarn (Mađarska) und Albanien – ergeben das Wort *brigama*, serbokroatisch für Sorgen. Der Status von Minderheiten in Jugoslawien sowie viele offene Grenzfragen, die in der Zwischenkriegszeit zu eskalieren drohten, waren alles andere als entschärft. Im Gegensatz zu Albanien begegnete Jugoslawien diesen Sorgen weniger mit Bunkern, sondern eben mit dem Versuch, sich auf der internationalen Ebene mehr Gewicht zu verschaffen, als es der Größe des Landes oder seiner Wirtschaftskraft entsprach.

Albaniens Weg in die Isolation

Neben Jugoslawien fristete Albanien ein Schattendasein, konnte sich aber unter anderem deshalb behaupten, weil auch hier eine Partisanenbewegung, kontrolliert von der Kommunistischen Partei, die

Macht übernommen hatte. Vor dem Zweiten Weltkrieg hatte es in dem schwachen Staat, der von der italienischen Dominanz geprägt war, gar keine KP gegeben. Der selbstherrliche Herrscher Ahmet Zogu hatte sich 1928 selbst zum König der Albaner erklärt. 1945 bestand Albanien als Staat gerade einmal 32 Jahre, davon 13 Jahren unter Krieg und Besatzung. Die Partisanen und die KP waren von der jugoslawischen KP gegründet und gefördert worden, was die Einflussnahme Jugoslawiens fortführte, die schon in den Zwischenkriegsjahren in Albanien vorherrschte.

Enver Hoxha, der Parteivorsitzende und bis zu seinem Tod 1985 die bestimmende Persönlichkeit Albaniens, entschied, den Bruch zwischen Jugoslawien und der Sowjetunion für sich zu nutzen. Er schlug sich auf die Seite Stalins. Das hatte zunächst wenig mit Ideologie zu tun, sondern bot ihm die Chance, sich aus der Abhängigkeit von Jugoslawien zu befreien und innenpolitische Gegenspieler auszuschalten. Der große Bruder in Moskau saß viel weiter entfernt als der große Bruder in Belgrad. Stalin besaß auch wenig Interesse an Albanien, in dem er nur ein irrelevantes, rückständiges Land sah, welches für den Sozialismus eigentlich noch nicht bereit war. Die Allianz mit der Sowjetunion begann sich nach einem Jahrzehnt auch abzukühlen. Stalins Nachfolger Nikita Chruschtschow bemühte sich um bessere Beziehungen zu Jugoslawien, und seine Kritik an Stalin sah Hoxha als einen Angriff auf seine Macht. Er blieb sein Leben lang ein überzeugter Stalinist. Zum Bruch kam es jedoch erst 1961, als Hoxha offen die sowjetische Führung angriff. Der neue Partner war nun China, noch weiter weg, zu weit, um sich in Albanien politisch oder militärisch einzumischen. Zugleich blieb es unter Mao Zedong einer dogmatisch-stalinistischen Linie treu. Die neue Allianz fiel mit dem Bruch zwischen China und der Sowjetunion zusammen. Auch hier waren ideologische Differenzen sowie Maos Unzufriedenheit mit dem sowjetischen Anspruch, die sozialistische Welt zu dominieren, der Grund.

In den frühen sechziger Jahren gab es demnach nur vier sozialistische Staaten, die nicht bereit waren, sich dem Willen der KPdSU unterzuordnen: China und Nordkorea, Albanien und Jugoslawien.

Nordkorea war von China und der Sowjetunion abhängig und suchte nach einem Mittelweg. Die regierenden Kommunisten Jugoslawiens und Albaniens schlugen einen je eigenständigen Weg ein, wobei die Unterschiede kaum größer hätten sein können. Jugoslawien öffnete die Grenzen in den sechziger Jahren, sodass die Jugoslawen frei reisen sowie Musik und Filme aus aller Welt sehen und hören konnten. Zunehmend wurde das Land auch zum Reiseziel für Touristen, und zwar sowohl aus sozialistischen als auch aus kapitalistischen Staaten.

Albanien hingegen schottete sich immer mehr ab. Touristen durften nur einreisen, wenn sie ein Visum hatten und sich in Kleiderordnung und Frisur den Vorstellungen der Partei fügten. Gegebenenfalls verpasste man ihnen bei der Einreise einen entsprechenden Haarschnitt. Albaner selbst durften nicht nur das Land nicht verlassen, sie konnten ohne Sondererlaubnis nicht einmal die Hauptstadt Tirana betreten. Tirana wurde auf diese Weise künstlich klein gehalten. Dagegen lebten Tausende in Strafkolonien über das Land verstreut. Niemand durfte ein Auto besitzen. Nach chinesischem Vorbild war das Fahrrad das bevorzugte Fortbewegungsmittel. Die Partnerschaft Albaniens mit China bedeutete zwar, dass dieser kleine europäische Staat einen riesigen Partner im Osten hatte. Dieser war aber nicht das heutige, wirtschaftlich erfolgreiche China, sondern das China Maos mit seiner brutalen Modernisierungspolitik, die in den sechziger und siebziger Jahren zu katastrophal gescheiterten Experimenten führte wie dem »Großen Sprung nach vorn« und der Kulturrevolution, bei denen Millionen Chinesen ums Leben kamen. Hoxha ließ sich inspirieren und kopierte einige der repressiven Praktiken. So verbot Albanien 1967 alle Religionen und erklärte sich zum ersten atheistischen Staat der Welt. Alle Kirchen und Moscheen wurden entweder abgerissen oder als Heulager, Kinos oder für andere Zwecke genutzt. Nach Vietnam war Albanien jenes Land, das die größte Wirtschaftshilfe aus China erhielt, neben Fabriken und Traktoren auch Lebensmittel, Stahl und Waffen. Die Partnerschaft brachte Albanien wirtschaftlich wenig, aber es erlaubte dem Land im Machtkampf zwischen den zwei kommunistischen Großmächten seine eigene Stellung zu bewahren.

Geprägt von der Paranoia Hoxhas, der überall Agenten und Doppelagenten sah und sogar das Konzept eines Polyagenten erfand, also eines Agenten von mehr als zwei Geheimdiensten, und der langen Isolation Albaniens igelte sich das Land zunehmend ein. Ab den siebziger Jahren baute das Regime bis zu 200 000 Bunker. Ziel war es, dass jede Familie im Fall einer Invasion eine Zuflucht haben würde. Das Nationalmuseum erklärte die lange Geschichte der Albaner zu einem ständigen Kampf gegen ausländische Invasoren, angefangen bei Griechen und Römern hin zu Türken, Jugoslawen, Sowjets und letztlich auch Chinesen, vom feindlichen kapitalistischen Ausland ganz abgesehen.

Das Ende der kommunistischen Herrschaft

Als sich die Einflusssphären in Europa ab den frühen fünfziger Jahren stabilisierten, hatten weder die USA noch die Sowjetunion Interesse daran, ihren Wettbewerb in Europa auszutragen. Der Westen kam weder Ungarn 1956 noch der Tschechoslowakei 1968 zu Hilfe. Jugoslawien außerhalb der Blöcke zu halten half dabei, eine Pufferzone entlang des Eisernen Vorhangs zu sichern, gemeinsam mit den neutralen Staaten Österreich, Schweden und Finnland. Die Kontaktpunkte zwischen Ost und West reduzierten sich somit im Wesentlichen auf die deutsch-deutsche und die deutsch-tschechoslowakische Grenze. Jugoslawien als blockfreier und geeinter Staat gehörte somit fest zur europäischen Sicherheitsstruktur. Ein Zerfall Jugoslawiens war auch deshalb lange schwer vorstellbar.

Für die baltischen Staaten, die DDR, Polen, die Tschechoslowakei, Ungarn, Rumänien und Bulgarien war das Ende kommunistischer Herrschaft nach 1989 unweigerlich mit dem Ende der sowjetischen Dominanz verbunden. Es war eben nicht nur das Ende eines politischen Systems, das mit totalitärer Kontrolle verbunden war, sondern auch das einer Fremdherrschaft, wenngleich die lokalen kommunistischen Eliten längst eigene Wurzeln geschlagen hatten. Die Staaten verlagerten sich gefühlt zurück nach Europa, sinnbildlich repräsentiert durch die Aufhebung der europäischen Teilung nach Jalta.

Die Idee einer Rückkehr nach Europa gab es in Jugoslawien jedoch kaum. Jugoslawien war immer in Europa gewesen. Deutsche und österreichische Touristen verbrachten ihre Sommerferien an den FKK-Stränden Jugoslawiens. Jugoslawen kauften Jeans in Trieste, arbeiteten in Deutschland, fieberten neuen Episoden von »Der Denver-Clan« und »Dallas« entgegen, tranken Coca-Cola, und die »Winds of Change« der Scorpions waren nicht besonders cool in einem Land, in dem die lokale Rockszene zumindest genauso vielfältig war wie in Deutschland. Natürlich, es gab keine freien Wahlen, und man ärgerte sich offen über die schlechte Wirtschaftslage. Gerade nach Titos Tod 1980 wurde die Krise sichtbarer. Bereits seit den siebziger Jahren war das Wirtschaftsmodell an seine Grenzen gestoßen, doch nun fiel Tito als einigende Figur weg. Die hohen Kredite, die Jugoslawien von westlichen Geldgebern erhalten hatte, wurden zur Last für die Wirtschaft und führten zu dramatischen Einschränkungen. Dazu kam, dass nach Titos Tod und mit dem Bedeutungsverlust Jugoslawiens die Gelder nicht mehr so großzügig flossen, wie sie es bis in die siebziger Jahre getan hatten. Vieles funktionierte nicht im Staatsapparat, der unter komplexen Institutionen litt, die nicht für politischen Pluralismus geeignet waren. Bereits im Januar 1983 kam der amerikanische Geheimdienst somit zu dem Schluss: »Jugoslawien steht vor einer längeren Periode zunehmender politischer und wirtschaftlicher Instabilität mit einem wachsenden Risiko einer ernsthaften internen Krise [...] und längerfristig wird das Risiko zunehmen, dass die Unruhen über die wirtschaftlichen Bedingungen und das Wiederaufleben ethnischer Streitigkeiten zu gewalttätigen Konfrontationen führen wird.«[15]

Genauso wenig, wie es die Idee einer Rückkehr nach Europa gab, stand ein externes Feindbild zur Verfügung. Die Sowjetunion und die Rote Armee, die sich 1990 zurückzogen, waren ein ideales Feindbild für die anderen ehemaligen kommunistischen Staaten, um die Verantwortung für das Unrecht zu einem großen Teil an eine äußere Macht zu delegieren, die nun selbst in sich zusammenbrach und keine

Bedrohung mehr darstellte. In Jugoslawien und Albanien konnte niemand die Schuld auf die Sowjetunion schieben. Gerade in Jugoslawien mussten dafür Verantwortliche im eigenen Land gefunden werden. Die jugoslawischen Kommunisten waren dafür nur bedingt geeignet, schließlich waren die meisten Regimekritiker selbst Kommunisten gewesen. Stattdessen suchte man woanders: Die Serben hätten die Kroaten ausgebeutet, die Albaner die Serben, die Slowenen alle anderen beziehungsweise umgekehrt.

In der reichsten Teilrepublik Jugoslawiens, Slowenien, hatte sich in den Achtzigern eine starke Zivilgesellschaft und eine subversive Musik- und Kunstszene gebildet, die sich Neue Slowenische Kunst (NSK) nannte, provokativ auf Deutsch. Die slowenische Wochenzeitung *Mladina* (Jugend) reizte gezielt die jugoslawischen Grenzen der Meinungsfreiheit aus. Vielen Slowenen war Jugoslawien politisch und sozial nicht pluralistisch genug. Es lag nahe sich vorzustellen, in einem Slowenien ohne Jugoslawien zu leben. Anderswo im Land kam der Drang nach mehr Pluralität erst spät und nur zögerlich auf. Das lag, im Gegensatz zu anderen kommunistischen Staaten, nicht an Repressionen, sondern daran, dass die meisten Bürger eine gewisse Freiheit genossen, die ihnen persönlich ausreichte. Es gab 1989 keine Massendemonstrationen für die Demokratie. In Serbien und Montenegro hatten in den Jahren zuvor zwar Tausende protestiert, doch nicht für Freiheit, sondern zunächst für bessere Arbeitsbedingungen und dann für die Nation und einen besseren Schutz der Serben in Kosovo. Am 28. Juni 1989 gedachten Hunderttausende Serben auf dem Amselfeld dem 600. Jahrestag der Schlacht, bei der, dem serbischen Mythos nach, die serbische Armee dem osmanischen Heer unterlegen gewesen war. Gleichzeitig feierten sie die Abschaffung der Autonomie des Kosovo. Das brachte wiederum die Albaner auf die Straßen. Viele von ihnen fühlten sich bereits vorher in Jugoslawien als Bürger zweiter Klasse. 1989 wurden ihre Rechte noch weiter beschnitten. Kosovo verlor, gemeinsam mit der anderen serbischen Provinz Vojvodina, seine Autonomie. Damit verschob der neue starke Mann in Serbien, Slobodan Milošević, das Gleichgewicht und provozierte einen Konflikt. Die Massendemonstrationen der Albaner wurden unterdrückt und läuteten den Zerfallsprozess Jugoslawiens ein.

In Albanien gab es nicht mal eine andere gesellschaftliche Gruppe, auf die man die Verantwortung für die kommunistische Herrschaft schieben konnte. Die Partei der Arbeit regierte mit totalitärer Kontrolle und viel größerer Brutalität als in Jugoslawien. Den einzigen Kontakt zur Außenwelt stellte der Empfang des italienischen Fernsehsenders *Rai* oder von jugoslawischen Fernsehsendern dar, je nachdem, wo man wohnte. Hier sah man eine sehr fremde Welt, in der Produkte Namen trugen, wie sich die albanisch-britische Politikwissenschaftlerin Lea Ypi erinnert: »Barilla-Pasta, Heineken-Bier oder Colgate-Zahnpasta. Dies schien auch für den Supermarkt selbst zu gelten. Warum konnte ein Geschäft nicht einfach Bäckerei, Metzgerei, Kleiderladen oder Café heißen?«[16] In Albanien brach das System erst zusammen, als die Menschen sich entschieden, die Statuen Stalins umzustürzen, und zu Tausenden auf Frachtschiffe stiegen, um endlich in den Westen zu reisen.

Der sehr unterschiedlich herrschende Kommunismus in Albanien und Jugoslawien scheiterte später als in der Sowjetunion und allen Staaten in dessen Einflusssphäre, und auch aus unterschiedlichen Gründen. In Jugoslawien zerfiel das System und mit ihm der Staat, weil niemand mehr an die besondere Rolle Jugoslawiens glaubte. Viele wünschten sich einen anderen Staat. Die jugoslawischen Nationen konnten oder wollten sich aber nicht darüber einigen, wie dieser aussehen könnte. In Albanien implodierte ein Staat, der erst durch die kommunistische Herrschaft mit großer Gewalt aufgebaut worden war.

Das Ende des Kalten Krieges und des Kommunismus beraubte beide Staaten ihrer Sonderstellung, die sie lange zwischen den Großmächten ausgehandelt hatten. Sie wurden wieder zu zwei kleinen Staaten im Südosten Europas. Albanien hatte erst mit Jugoslawien, dann mit der Sowjetunion, schließlich mit China immer weiter entfernt liegende Partner gefunden, um für sich eine eigene, immer stärker isolierte Position zu erreichen. Jugoslawen hingegen hatten einen roten Pass, der Reisefreiheit bedeutete, sowohl nach Osten als auch nach Westen. Diese Lage gab dem Land das Selbstbild, sich eine Eigenständigkeit erkämpft zu haben, die sich aus der Abhängigkeit von irgendwelchen Großmächten gelöst hatte. Nach 1989 wurde diese Position plötzlich bedeutungslos.

3
DIE NEUE WELTORDNUNG UND DER KRIEG IN JUGOSLAWIEN

Eigentlich hätte Jugoslawien das erste Land Osteuropas in der Europäischen Gemeinschaft (EG) sein können. Seit den späten sechziger Jahren verfügte Jugoslawien über einen Botschafter in Brüssel, das erste Handelsabkommen wurde 1970 geschlossen. Nachdem Griechenland 1981 der EG beigetreten war, stellte Jugoslawien die Landverbindung zwischen dem Rest der EG und Griechenland dar. Jugoslawien bemühte sich bereits 1989 um ein Assoziierungsabkommen mit der EG. Zu jenem Zeitpunkt machte der Handel mit den zwölf Staaten der Gemeinschaft bereits 70 Prozent des Handelsvolumens Jugoslawiens aus.[17] Der reformorientierte und zunächst beliebte Ministerpräsident Ante Marković bemühte sich sowohl um Wirtschaftsreformen als auch um eine schnelle Anbindung an den Westen. Als Kommissionspräsident Jacques Delors und der luxemburgische Premier Jacques Santer 1991 Jugoslawien die assoziierte Mitgliedschaft und 4,5 Milliarden ECU, der Vorläufer des Euro, anboten, war es schon zu spät. Ante Marković hatte längst keinen Einfluss mehr auf die Entwicklung im Land. Die Präsidenten der sechs Teilrepubliken hatten die Macht an sich gerissen.[18]

Wie überall in Mittel- und Osteuropa gab es in Jugoslawien 1990 erstmals Mehrparteienwahlen, doch fanden diese hier nicht auf Bundesebene statt. Stattdessen schrieben alle Republiken von Slowenien bis Mazedonien nach eigenen Regeln Wahlen aus, nachdem der gemeinsame Bund der Kommunisten im Januar 1990 auseinandergebrochen war. Die Partei scheiterte an den unterschiedlichen Vorstellungen über die Zukunft Jugoslawiens, was den dauerhaften jugoslawischen Kampf zwischen Zentralisten und Föderalisten widerspiegelte. Unter den neuen Parteiführern der Republiken gab es ein weites Spektrum von Reformsozialisten wie Ivica Račan in Kroatien bis hin zu Nationalisten wie Slobodan Milošević in Serbien. Die Wahlen verstärkten die innerstaatlichen Antagonismen weiter. In Kroatien und Bosnien siegten antikommunistische Kräfte, in Slowenien und Mazedonien kam es zu Pattsituationen, und in Serbien und Montenegro gewannen die ehemaligen Kommunisten, die sich nun als Nationalisten verkauften. Die Föderative Republik, die in der Verfassung ohnehin schon schwach angelegt war, wurde belanglos. Mit Ausnahme der Hoheit über die Jugoslawische Volksarmee.

Im März 1991, als sich das Ende Jugoslawiens abzeichnete, schickte Borisav Jović, Miloševićs Mann im jugoslawischen Staatspräsidium – dem kollektiven Staatsoberhaupt, in dem alle sechs Republiken (Slowenien, Kroatien, Bosnien, Serbien, Montenegro und Mazedonien) und beide Provinzen (Kosovo und Vojvodina) vertreten waren – den Verteidigungsminister Veljko Kadijević nach Moskau, um für Unterstützung für einen Putsch in Jugoslawien zu werben. Zu jenem Zeitpunkt wäre nirgendwo in Mittel- und Osteuropa ein Politiker auf die Idee gekommen, sich politische oder militärische Unterstützung in Moskau zu suchen. Sein sowjetisches Gegenüber Dimitri Jasow konnte jedoch keine konkrete Hilfe anbieten, außer der Information, dass er nicht mit einem Eingreifen des Westens rechne. Milošević hatte sich an den falschen Verbündeten in der Sowjetunion gewendet. Während Kadijević sich letztlich nicht zu einem Putschversuch mit Unterstützung Serbiens durchringen konnte, gehörte Jasow zur Gruppe der sowjetischen Hardliner, die nur fünf Monate später versuchten, Michail Gorbatschow abzusetzen. Deren Coup schlug wegen Boris Jelzins Widerstand fehl, was wiederum das Ende der Sowjetunion beschleunigte.

Da Milošević seine Hoffnung auf jene Hardliner gesetzt hatte, die mit ihrem Putschversuch scheiterten, gab es wenig Hoffnung für politische Unterstützung aus der Sowjetunion bzw. Russland. Das

Land war in den nächsten Jahren auch zu sehr mit sich selbst beschäftigt, um größeres Interesse für Serbien oder Jugoslawien zu entwickeln. Jugoslawien gehörte nicht zur sowjetischen Einflusssphäre. Und selbst in den Staaten, die bis 1990 offiziell noch zum Warschauer Pakt gehörten, war der sowjetische und später russische Einfluss minimal. Die Idee einer russisch-serbischen Freundschaft oder Allianz fand lediglich an den politischen Rändern Sympathisanten, zumindest in Russland.

Jelzin hatte eine ähnliche Biografie vorzuweisen wie der zehn Jahre jüngere Milošević. Beide begannen ihre Laufbahn als Technokraten in der Partei in den achtziger Jahren. Beide machten Karriere mit einer Mischung aus Populismus und Systemkritik. Sowohl Milošević als auch Jelzin stellten serbische beziehungsweise russische Interessen über jene Jugoslawiens beziehungsweise der Sowjetunion. Doch hier enden die Gemeinsamkeiten. 1991 wollte Milosević zunächst Jugoslawien dominieren, und falls ihm das nicht gelingen sollte, verfolgte er als zweites Ziel, alle Serben in einem Staat zu vereinen. Jelzin hingegen hatte kein Interesse an den Russen, die außerhalb Russlands lebten. Im Gegenteil, er unterstützte die Unabhängigkeitsbewegungen in den baltischen Staaten und sprengte gemeinsam mit den Präsidenten von Belarus und der Ukraine Ende 1991 die Sowjetunion. Während Jelzin somit den Weg für einen weitgehend friedlichen Zerfall der Sowjetunion ebnete, wollte sich Milošević nicht auf eine friedliche Auflösung Jugoslawiens einlassen.

Westliche Vermittlung zwischen Naivität, Eigeninteresse und Inkompetenz

Die Krise in Jugoslawien wurde von westlichen Botschaften und Geheimdiensten durchaus ernst genommen, doch die weltpolitische Lage überschattete die jugoslawische. US-Präsident George W. Bush war damit beschäftigt, eine globale Allianz gegen Saddam Hussein zu schmieden. Nachdem der Irak im August 1990 Kuwait besetzt hatte, segnete der UN-Sicherheitsrat eine Mission gegen den Irak ab. Damit war eine globale Zusammenarbeit unter amerikanischer Führung möglich. Der erste Golfkrieg Anfang 1991, bei dem eine breite Allianz den Irak aus Kuwait vertrieb, schien das Signal zu geben, dass Angriffskriege nicht mehr akzeptiert würden. Der zweite Krisenherd Anfang 1991 war die Sowjetunion. Einerseits wollten die USA Gorbatschow stützen. Zugleich wurden die Unabhängigkeitsbewegungen in den baltischen Staaten und auch im Kaukasus größer, und der Machtkampf zwischen Jelzin und Gorbatschow nahm an Schärfe zu. Die Gefahr, die von einem Zusammenbruch der Nuklearmacht Sowjetunion ausging, war allen bewusst. Jugoslawien war ein Nebenschauplatz.

Lediglich einen Kurzbesuch war Jugoslawien dem amerikanischen Außenminister James Baker wert. Er traf bei einer Stippvisite in Belgrad im Juni 1991 alle Präsidenten der Teilrepubliken. Seine Hoffnung, »dass jeder daran interessiert ist, durch Dialog und Verhandlungen einen Weg zu finden, um eine neue Grundlage der Einheit für Jugoslawien zu schaffen«, entpuppte sich als naiv.[19] Stattdessen überließen die USA zunächst den Europäern die Bühne. Politiker aus der Europäischen Gemeinschaft sahen darin eine Gelegenheit, sich zu beweisen. Die Europäische Union war in Planung. Im Februar 1992 würde mit dem Maastricht-Vertrag die EG zur EU werden. Diese neue Union sollte auch eine gemeinsame Außenpolitik verfolgen, und Jugoslawien bot eine Gelegenheit, so schien es zumindest, diese schon in die Tat umzusetzen. Als der luxemburgische Außenminister Jacques Poos 1991 zu Beginn der Jugoslawienkriege den mittlerweile berüchtigten Satz »Dies ist die Stunde Europas« aussprach, meinte er damit die Europäische Gemeinschaft. Die EG glaubte, die Krise in Jugoslawien durch ein paar diplomatische Blitzbesuche beilegen zu können.[20] Zunächst vermittelte eine Troika, bestehend aus dem italienischen, dem luxemburgischen und dem niederländischen Außenminister. Obwohl es ihnen gelang, den Krieg in Slowenien zu beenden, war es ein Pyrrhussieg. Serbien hatte kein Interesse an Slowenien, und der Zehntagekrieg dort war eher ein Rückzugsgefecht jugoslawischer Kräfte. Beim Krieg in Kroatien, der danach ausbrach, ging es nicht mehr um einen Erhalt Jugoslawiens, sondern darum, große Teile Kroatiens unter militärische Kontrolle der Jugoslawischen Volksarmee zu bringen. Kroatische Regionen wurden von den nationalistischen serbischen Kräften als serbische Gebiete beansprucht und sollten in einem Rest-Jugoslawien verbleiben, über das Milošević herrscht. Die EG und später die UN verhängten Sanktionen gegen diese Bundesrepublik Jugoslawien, die nur noch aus Serbien und Montenegro bestand, sodass das Land weitgehend isoliert wurde. Es gab keine Flüge mehr nach Serbien, und jegliche Geschäfte wurden untersagt. Kontroverser war ein breiteres Waffenembargo, das alle Staaten des ehemaligen Jugoslawiens betraf. Dadurch fiel es gerade Kroatien und Bosnien schwer, sich gegen die jugoslawische Armee zu wehren, die über große Waffenreserven verfügte.

Im Sommer 1991 ernannte die EG den britischen Politiker und ehemaligen NATO-Generalsekretär Lord Carrington zum Sondervermittler. Ohne ausreichende Kenntnisse über Jugoslawien versuchte er, das Land im Ganzen zu retten, als es dafür längst zu spät war. Sein Plan für eine jugoslawische Konföderation scheiterte an Milošević. Die Badinter-Kommission, als Schiedskommission eingesetzt von der EG, erklärte in einer Reihe von Rechtsgutachten, dass Jugoslawien zerfallen sei und somit alle Republiken einen Anspruch auf internationale Anerkennung hätten. Daraufhin bereitete die EG einen Kriterienkatalog vor, nach dem alle sechs ehemaligen Republiken anerkannt werden könnten. Unabhängigkeitsreferenden und die Einführung von Minderheitenrechten waren die wichtigsten Voraussetzungen, die bis Ende 1991 nur Slowenien und Mazedonien erfüllten. Die Anerkennung Mazedoniens wurde jedoch von Griechenland blockiert. Auf Drängen Deutschlands war es schließlich neben Slowenien auch Kroatien, das anerkannt wurde, bevor die dortige serbische Minderheit ausreichenden Schutz angeboten bekam. Zu jenem Zeitpunkt war bereits klar, dass es früher oder später zu einer internationalen Anerkennung Kroatiens kommen würde. Die Frage war nur, wann und wie. Die Anerkennung durch Deutschland, der auch die anderen Staaten folgten, schien zunächst positive Folgen zu zeitigen. Die Kriegsparteien einigten sich auf einen Waffenstillstand, UN-Truppen wurden stationiert. Tatsächlich endete der Krieg vor allem aber deshalb, weil die jugoslawische Armee zunehmend unter serbische Kontrolle kam und die kroatischen Serben ihre Ziele weitgehend erreicht hatten. Der Waffenstillstand sicherte ihre Gewinne ab, zumindest vorerst. Aus Dank für den umstrittenen Vorstoß Deutschlands, Kroatien früh anzuerkennen, wurden etliche Straßen in Kroatien nach Bundeskanzler Helmut Kohl und Außenminister Hans-Dietrich Genscher benannt.

Der Krieg in Bosnien begann wenige Monate später. Hier war die Unabhängigkeit umstritten. Ein Großteil der Serben, ein Drittel der Bevölkerung Bosniens, wollte in einem gemeinsamen Staat mit Serbien bleiben und rief wie in Kroatien eine serbische Republik, die Republika Srpska aus. Die meisten Serben blieben daher auch dem Referendum fern, das trotzdem eine deutliche Mehrheit für die Unabhängigkeit erhielt. Die bosnischen Muslime, die sich im Krieg in Bosniaken umbenannten, und die bosnischen Kroaten hatten wenig Lust, in einem von Milošević geführten Rumpf-Jugoslawien zu verbleiben. Der Krieg brach aus, nachdem die Republika Srpska damit begann, alle Nicht-Serben zu vertreiben, die auf dem von ihr beanspruchten Territorium lebten. Ihr Anführer war Radovan Karadžić, dem der jugoslawische Armeeoffizier Ratko Mladić zur Seite gestellt wurde. Mit der Vertreibung von Millionen, der dreijährigen Belagerung Sarajevos und etwa 100 000 Opfern, vor allem Bosniaken, übertraf der Krieg in puncto Brutalität schnell den bereits grausamen Krieg in Kroatien mit der Belagerung Vukovars und dem Beschuss Dubrovniks. Es war kein Krieg, in dem Zivilisten zwischen die Fronten gerieten, sondern ein Krieg, in dem die Vertreibung und Ermordung der Bevölkerung das Ziel war.

Je mehr der Krieg in Bosnien eskalierte, desto offenkundiger wurde, dass die Europäische Gemeinschaft dem Konflikt nicht gewachsen war. Es fehlte ihr an Kompetenzen, Strukturen und Einigkeit. Die europäische Öffentlichkeit konnte sich nicht vorstellen, dass europäische Armeen in den Krieg eingreifen würden. Nur zögerlich stiegen schließlich doch die USA als Vermittler ein. Die Dauer des Krieges, die Berichte von Lagern, die Vertreibungen, die Kriegsbilder auf *CNN* setzten US-Präsident Bill Clinton unter Zugzwang. Sein Sondervermittler Richard Holbrooke begann damit, den Druck auf die serbische Kriegspartei zu erhöhen. Die USA bildeten kroatische Armeeangehörige aus und tolerierten Waffenlieferungen an die bosnische Regierung, obwohl diese gemäß UN-Sanktionen für das gesamte ehemalige Jugoslawien verboten waren. Unter dem Eindruck des Völkermords in Srebrenica bombardierte die NATO im Sommer 1995 schließlich Stellungen der bosnisch-serbischen Armee. Zugleich eroberte die kroatische Armee große Gebiete Kroatiens zurück. Diese Wende im Krieg, die den bis dahin dominanten bosnisch-serbischen Einheiten zusetzte, führte zu den Friedensverhandlungen von Dayton. Zwar hatte es seit Beginn des Krieges Verhandlungen gegeben, die von EU und UN geführt wurden. Doch erst die amerikanische Vermittlung fruchtete. Die Verhandlungen fanden auf einem Luftwaffenstützpunkt in Ohio statt, der gewählt wurde, weil man die Konfliktparteien dort isolieren und die Übermacht der US-Armee demonstrieren konnte. Die offizielle Unterzeichnung wurde später in Paris durchgeführt. Solche Formalitäten überließen die USA den Europäern. Doch der Friedensvertrag ist nicht nach Paris benannt, sondern nach Dayton in Ohio.

Der Vertrag enthielt sowohl für die USA als auch für die EU Verpflichtungen, doch die USA erhofften sich, nicht lange bleiben zu müssen. Der Hohe Repräsentant, der ranghöchste Diplomat im Land, der die Umsetzung des Vertrags sicherstellen sollte, war immer ein Europäer. Die Friedenstruppe IFOR (Implementation Force), später SFOR (Stabilization Force), wurde von der NATO geleitet und hatte starke amerikanische Beteiligung. Clinton drängte auf schnelle Wahlen in Bosnien und eine Exitstrategie, sodass sich die USA schon 1996 zurückziehen könnten, rechtzeitig vor den amerikanischen Präsidentschaftswahlen. Das gelang zwar nicht, aber Clinton wurde trotzdem wiedergewählt. Die Truppenpräsenz wurde immer wieder verlängert, weil der Weg zum Frieden länger dauerte als erwartet. Die amerikanische Präsenz aber wurde immer geringer, bis 2004 auch die letzten US-Soldaten abzogen.

Aus der Erfahrung des Bosnienkrieges entstand eine europäisch-amerikanische Partnerschaft auf dem Balkan. Der EU fehlte die Bereitschaft, Militär einzusetzen. Die USA hingegen hatten kein langfristiges strategisches Interesse an der Region und hofften, dass die EU möglichst bald Verantwortung übernehmen würde. Wiederaufbau und das diplomatische Alltagsgeschäft überließen sie daher den Europäern. In diesen Jahren lag dabei die Idee einer EU-Mitgliedschaft ehemals jugoslawischer Staaten (außer Slowenien) noch in weiter Ferne. Nicht nur der Krieg, auch die autoritäre Herrschaft von Slobodan Milošević in Serbien und Franjo Tudjman in Kroatien machten dies unvorstellbar.

Europa selbst zeigte sich in Anbetracht der Kriege uneinig und gespalten. Es gab Befürworter einer Intervention, notfalls auch mit Waffengewalt, um Kriegsverbrechen und »ethnische Säuberungen« zu verhindern. Und es gab Gegner eines militärischen Eingreifens. Für manche war es der Balkan nicht wert. Der vermeintliche ewige Hass oder die Rückständigkeit waren bequeme Vorwände. Und es gab die Sorge, dass ein Eingreifen die USA und Europa zur Weltpolizei machen würden. Interventionsgegner und -befürworter fanden sich in allen Parteien und Ländern Europas. Deutschland war zu jenem Zeitpunkt noch nicht bereit, sich an Militäreinsätzen zu beteiligen. Dementsprechend waren es hauptsächlich Frankreich und Großbritannien, die über die Kapazitäten verfügten und Militäreinsätze gewohnt waren. Beide waren jedoch nur bereit, Friedenstruppen mit UN-Mandat nach Bosnien zu schicken.

Russland, China und andere größere Staaten waren in den neunziger Jahren kaum auf dem Balkan präsent. China war noch längst kein globaler Akteur, Russland intern zerrüttet. Lediglich mit einerseits Hilfslieferungen und andererseits Kriegsfreiwilligen waren andere Nationen in Bosnien präsent. Russische Freiwillige kämpften auf serbischer Seite, muslimische Kämpfer unterstützten die bosnischen Regierungstruppen. Arabische und andere islamische Staaten, die

Bosnien beistanden, wie Malaysia und die Türkei, lieferten Hilfe und nahmen Flüchtlinge auf. Der Iran, der als schiitisches Land kaum religiösen Einfluss im mehrheitlich sunnitischen Bosnien hat, schickte Waffen und versuchte, sich über kulturelle und humanitäre Kontakte Einfluss zu sichern. Obwohl der Iran so kurzfristig eine starke Präsenz aufbauen konnte, blieb in Friedenszeiten wenig davon bestehen. Nach Kriegsende war militärische Unterstützung nicht mehr wichtig, stattdessen zählte der Wiederaufbau.

Die Jugoslawienkriege zeigten die Macht des Westens, aber zugleich deren Grenzen. Der Europäischen Union gelang es nicht, Frieden in Bosnien herzustellen. Die USA benötigten über ein Jahr, um dann aber mit einer Mischung aus Druck, Vermittlung und militärischer Intervention den Krieg zu beenden. Alles vor dem Hintergrund gescheiterte Interventionen wie in Somalia und dem nicht verhinderten Völkermord in Ruanda. Als im Juli 1995 niederländische UN-Soldaten von der Armee der Republika Srpska unter Ratko Mladić erniedrigt wurden und den Völkermord von Srebrenica an über 8000 bosniakischen Männern und Jungen nicht verhinderten, wirkte der Westen alles andere als stark.

Der Mythos vom Zerfall Jugoslawiens als Kulturkampf

In seinem berüchtigten Buch »Kampf der Kulturen« schrieb der amerikanische Politikwissenschaftler Samuel Huntington von bevorstehenden Kriegen als Konflikten zwischen Kulturen statt zwischen Staaten und Ideologien.[21] Was er als Kulturen oder Zivilisationen bezeichnete, waren Blöcke, die sich meist durch eine gemeinsame Religion, wie die orthodoxe oder die islamische Welt, oder andere eher willkürliche Kriterien definierten. Der Westen galt für ihn als eine gemeinsame Kultur, Lateinamerika, Afrika, Indien, China, Japan und andere als weitere Kulturen. Auch wenn seine Theorie viel kritisiert wurde, war sein Buch ein Bestseller und bestimmte die Debatten der neunziger Jahre. Die Idee von Kulturen in einem existenziellen Krieg findet sich auch bei religiösen und nationalistischen Extremisten, die entweder das »christlich-jüdische Abendland« verteidigen wollen oder ein islamisches Großreich anstreben.

Für Huntington waren die Kriege in Jugoslawien Vorboten dieser Kulturkriege. Er hielt dabei den Westen für moralisch überlegen und vermischte Kulturpessimismus mit Rassismus. Doch seine Vorstellung, dass auf dem Balkan Islam, Orthodoxie und Katholizismus gegeneinander kämpften, fand breite Resonanz. Westliche Medien nutzten gern die fruchtbare und falsche Metapher von den tektonischen Platten, die auf dem Balkan aufeinandertreffen. Das Motiv von einem angeblichen Krieg zwischen orientalischen Muslimen, byzantinischen Orthodoxen und westlichen Katholiken fand sich durchaus auch in deutschen Zeitungen wieder.

Anhänger findet die Zivilisationskriegstheorie bis heute in der rechtsextremen Szene. Terroristen wie die Attentäter von Oslo und Christchurch, Anders Breivik und Brenton Tarrant, sahen beispielsweise in Kriegsverbrecher Radovan Karadžić einen Verteidiger des Abendlands. Das Musikvideo einer serbischen paramilitärischen Einheit, die ein antikroatisches, antibosniakisches und nationalistisches Lied intoniert, machte über 20 Jahre nach seinem Entstehen in rechten Internetforen Karriere: Unter dem Schlagwort »Remove Kebab« wurde es zum Meme, das Gewalt gegenüber Muslimen bis hin zur Auslöschung glorifiziert. Radikale Islamisten hingegen verstanden den Bosnienkrieg als Abwehrkampf gegen das Christentum.

Auch in der orthodoxen Welt spielte der vermeintliche Kampf der Kulturen eine Rolle. Während des Krieges drehte der polnische Regisseur Paweł Pawlikowski einen Dokumentarfilm mit dem Titel »Serbian Epics«. Der Film folgt dabei insbesondere Karadžić. In einer grotesken Szene telefoniert dieser in einer alten Seilbahngondel in den Bergen bei Sarajevo, seine Soldaten singen dazu alte Volkslieder, ein Welpe streunt herum – und der russische Schriftsteller Eduard Limonow schießt mit einem Maschinengewehr auf das belagerte Sarajevo. Limonow, zunächst Dissident in der Sowjetunion und anschließend im französischen Exil, gründete nach seiner Rückkehr nach Russland die später verbotene, extremistische Nationalbolschewistische Partei und starb 2020 in Moskau. Er war ein Pionier der neuen russisch-serbischen Solidarität auf Basis der verbindenden Orthodoxie und diente wie weitere Russen und auch zahlreiche orthodoxe Griechen als Freiwilliger für die serbische Armee.

Die Jugoslawienkriege waren jedoch kein Kampf der Kulturen. Die Muslime, die von Serben vertrieben wurden, die Kroaten und Serben, die im Kroatienkrieg kämpften, die Opfer und Täter auf allen Seiten gehörten mitnichten unterschiedlichen Kulturen an. Sie sprachen nicht nur alle dieselbe Sprache, hatten gemeinsame Traditionen und Gewohnheiten. Sie waren oft sogar miteinander verwandt, bekannt oder befreundet. Natürlich waren die Kriegstreiber darum bemüht, tiefe Gräben zu ziehen. So bezeichnete Karadžić Bosniaken oft als Türken oder Nachfolger der Türken. Er wollte sie damit als fremd markieren und ihre Vertreibung als angebliche Besatzer legitimieren. Doch sie waren in Bosnien genauso zu Hause wie Serben und Kroaten. Viele Bosniaken, die ermordet oder vertrieben wurden, weil sie Muslime waren, gingen selten oder gar nicht in die Moschee, tranken Alkohol, aßen Schweinefleisch. Mudschahidin-Kämpfer aus dem Nahen Osten waren schockiert über den Lebenswandel ihrer Glaubensbrüder, denen sie in Bosnien halfen. Erst der Krieg verstärkte Identitäten und schuf Gräben, die bis heute wirken – und die doch keine gegnerischen Kulturen nach Huntington aus den Nationen machten, die weiterhin viel gemeinsam haben.

Die Jugoslawienkriege brachen gerade aus, als der Westen den Kalten Krieg gewonnen hatte. Sie störten die neue Weltordnung, die durch internationale Zusammenarbeit, Demokratie und Marktwirtschaft geprägt sein sollte. Und sie machten auch der Idee vom friedlichen Ende des Kommunismus einen Strich durch die Rechnung. Es war der große Widerspruch der neunziger Jahre: Einerseits hatte noch nie eine Konfrontation zwischen Großmächten – untermauert durch Ideologie und globale Machtansprüche – so schnell und friedlich geendet wie der Kalte Krieg. Und doch war es kein wirklich friedliches Ende.

In keinem Jahrzehnt seit dem Ende des Zweiten Weltkrieges wurden weltweit so viele Bürgerkriege ausgefochten wie in den neunziger Jahren. Europa blieb nicht von Krieg verschont. Längst nicht nur in Jugoslawien wurde Krieg geführt: in Transnistrien 1990, zwischen Armenien und Aserbaidschan um Berg-Karabach 1992, in Georgien 1991. Nach 1989 gab es mehr Jahre, in denen auf dem Kontinent gekämpft wurde, als Jahre des Friedens. Hinzu kommen zahlreiche Völkermorde. Wie kann es also sein, dass zwar eine Seite den Kalten Krieg friedlich gewinnt und trotzdem so viele Menschen sterben? Die Vorgänge in Jugoslawien sind für die Antwort auf diese Frage symptomatisch: Die Kriege der neunziger Jahre waren keine für oder gegen Demokratie oder Kommunismus. Es waren Kriege um Identitäten, um Herrschen oder Beherrschtwerden. Das Ende des Jahrzehnts, das Jahr 1999, markiert einen Wendepunkt. Die Intervention der NATO, um den Krieg in Kosovo zu beenden, rief Russland und China auf den Plan, sich stärker gegen westliche Hegemonie zu organisieren. Kosovo wurde zur Projektionsfläche: im Westen für die Bereitschaft, militärisch einzugreifen, um Menschenrechtsverletzungen zu verhindern. In Russland und China für die Macht der USA, sich über das Völkerrecht hinwegzusetzen und die Interessen der beiden Staaten zu ignorieren.

4

KOSOVO 1999. ZEITENWENDE FÜR RUSSLAND UND CHINA

Der Zerfall Jugoslawiens begann 1981 in Kosovo. Albanische Studenten forderten, ein Jahr nach dem Tod Titos, mehr Selbstbestimmung. Viele Albaner sahen sich in Jugoslawien benachteiligt. Es gab eine lange Geschichte der Diskriminierung. Die Serben in Kosovo fühlten sich wiederum von den Albanern ausgegrenzt und forderten Rückendeckung aus Belgrad. Da trat Slobodan Milošević, der graue Bürokrat, auf den Plan. 1987 in einem Vorort Pristinas traf der damalige Vorsitzende des serbischen Bundes der Kommunisten mit Kosovo-Serben zusammen, die gegen die vermeintliche Unterdrückung protestierten, und sicherte ihnen seine Unterstützung zu. Damit hatte Miloševićs seine Rolle gefunden: als Beschützer der Serben Jugoslawiens.

1990 glaubte die CIA, dass in Kosovo der Krieg ausbrechen würde, der Jugoslawien zerreißt. Es gab Unruhen, doch der Krieg begann woanders: erst in Slowenien und Kroatien, dann in Bosnien. In Kosovo blieb er zunächst aus, weil Serbien die Provinz mit eiserner Hand kontrollierte und die Mehrheit der Albaner hinter Ibrahim Rugova stand, der den unbewaffneten Widerstand predigte. Rugova war 1992 zum Präsidenten der nicht anerkannten Republik Kosova gewählt worden. Erst als die Strategie der friedlichen Opposition sichtbar nicht zum Erfolg führte, gewannen radikalere Kräfte die Oberhand. Die Kosovo-Befreiungsarmee UÇK, deren Unterstützer überwiegend auf dem Land in abgelegenen Regionen wie Drenica lebten, begann, Anschläge auf Serben, Sicherheitskräfte und von ihnen definierte Kollaborateure zu verüben. Die serbische Polizei und Armee reagierten mit brutaler Repression. So entwickelte sich der Konflikt 1998 doch noch zu einem Krieg, den Serbien dominierte, aber nie gewinnen konnte.

Das NATO-Bombardement und die Folgen

Nach gescheiterten Verhandlungen zwischen Serbien und der Führung der Kosovo-Albaner unter Vermittlung der USA und der EU in Rambouillet, einem luxuriösen Vorort von Paris, im Frühjahr 1999, intervenierte die NATO und bombardierte Ziele in Serbien und Montenegro. Für Serbien ist es der erste Krieg seit 1991, der nicht in den Dörfern und Städten Kroatiens, Bosniens und Kosovos stattfindet, sondern in Novi Sad, Belgrad und anderswo im eigenen Land. Der Generalstab der Armee, das Verteidigungs- und Innenministerium, das Staatsfernsehen, das Hauptquartier der Regierungspartei und zahlreiche andere Gebäude in Belgrad wurden durch NATO-Bomben zerstört. Viele Zivilisten suchten nach Sicherheit in Kellern, während andere die nächtlichen Bomben wie ein Feuerwerk von den Dächern der sozialistischen Hochhäuser aus beobachteten. Nicht nur Milošević empfand die NATO-Intervention als ungerechtfertigt. Viele Menschen steckten sich das Bild einer Zielscheibe an die Jacke, um dagegen zu protestieren. Die über 700 000 Albaner, die zur selben Zeit von der serbischen Polizei und Armee aus Kosovo vertrieben und denen an der Grenze Dokumente und Nummernschilder abgenommen wurden, sodass sie schwerlich zurückkommen konnten, waren für die meisten Serben unsichtbar. Die Staatsmedien berichteten nicht darüber. Bis heute sind sie kein Bestandteil der Kriegserinnerung in Serbien.

Für die NATO war die von ihr so bezeichnete humanitäre Intervention ein Erfolg, obwohl sie viel länger dauerte, als Strategen es erhofft hatten. Milošević setzte auf Zeit und hoffte, das Bündnis würde im Lauf der Zeit auseinanderbrechen. Seine Rechnung ging nicht auf. Die NATO zerfiel nicht und bombardierte weiter, auch als ihr die Ziele ausgingen.

Für Clinton und Madeline Albright, seine Außenministerin, war die Intervention, nach dem Zögern des Westens in Ruanda und Bosnien, ein Ausdruck dafür, dass Diktatoren nicht mehr ungestraft Kriegsverbrechen begehen durften. Hierfür erhielten die USA Rückendeckung sowohl vom britischen Premier Tony Blair als auch von der rot-grünen Koalition in Deutschland, die erst wenige Monate vorher ins Amt gekommen war. Russland hatte das Eingreifen in Bosnien noch mitgetragen, Chinas außenpolitisches Selbstbewusstsein entwickelt sich erst langsam. Die Intervention in Kosovo setzte für beide Länder ein beängstigendes Signal. Die NATO agierte ohne die Zustimmung der Vereinten Nationen. Dort besitzen Russland und China als zwei der fünf ständigen Mitglieder im Sicherheitsrat ein Vetorecht. Jede militärische Intervention, wie beim Ersten Golfkrieg 1991, müsste eigentlich abgesegnet werden. Nur Kriege zur Selbstverteidigung sind zulässig. Weder waren Russland und China bereit, die Intervention in Serbien zu unterstützen, noch wollten NATO und USA sie von deren Zustimmung abhängig machen. Beide Staaten fühlten sich daher vom Westen übergangen. Die internationalen Institutionen, die ihre Mitsprache sicherstellen sollten, wirkten machtlos. Was die NATO als Schutz vor ethnischer Säuberung verstand, war für Russland und China ein Bruch des Völkerrechts und bedeutete ihre Ausgrenzung aus der neuen Weltordnung. Und: Beide Seiten hatten darin recht.

Die Reaktion Russlands war die unreflektierte Unterstützung Serbiens. Die Beziehungen waren ambivalent gewesen, nachdem Milošević 1991 auf die sowjetischen Hardliner gesetzt und Jelzin kaum Interesse daran gehabt hatte, was auf dem Balkan geschah. Doch nun setzte in Russland eine Entfremdung vom Westen und von den USA ein. Die Wirtschaftskrise 1998 diskreditierte das westliche Wirtschaftsmodell, und prowestliche Politiker wurden verdrängt. Bereits 1996 war Außenminister Andrei Kosyrew durch Jewgeni Primakow abgelöst worden, zuvor Chef des Geheimdiensts. Es schlug die Stunde der Politiker, die sich nicht mehr unweigerlich am Westen orientierten. Die Unterstützung hatte zunächst wenig mit Serbien oder besonders engen Beziehungen zu tun. Vielmehr bestimmte das Unbehagen über die NATO und den westlichen Interventionismus die Annäherung, die Milošević begierig aufgriff. Während des Krieges beschloss das jugoslawische[22] Parlament im April 1999, der Union von Russland und Belarus beizutreten. Der damalige Sprecher von Miloševićs Regierungspartei, Ivica Dačić, seit 2022 serbischer Außenminister, bezeichnete den Beitritt nicht nur als »Verteidigung unseres Landes, sondern auch Anfang des organisierten großen Widerstands der ganzen Welt gegen NATO-Aggression«. Währenddessen jubelte eine bestellte Menge vor dem Parlament: »Russland, Belarus, Serbien und Montenegro« sowie: »Kosovo ist Serbien«.[23] Die einseitige Entscheidung eines dysfunktionalen Bundesstaats, bestehend aus Serbien und Montenegro, einem ebenso dysfunktionalen Staatenbund beizutreten, dürfte historisch einmalig gewesen sein – und blieb folgenlos. Trotz aller Sympathiebekundungen der russischen Duma über die Entscheidung passierte: nichts. Russland wurde zunächst nicht zum Bündnispartner Serbiens. Dačićs Ankündigung einer globalen Allianz gegen die NATO blieb nur Gerede.

Stattdessen konnte Russland als Vermittler auftreten. Wiktor Tschernomyrdin, russischer Ministerpräsident von 1992 bis 1998, wurde von Jelzin als Vermittler ernannt und half gemeinsam mit dem ehemaligen finnischen Präsidenten Martti Ahtisaari, ein Ende des Krieges zu verhandeln. In der mazedonischen Grenzstadt Kumanovo stimmte die jugoslawische Armee am 9. Juni 1999 zu, sich aus Kosovo zurückzuziehen. Am nächsten Tag verabschiedete der UN-Sicherheitsrat die Resolution 1244, mit der Stimme Russlands und der Enthaltung Chinas, mit der Kosovo unter UN-Verwaltung gestellt wurde, abgesichert durch eine Friedenstruppe unter NATO-Kontrolle. Die Resolution sieht einen politischen Prozess vor, um den zukünftigen Status des Kosovo zu bestimmen.

Mehr als ein Husarenstück: Besetzung des Flughafens Pristina durch russische Truppen

Während die NATO-Truppen aus Mazedonien ab- und in Kosovo einzogen, machten sich auch russische Einheiten auf den Weg. In Bosnien waren etwa 1 500 russische Soldaten stationiert, die im Rahmen der SFOR-Mission, zusammen mit Einheiten aus fast 40 Ländern, dort den Frieden sichern sollten. Am 11. Juni, also zwei Tage nach Waffenstillstand, setze sich eine Kolonne mit 30 Fahrzeugen und 250 russischen Soldaten aus Bosnien nach Kosovo in Gang. Der Schriftzug SFOR auf den Jeeps war provisorisch mit KFOR (Kosovo Force) übermalt worden. Die Kolonne fuhr auf der etwa 500 Kilometer langen Strecke durch Serbien nach Pristina. In diesem Wettrennen kamen sie den NATO-Truppen knapp zuvor und besetzen den Flughafen, später umgeben von britischen Einheiten. Während der amerikanische Oberkommandant der NATO-Truppen Wesley Clark dem britischen General Mike Jackson befahl, die Landebahn zu besetzen, sodass die russischen Truppen nicht versorgt werden können, weigerte sich dieser mit der Aussage: »Ich werde nicht Ihretwegen den Dritten Weltkrieg beginnen.«[24] Clark bekam keine politische Rückendeckung für die Konfrontation. Aber da Ungarn seinen Luftraum für die russischen Militärflugzeuge sperrte, waren die russischen Soldaten dennoch auf sich allein gestellt. Nach Verhandlungen konnten sie schließlich im Rahmen der NATO-Mission in Kosovo bleiben, mussten jedoch den Flughafen aufgeben und erhielten keinen eigenen Sektor.

Worum es bei dieser russischen Aktion ging, ist bis heute nicht gewiss: Hatte sie das strategische Ziel, den Norden Kosovos zu kontrollieren, oder war es nur ein symbolischer Akt? Jedenfalls mangelte es an politischem Willen und Infrastruktur, um sich gegen die NATO durchzusetzen. Die Einrichtung einer eigenen russischen Zone in Kosovo scheiterte auch daran, dass Russland kein Interesse an einem offenen Antagonismus mit dem Westen hatte. Zu sehr war Jelzin auf die finanzielle Unterstützung nach der Wirtschaftskrise von 1998 angewiesen, um einen Konflikt zu riskieren. Schon bald gab Russland den Anspruch auf. Stattdessen wurden russische Truppen in den Sektoren unter dem Kommando der NATO-Mitglieder USA, Deutschland und Frankreich stationiert. Das russische Wettrennen auf Pristina blieb ein symbolischer Versuch, Einfluss auf dem Balkan zu gewinnen. Aufgrund der Situation in Russland selbst und des begrenzten Engagements gelang es nicht, die Truppen in ein nachhaltiges Druckmittel umzuwandeln. Sie wurden 2003 kurzerhand abgezogen, nur wenige Wochen nachdem Russland seine Beteiligung an den Friedenstruppen in Bosnien beendet hatte. Insgesamt waren der Rückzug sowie die Operation unter dem Dach der NATO eine freundschaftliche Angelegenheit. Im Alltag der Friedensmission war nicht viel zu spüren von den Spannungen des Vorfalls am Flughafen Pristina oder der mythologischen Bedeutung, die Kosovo in Russland erlangte.

2019 wurde der Vorstoß der russischen Armee nach Kosovo in einem Film neu interpretiert. Der Film »Balkan Line« spann aus dieser Episode eine heroische Geschichte und zeigte Russland als Schutzmacht Serbiens. Kosovo wird zum neuralgischen Punkt, an dem sich die russisch-serbische Freundschaft manifestiert. Der Film war eine russisch-serbische Koproduktion, die mit erheblichen Mitteln beider Regierungen unterstützt wurde. Die Premiere in Belgrad fand am 20. Jahrestag des Beginns der NATO-Intervention statt. Im Film wird eine russische Spezialeinheit beauftragt, den Flughafen von Pristina während des Kosovokrieges von einem kosovoalbanischen Gangster und Warlord zu übernehmen. Dieser nutzte den Flughafen, um Serben einzusperren, ihnen Organe zu entnehmen und diese auf dem Schwarzmarkt zu verkaufen. Das russische Team versucht, den Flughafen zu halten, während es von der Kosovo-Befreiungsarmee angriffen wird. Die regulären russischen Soldaten aus Bosnien werden als Retter dringend erwartet. Vom blutrünstigen albanischen Kriegsherrn bis hin zu den rücksichtslosen NATO-Bombenangriffen bestätigt der Film die verzerrte Sicht auf den Konflikt in der öffentlichen serbischen und russischen Wahrnehmung. Man könnte »Balkan Line« als belanglosen Actionfilm abtun. Wurde nicht in den Rambo-Filmen der Vietnamkrieg auch zum glorreichen Heldenepos uminterpretiert? »Rambo I« (1982) folgte kritischen Filmen wie »Die durch die Hölle gehen« (1978) und »Apocalypse Now« (1979), die die militärische und moralische Niederlage der USA ins Zentrum stellten. In Serbien hatte es keine kritischen Filme gegeben. »Balkan Line« war einer der ersten Filme über den Kosovokrieg und bestätigte und verstärkte das Opfernarrativ.

In Serbien und Russland kam der Film durchweg gut an. Die Absicht, die beide Regierungen mit dem Film jenseits kommerziellen Erfolgs hatten, wurde durch das Lob des russischen Kulturministers Wladimir Medinski deutlich: »Wir haben endlich damit begonnen, Filme zu machen, die unsere Werte, die Wahrheit und eine andere Sicht auf internationale Beziehungen fördern.«[25] »Balkan Line« vermischt bestehende Mythen mit neuen Motiven: ein albanischer Gangster, der Organe raubt und dessen Engagement für die Nation zynisch und eigennützig ist. Die junge attraktive Serbin, die droht, Opfer des Organraubs zu werden. Und die heldenhaften und selbstlosen russischen Soldaten. Der Film erzählt die Vergangenheit aus der Perspektive der Gegenwart: So wäre es gewesen, wenn die russisch-serbischen Beziehungen 1999 bereits so gut gewesen wären, wie sie es 20 Jahre später sind.

Die NATO-Intervention fiel zusammen mit Putins blitzschnellem Aufstieg im russischen Machtapparat. Im Juli 1998 wurde er Leiter des Inlandsgeheimdiensts FSB, im August 1999 Ministerpräsident und zu Neujahr schließlich Präsident. Putin greift seitdem immer wieder auf das Kosovo-Motiv zurück, um seine Politik zu rechtfertigen. Als Kosovo 2008 seine Unabhängigkeit ausrief, wurde dies von Russland als Präzedenzfall für den Bruch des Völkerrechts herangezogen.

Kosovokrieg als Schlüsselmoment für China

Aber nicht nur für Russland bildet der Kosovokrieg ein Schlüsselmoment. Auch China als aufstrebende Macht sah in der NATO-Intervention eine direkte Bedrohung. Als die fernöstliche Volksrepublik in den meisten europäischen Städten noch mit chinesischen

Restaurants assoziiert wurde, kam in Serbien eine prominente Politikerin auf die Idee, dass auch Belgrad eine Chinatown haben sollte. Sie war nicht irgendwer, Mira Marković war die einflussreiche Ehefrau des serbischen Präsidenten Milošević und selbst Vorsitzende der Jugoslawischen Linken, JUL. Die JUL war zwar nie mehr als eine pseudokommunistische Kleinstpartei. Aufgrund ihrer Nähe zur Macht konnte sie die Geschicke Serbiens in den neunziger Jahren aber mitbestimmen. Sie war eine von mehreren Parteien, die politischen Pluralismus vortäuschen sollten. Marković gab sich immer als die überzeugte Marxistin. Ihre regelmäßig erscheinenden Kolumnen – zunächst in der Illustrierten *Duga* und später in der Tageszeitung *Borba* – beeinflussten das politische Schicksal zahlreicher Politiker. Für sie lag die Zukunft nicht in Europa, sondern im Osten, in einem der wenigen Ländern, die weiter von einer kommunistischen Partei regiert wurden, auch wenn es diese dort mit dem Marxismus nicht mehr ganz so genau nahm: China.

Aus einer Belgrader Chinatown wurde nichts, genauso wenig aus den Hochgeschwindigkeitszügen, einer U-Bahn für Belgrad und einem neuen Stadtteil namens Europolis. Es wurden vom Milošević-Regime viele Versprechen gemacht, die wie ein potemkinsches Dorf die triste Realität übertünchen sollten. Gegen Ende der neunziger Jahre entstand dann doch noch eine kleine Chinatown. Der sogenannte Blok 70 ist eines der Wohnviertel in Neu-Belgrad entlang der Sava. Hier übernahmen chinesische Händler das örtliche Einkaufszentrum und wandelten es in einen chinesischen Markt mit sehr improvisierten Ständen und kleinen Läden um. Diese Chinatown an der Sava wurde gerade unter jenen Belgradern beliebt, die es sich aufgrund von Sanktionen und Verarmung nicht leisten konnten, anderswo einzukaufen. Blok 70 war aber sicherlich nicht die Machtdemonstration chinesischen Einflusses, den sich Marković erhofft hatte. Das Einkaufszentrum überlebte sie und ihren Mann, erst ein großes Feuer im Sommer 2021 zerstörte es weitgehend.

Nur zehn Autominuten entfernt, auch in Neu-Belgrad, stand bis 1999 ein echtes Symbol chinesischen Einflusses. Die neue chinesische

Botschaft, ein repräsentativer Bau unweit des aus den fünfziger Jahren stammenden modernistischen Jugoslawien-Palasts, der einst die jugoslawische Regierung und Ministerien beherbergte. Während der NATO-Bombardierung am 7. Mai 1999 trafen fünf Bomben von US-Flugzeugen das Botschaftsgebäude, das dadurch weitergehend zerstört wurde. Ob das ein tragischer Unfall oder beabsichtigt war, ist bis heute ungeklärt. CIA und NATO hatten die neue Botschaft noch nicht auf ihren Karten eingezeichnet. Offiziell nahmen die USA die Position ein, dass eigentlich das jugoslawische Amt für Waffenkauf das Ziel gewesen sei. Dessen Hauptquartier lag einige hundert Meter von der Botschaft entfernt. China nahm ihnen die Begründung nicht ab. Auch viele Beobachter hegten Zweifel an der Erklärung. Die Volksrepublik hatte nicht nur die NATO-Intervention abgelehnt. Es bestand zudem der Verdacht, dass sie Jugoslawien aktiv unterstützte und im Gegenzug Zugang zum Tarnkappen-Flugzeug F-117 erhielt, das bereits am zweiten Tag der Intervention über Serbien abgeschossen worden war. Obgleich die genauen Hintergründe unklar sind, so heizte der Angriff auf die Botschaft die Missstimmung an. In Beijing und anderen Städten gingen Zehntausende auf die Straße und drängten ins Diplomatenviertel, um dort die amerikanische Botschaft mit Steinen zu bewerfen. Es waren die größten Proteste in China seit den blutig niedergeschlagenen Demonstrationen auf dem Tiananmen-Platz ein Jahrzehnt zuvor. Doch dieses Mal richteten sie sich gegen die USA. Allerdings stellten sie durchaus auch eine Bedrohung für die chinesische KP dar, die sehr darum bemüht war und ist, alle öffentlichen Veranstaltungen streng zu kontrollieren. Schnell setzte die Führung auf Deeskalation, gerade um Massenproteste am Jahrestag der Niederschlagung der Demokratiebewegung am 4. Juni 1989 zu vermeiden.

Von Beginn an hatte die chinesische Führung die NATO-Intervention verurteilt. Staatspräsident Jiang Zemin forderte ein Ende der Bombardierung, die *Renmin Ribao* (Volkzeitung), das Parteiorgan, verurteilte sie als »barbarischen Akt« und warnte vor den Konsequenzen für das »Pulverfass Balkan«, indem sie das altbekannte europäische Motiv nutzte.[26] Man pflegte zwar gute Beziehungen zu Serbien, war im Frühjahr 1999 aber längst noch kein globaler Akteur. Unter dem Eindruck der Vorgänge in Kosovo verstärkte sich die Einsicht der Partei- und Staatsführung, dass sich China nicht nur wirtschaftlich, sondern auch militärisch modernisieren müsse, und dass die USA eine Bedrohung für eine multipolare Welt darstellten.

Kosovo wurde zu einem Symbol westlicher Übermacht und der Bereitschaft der USA und seiner Verbündeten, sich über die Vereinten Nationen hinwegzusetzen. Russland und China ignorierten dabei, dass ihre Blockadehaltung im Sicherheitsrat erst dazu geführt hatte. Es ging ihnen jedoch um mehr als die Vereinten Nationen: Putin konsolidierte seine Macht in Russland durch den zweiten Tschetschenienkrieg. Dieser begann nur wenige Wochen, nachdem serbische Truppen Kosovo geräumt hatten. Eine Serie von Bombenanschlägen auf Wohnhäuser in Russland galt als Auslöser. Es gibt zahlreiche Hinweise darauf, dass der russische Geheimdienst selbst dafür verantwortlich war. Putin jedoch gab tschetschenischen Terroristen die Schuld und begann einen Krieg, der die Brutalität der serbischen Armee in Kosovo noch übertraf. Dem Konflikt, der bis 2000 als regulärer und dann noch für Jahre als Guerillakrieg fortdauerte, fielen mindestens 30 000 Zivilisten zum Opfer.

Die brutale Unterdrückung einer Absetzbewegung macht die Kriege in Kosovo und Tschetschenien vergleichbar. Natürlich war die Vorstellung einer humanitären Intervention internationaler Kräfte in Tschetschenien für Putin inakzeptabel. China wiederum führte zu dieser Zeit zwar keinen offenen Krieg, nutzte jedoch den staatlichen Unterdrückungsapparat, gegen die Bestrebungen nach Eigenständigkeit in Xinjiang und Tibet. Weder China noch Russland mussten als Großmächte mit Atomwaffen je eine Intervention des Westens fürchten. Aber die offenbar gewordene Bereitschaft der NATO, sich über den UN-Sicherheitsrat hinwegzusetzen und im Namen der Menschenrechte zu intervenieren, stellte eine akute Bedrohung dar, auch für Verbündete der beiden Staaten. Russland sah sich dazu veranlasst, ein neues Sicherheitskonzept und eine neue Militärdoktrin zu definieren, in der eine NATO-Erweiterung als militärische Bedrohung aufgeführt wurde. Kosovo markiert wohl den Beginn der strategischen Annäherung von China und Russland. Beide waren weder bereit noch in der Lage, dem Westen etwas entgegenzusetzen. Kosovo selbst war nur der Ort, an dem die globalen Spannungen sichtbar wurden. 1999 konnte die NATO sich durchsetzen, der Westen schien weitgehend geeint. So konnten die NATO und die EU den Frieden in der Region nach Kriegsende sichern. Doch der Umstand, dass über 20 Jahre später noch immer eine NATO-Mission in Kosovo und eine EU Mission in Bosnien stationiert sind, zeugt ebenso davon, dass es nicht gelungen ist, einen dauerhaft stabilen Frieden zu erreichen.

5
DAS EUROPÄISCHE LABYRINTH

Ein Gruppenbild am Meer zeigt den Höhepunkt europäischer Hoffnungen und Träume: Eigentlich sehen die drei Dutzend Männer und ein paar Frauen eher unbeholfen in die Kamera. Nur Silvio Berlusconi strahlt. Es ist ein klassisches Gruppenfoto wie bei allen EU-Gipfeln. Das Treffen in Nordgriechenland 2003 sollte historisch werden: Beim sogenannten Gipfel von Thessaloniki trafen sich das erste Mal alle Staats- beziehungsweise Regierungschefs der EU sowie der damals avisierten Mitglieder und des Balkans. Fast ganz Europa war dort, von Abdullah Gül, dem damaligen türkischen Ministerpräsidenten, bis zum britischen Premier Tony Blair. Der Gipfel fand eigentlich gar nicht in Thessaloniki statt, sondern mehr als 100 Kilometer entfernt im Konferenzhotel Porto Carras in der Touristenregion Chalkidiki. Das Hotel, geplant vom Bauhaus-Architekten Walter Gropius, wurde übrigens 2020 vom russisch-griechischen Milliardär Ivan Savvidis gekauft. Ihn werden wir in einem späteren Kapitel wiedertreffen, wo geschildert wird, wie er versuchte, das Abkommen zwischen Griechenland und Nordmazedonien zu torpedieren.

2003 hatte die EU 15 Mitglieder. Knapp ein Jahr später würden zehn weitere Staaten beitreten. Sechs Staaten des Westbalkans und die Türkei sollten, so die Pläne, schon bald folgen. Auf dem Gipfel überreichte der ehemalige französische Präsident Valéry Giscard d'Estaing den Staats- und Regierungschefs den Entwurf für eine europäische Verfassung. Wenn das Jahr 1999 mit dem Kosovoeinsatz den Höhepunkt westlicher militärischer Hegemonie markiert, stellte dieses Gipfeltreffen den Höhepunkt europäischer Ambitionen dar. Nachdem die EU es in den neunziger Jahren nicht geschafft hatte, die Kriege im ehemaligen Jugoslawien beizulegen, ergab sich nun die Chance, einen langfristigen Frieden in der Region abzusichern. Der Kernsatz der dort verfassten Erklärung sollte zum Fundament europäischer Politik für den Balkan werden: »Die Zukunft der Balkanstaaten liegt in der Europäischen Union.«[27] Auch wenn seit Gründung der EG jedes europäische Land theoretisch Mitglied werden konnte, brauchte es stets das Signal der bestehenden Mitglieder, dass es auch gewollt ist. 2003 schien die EU unaufhaltsam zu sein.

Es war in jenen Junitagen schwer abzusehen, welche Herausforderungen noch kommen würden. Der Verfassungsentwurf scheiterte knapp zwei Jahre später im Heimatland ihres Vaters: Eine Mehrheit der Franzosen lehnte sie ab, kurz darauf auch die Niederländer. Damit wurde die Idee einer europäischen Verfassung bis auf Weiteres beerdigt. Es war die erste der rasch aufeinanderfolgenden Krisen, die die EU in den folgenden Jahrzehnten begleiten würden: die Wirtschaftskrise ab 2008, die Eurokrise ab 2010, die »Migrationskrise« ab 2015, die Brexitkrise ab 2016, die Coronakrise ab 2020 und ab 2022 die Krise um den russischen Krieg gegen die Ukraine.

Trotz aller Krisen trafen und treffen sich die Staatschefs aus den westlichen Balkanstaaten und der EU fast jährlich. Jedes Mal beschwören sie die europäische Perspektive für den Balkan. Doch über 20 Jahre nach dem ersten gemeinsamen Gipfel gelang es bislang nur Kroatien beizutreten. Alle anderen Staaten sind in das Labyrinth der europäischen Integration eingetreten, haben aber noch nicht den Weg hinaus, in die EU, gefunden. Dass es nicht leicht sein würde, deutete sich schon im griechischen Sommer 2003 an. Kosovo stand noch unter Verwaltung der UNO und war kein eigenständiger Staat. Deshalb war er auch noch nicht vertreten. Serbien und Montenegro bildeten einen schwachen Staatenbund, beim Gipfel vertreten durch den Montenegriner Svetozar Marović, der in Serbien kaum Einfluss hatte. Dieser Bund wurde erst wenige Monate zuvor vom EU-Beauftragen für Außenpolitik, Javier Solana, aus der Taufe gehoben. Deshalb erhielt der kurzlebige Staat den Spitznamen »Solania«. Zoran

Djindić, der Ministerpräsident Serbiens und führende Figur beim Sturz Miloševićs, war drei Monate zuvor ermordet worden. Die Täter waren Mitglieder einer serbischen Sondereinheit der Polizei, die sich nicht vor dem Internationalen Strafgerichtshof in Den Haag für Kriegsverbrechen in den Kriegen in Bosnien, Kroatien und Kosovo verantworten wollten.

In Bosnien wurde der Frieden seit 1995 durch Tausende Soldaten der Friedenstruppe IFOR und später SFOR sowie bis heute durch den Hohen Repräsentanten abgesichert. Dieser, ein internationaler Diplomat mit weitgehenden Vollmachten, kann Gesetze verabschieden und Politiker absetzen. Doch damals war Bosnien kein funktionaler Staat. Nun sollte der Weg von Dayton nach Brüssel beschritten werden. Dayton stand für den Friedensvertrag und die Nachkriegszeit, Brüssel für die europäische Zukunft. All diese Schwierigkeiten schienen seinerzeit mit einer europäischen Zukunft lösbar.

Dieser Aufbruchsstimmung lag die Logik zugrunde, dass die EU die Kriege zwar nicht hatte beenden können, aber die beste Perspektive für die Zukunft der Länder anbot. Fast alle Parteien und große Mehrheiten in ihnen wünschten sich die Mitgliedschaft in der EU. So wie die Staaten Mittel- und Osteuropas, von Estland bis Bulgarien, eine »Rückkehr nach Europa« anstrebten, hätten auch die Staaten des Westbalkans mit diesem Ziel ihre Politik und Wirtschaft reformieren können, um sich auf die Mitgliedschaft vorzubereiten. Die Herausforderungen waren auf dem Balkan jedoch ungleich höher als anderswo. Das Erbe des Krieges lastete auf allen Staaten und Gesellschaften, sodass die EU zuvorderst verlangte, dass alle Beschuldigten an das Haager Tribunal ausgeliefert werden müssen. Der Gerichtshof wurde 1993 vom UN-Sicherheitsrat ins Leben gerufen, um Kriegsverbrechen im ehemaligen Jugoslawien aufzuklären. Doch lange Zeit tat sich das Tribunal schwer, die Angeklagten dingfest zu machen. Die Generäle, Offiziere, Politiker und Gangster, die auf der Anklageliste standen, genossen oft die Unterstützung der Staaten und der Bevölkerung. In Serbien zum Beispiel sorgte der konservativ-nationalistische Ministerpräsident Vojislav Koštunica mit einer Mischung aus

Druck und Anreiz – ein Mittelklassewagen für die Familie und staatliche Unterstützung bei der juristischen Verteidigung – dafür, dass sich manche der Angeklagten freiwillig stellten. Für Serbien war das keine Anerkennung der Schuld der Anklagten. Im Gegenteil, in den Augen des Staates verteidigten sie Serbien ein zweites Mal. Somit füllten sich langsam die Zellen des Tribunals, und endlich konnten auch »große Fische« verurteilt werden. Bei allen Erfolgen wurde jedoch übersehen, dass die Zusammenarbeit mit den Herkunftsstaaten meist auf der Grundlage eines Geschäfts beruhte, nicht auf Überzeugung. Die Länder gaben ihre fragwürdigen Kriegshelden heraus und kamen dafür der EU näher. Für EU-Befürworter ein gutes, für ihre Gegner ein schlechtes Geschäft. Die letzten Angeklagten wurden 2011 von Serbien ausgeliefert: Goran Hadžić, dem Kriegsverbrechen in Kroatien zur Last gelegt wurden, und Ratko Mladić, der Oberbefehlshaber der bosnisch-serbischen Armee und damit unter anderem verantwortlich für den Völkermord in Srebrenica.

State Capture und der Sanader-Effekt

Die andere wichtige Forderung der EU war Rechtsstaatlichkeit. Die Staaten mussten (und müssen) eine unabhängige Justiz aufbauen, die nicht einfach nur Befehlsempfänger der Politik ist. Das Erbe des sozialistischen Systems und das Jahrzehnt der Kriege und autoritären Herrschaft hatten dies besonders wichtig werden lassen. Wie Rechtsstaatlichkeit funktionieren kann, wurde im Dezember 2010 in Kroatien sichtbar. Der ehemalige kroatische Ministerpräsident Ivo Sanader setzte sich in sein Auto und fuhr davon, nur weg aus Kroatien. Mehr als ein Jahr vorher hatte der erfolgreiche Premier aus heiterem Himmel seinen Rücktritt bekannt gegeben. Seine Begründung, dass »es immer eine Zeit im Leben für einen Neuanfang« gebe, wirkte wenig überzeugend.[28] Am 9. Dezember 2010 eröffnete die Staatsanwaltschaft ein Verfahren wegen Korruption gegen ihn. Bevor er verhaftet werden konnte, floh er noch am selben Tag Richtung Österreich, wo er viele Jahre gelebt hatte. Auf der Tauernautobahn im Bundesland

Salzburg verhaftete ihn die Polizei 10. Dezember, woraufhin er rasch nach Kroatien ausgeliefert wurde. Dort war seine wertvolle Uhren- und Kunstsammlung aufgefallen, die er sich als rechtschaffener Politiker kaum hätte leisten können. In zahlreichen Prozessen, die sich über ein Jahrzehnt hinzogen, wurde er letztlich zu acht Jahren Haft verurteilt, weil er Schmiergeld von der österreichischen Bank Hypo Alpe Adria und vom ungarischen Erdölkonzern Mol erhalten hatte.

Am Ende war Sanader Opfer seines eigenen Erfolgs geworden. Als er 2003 Ministerpräsident wurde, waren viele Beobachter besorgt, dass mit ihm der autoritäre Nationalismus der Tudjman-Ära zurückkehren würde. Er hatte die konservativ-nationalistische HDZ (Kroatische Demokratische Gemeinschaft) übernommen und warf der Mitte-links-Regierung Verrat vor, als diese Kriegsverbrecher an Den Haag ausliefern wollte. Doch einmal an der Macht setzte er den proeuropäischen Kurs der Vorgängerregierung fort und arbeitete sogar mit der Partei der serbischen Minderheit zusammen. Im Rahmen der Annäherung an die EU baute seine Regierung auch die Korruptionsbekämpfung auf, die ihm letztlich zum Verhängnis wurde. Ein proeuropäischer Politiker, der Opfer seiner eigenen Reformen wird, trotz bester Kontakte auf europäischer Ebene. Sanader schrieb Briefe an seine europäischen Amtskollegen, bevor er verhaftet wurde, und bat um Schutz vor dem vermeintlich politisch motivierten Verfahren. Doch es half nichts. Er konnte beim Beitritt Kroatiens in die EU 2013 nicht mitfeiern.

Letztlich war sein Schicksal eine Warnung an seine Kollegen in den anderen Staaten des westlichen Balkans. Sie mussten Grund zur Sorge haben, wie Sanader im Gefängnis zu enden, wenn sie es mit EU-Reformen zu ernst nahmen. Dabei geht es nicht nur um Korruption, sondern um das wortwörtliche Kapern eines Staates durch regierende Parteien. Dieses Phänomen wird als State Capture bezeichnet. Die EU-Kommission gab 2018 erstmals offen zu, dass diese Problemlage für alle Staaten des Westbalkans bestehe. State Capture ist weitaus mehr als Korruption: Es beschreibt, wie der gesamte Staatsapparat mit seinen Institutionen durch Parteien oder Individuen kontrolliert und systematisch für deren eigene Zwecke missbraucht wird. Das funktioniert auf vielfältige Art und Weise: Staatliche Institutionen dienen beispielsweise dazu, eigene Parteigänger anzustellen, unabhängig von deren Qualifikation. Auch die zahlreichen windigen Privatuniversitäten auf dem Balkan mit klangvollen Namen wie Megatrend, Iliria Royal oder Paneuropäische Universität eignen sich, um Partei- und Familienmitgliedern zu schnellen Abschlüssen zu verhelfen. Diese werden gebraucht, um einen guten Job über »veze« (Serbokroatisch: Beziehungen) im öffentlichen Dienst zu bekommen. Wer auf diese Weise Beamter geworden ist, von dem wird erwartet, für die Regierungspartei zu stimmen und sogar gern noch ein paar mehr Stimmen zu organisieren. Was meist halbwegs versteckt abläuft, hat Milorad Dodik, der starke Mann der Republika Srpska, bei einer Wahlkampfveranstaltung im ostbosnischen Gacko vor einigen Jahren offen ausgesprochen: »Wer in Gacko angestellt ist, sollte nicht zufällig für Govedarica und SDS [die Opposition] stimmen. Wir werden Sie feuern! Und bitte, wenn Sie jemanden sehen, der [für sie] stimmt, rufen Sie mich an. Ich werde sie feuern.«[29] Besonders beliebt sind zudem öffentliche Unternehmen, die unter Parteikontrolle gestellt werden, von städtischen Unternehmen wie der Müllabfuhr bis hin zur Flughafenverwaltung oder dem staatlichen Gasunternehmen. Diese werden kontrolliert und gemolken: Die eigentlich öffentlichen Gelder fließen in Partei- oder Privatschatullen. Um ausgeschriebene staatliche Aufträge an Land zu ziehen, werden gern auch hastig Bauunternehmen von Parteigängern, Verwandten oder anderen Partnern gegründet. Kurz, die Partei oder besser gesagt, die Parteiführung macht sich den Staat untertan. So werden Parteien zu Jobagenturen mit einem starken Abhängigkeitsverhältnis von ihren Anführern.

Wenn ein Staat auf diese Weise erst einmal gekapert ist, ist es schwer, einer Partei die Kontrolle zu entziehen. In Montenegro herrschte beispielsweise seit 1991 Milo Djukanović mit seiner Partei der demokratischen Sozialisten. Erst 2020 konnte die Opposition mit einer knappen Mehrheit von einem Abgeordneten im Parlament erstmals seine Vormacht brechen. Wie eng Staat und Partei verwoben waren, zeigt der Umstand, dass der Staat das Regierungsgebäude bis 2010 von der Regierungspartei, als Rechtsnachfolgerin der Kommunisten, gemietet hatte. Wenn eine Partei den Staat total kontrolliert, leidet die Demokratie. Ein Machtwechsel ist oft deutlich erschwert. Allein schon die Kontrolle über Jobvergaben verleiht der Regierungspartei einen Stimmenvorteil. Dazu kann der Staat mit seinen Institutionen auf vielfältige Weise für den Wahlkampf genutzt werden.

Die EU beobachtet diese Entwicklung auf dem Balkan durchaus. Wenn es Rückschritte gibt, finden sich gelegentlich auch kritische Kommentare in den jährlichen Berichten der Europäischen Kommission. Doch sind diese oft diplomatisch formuliert. Kritik wird hinter Floskeln versteckt wie: bescheidener Fortschritt. Die EU hat zu oft angenommen, dass Staaten, die der EU beitreten wollen, funktionierende Demokratien und die Regierungen von einem EU-Beitritt und den damit verbundenen Werten überzeugt sind. Somit verkommen EU-Reformvorgaben zu bloßen Empfehlungen, die oft das strukturelle Problem übersehen, dass jene, die den Staat kapern, kaum ein Interesse an Reformen haben. Wenn ein Staat erst den Interessen einer kleinen Gruppe dient, obschon diese sich formal zur EU bekennt, ist es schwierig, diesen Zugriff zu lösen.

Eine Hand wäscht die andere. EU-Politiker und ihre Freunde auf dem Balkan

EU-Politiker verfolgen mitunter eigene Interessen, wenn sie sich mit Kritik zurückhalten. Nationale Interessen oder Parteifreundschaft übertrumpfen dann Demokratie und Rechtsstaatlichkeit. Ende 2016 trat Sebastian Kurz, damals aufstrebender österreichischer Außenminister, in Skopje bei einer Wahlkampfveranstaltung der konservativ-nationalistischen VMRO-DPMNE (Innere Mazedonische Revolutionäre Organisation – Demokratische Partei für Mazedonische Nationale Einheit) auf und lobte die Regierungspartei mit den Worten: »Wir freuen uns, dass Mazedonien auf einem guten Weg in die

Europäische Union ist, wir freuen uns, dass Mazedonien für uns in Österreich ein wichtiger Partner in vielen Fragen ist. [...] Als Vertreter der Europäischen Volkspartei wünsche ich dem Team alles Gute und viel Energie für den Wahlkampf.«[30] Dieser Beistand unter Kollegen wäre nicht weiter ungewöhnlich, wäre nicht ein Jahr zuvor der massive Machtmissbrauch der Partei an die Öffentlichkeit gedrungen. Dutzende Tonaufnahmen des mazedonischen Geheimdienstes wurden Anfang 2015 von der Opposition veröffentlicht. Sie zeigten, wie Nikola Gruevski und die Parteiführung um ihn herum den Rechtsstaat mit Füßen traten, Oppositionspolitiker und kritische Medien einschüchterten und sogar einen Mordfall nicht verfolgten. Erst Massenproteste und EU-Vermittlung führten zu vorgezogenen Neuwahlen und einer Untersuchung durch eine Sonderstaatsanwaltschaft.

Das Lob von Sebastian Kurz hatte weniger mit den Leistungen der Partei in Hinblick auf Europa zu tun als mit österreichischer Innenpolitik. Nordmazedonien war ein wichtiger Partner bei seinem Vorzeigeerfolg, die sogenannte Balkanroute für Geflüchtete zu schließen. Die Wiener Westbalkankonferenz, die von Kurz im Februar 2016 ohne Abstimmung mit anderen EU-Staaten einberufen worden war, drängte die Westbalkanstaaten, allen voran Mazedonien, ihre südlichen Grenzen zu schließen. Obwohl dieser Deal letztlich nur wenig zum Abflauen der Migrationsbewegung durch die Region beitrug, war es das Aushängeschild, mit dem Kurz die Parlamentswahlen 2017 gewann und Kanzler wurde.

Auch wirtschaftliche Interessen übertönen oftmals den Ruf nach Rechtsstaatlichkeit. Gerade Serbien, der größte Markt der Region, ist für europäische Investitionen attraktiv. Hier hat die deutsche Wirtschaft einen guten und direkten Draht zum Präsidenten. Dabei spielt Vučićs deutscher Wirtschaftsberater Jörg Heeskens, der Vučić seit einem Jahrzehnt in seinen verschiedenen Ämtern gefolgt ist und von der deutschen Entwicklungshilfe-Gesellschaft GIZ finanziert wird, eine wichtige Rolle. Vučić bezeichnete ihn als »meinen Švaba«, also seinen Deutschen.[31] Zudem unterhält auch der Direktor der serbischen Wirtschaftskammer Marko Čadež, langjähriger Sprecher der deutschen Botschaft in Belgrad, direkten Kontakt zum Präsidenten. Beziehungen, die auf die Regierungszeit von Angela Merkel zurückgehen und dafür sorgen, dass Vučić trotz Machtmissbrauchs und autoritärer Herrschaft lange Zeit mit deutscher Unterstützung rechnen konnte.

Neben konkreten innenpolitischen Interessen hat die Solidarität unter europäischen Schwesterparteien eine starke Wirkmacht. So beschrieb Donald Tusk, Präsident des Europäischen Rates, Vučić als seinen Freund und fügte hinzu: »Ein Serbe aus Fleisch und Blut, ich denke, dass es unmöglich ist, serbischer zu sein als er. [...] Ich sehe in ihm einen Seelenverwandten.«[32] Auch wenn Ursula von der Leyen ihre Sympathie weniger poetisch ausdrückt, lobte auch sie Vučić lautstark für Reformen im Bereich der Rechtsstaatlichkeit, als Serbien von den meisten Beobachtern längst als hybrides Regime und nur bedingt freies Land eingestuft wurde. Dieses Lob hat etwas mit diplomatischen Floskeln, aber auch mit Parteiverbrüderung zu tun. Die Serbische Fortschrittspartei SNS schloss sich der Europäischen Volkspartei an, der Dachorganisation konservativer und christdemokratischer Parteien, zu der auch CDU und CSU und die österreichische ÖVP gehören. Das schweißt offenbar zusammen. Ähnlich können sich die albanischen und montenegrinischen Sozialisten, die ebenfalls beide den Rechtsstaat und die Demokratie aushöhlen, auf die schützende Hand der europäischen Sozialdemokraten verlassen.

Am offensten unterstützt der autokratische ungarische Ministerpräsident Viktor Orbán verwandte Regime auf dem Balkan. Ungarn gewährte dem ehemaligen mazedonischen Ministerpräsidenten Gruevski politisches Asyl, als dieser wegen Korruption verurteilt worden war. Zudem stärkt er auch Vučić den Rücken, insbesondere durch seinen Mann in Brüssel: Der Erweiterungskommissar Olivér Várhelyi ist nämlich ein enger Gefolgsmann von Orbán und sehr bemüht, Kritik an Serbien herunterzuspielen. Schließlich unterstützt Ungarn offen Milorad Dodik, obwohl dieser für eine Loslösung der Republika Srpska von Bosnien eintritt und gute Beziehungen zu

Putin unterhält. Wenn es um Demokratie und Rechtsstaat geht, ist das Handeln innerhalb der EU, sei es von den Institutionen, Parteien oder Mitgliedsstaaten, somit oft sehr widersprüchlich.

Blockaden durch Mitgliedsstaaten

2001 unterzeichnete Mazedonien, nur wenige Monate nach Kroatien, das erste Abkommen mit der EU, das den Weg zur Mitgliedschaft vorbereiten sollte. Doch anders als bei Kroatien ging es anschließend lange nicht voran. Nicht wegen Kriegsverbrechen, nicht wegen Korruption, die es sehr wohl im Land gab und gibt. Und auch der kurze Bürgerkrieg zwischen Regierung und der albanischen Nationalen Befreiungsarmee konnte 2001 erfolgreich beendet werden. Mazedoniens Beitritt wurde jedoch mehrfach von EU-Mitgliedern blockiert. Als Erstes von Griechenland: Der bilaterale Streit geht auf die frühen neunziger Jahre zurück. Damals lehnte Griechenland den Namen des neuen Staates ab: Republik Mazedonien. Die Begründung war, dass es eine griechische Region namens Mazedonien gebe und mit dem Namen der ehemaligen jugoslawischen Republik Ansprüche auf griechisches Territorium gestellt werden würden. Dabei bestand zuvor jahrzehntelang die jugoslawische Republik mit diesem Namen. Ein Kompromiss führte zum umständlichen provisorischen Namen Ehemalige jugoslawische Republik Mazedonien, in englischer Abkürzung FYROM (Former Yugoslav Republic of Macedonia). Jenseits dieses Provisoriums ließ eine dauerhafte Lösung auf sich warten. 2008 blockierte Griechenland die NATO-Mitgliedschaft Mazedoniens und im Jahr darauf alle Verhandlungen für eine Aufnahme in die EU.

Wenngleich der Namensstreit für Außenstehende bizarr anmutet, hat jeder EU-Mitgliedsstaat die Möglichkeit, ein Veto gegen den Beitritt eines neuen Mitglieds einzulegen. Erst 2018 hob Griechenland das Veto auf, nachdem der griechische Premier Alexis Tsipras und der mazedonische Premier Zoran Zaev mit dem Prespa-Abkommen zu einer Lösung fanden. Diese sah unter anderem vor, dass sich das Land nun Nordmazedonien nennen würde. Als das jedoch erledigt war – mit Lob und Unterstützung der EU –, blockierte der französische Präsident Macron die Beitrittsgespräche mit Nordmazedonien und Albanien. Er wollte damit seinen Unmut über die Erweiterung der EU an sich ausdrücken. Zudem mischten sich Vorurteile gegenüber dem Balkan und insbesondere Albanern in die Entscheidung. Als er ein Jahr später sein Veto aufhob, meldete Bulgarien Einwände an: Es würde die Beitrittsgespräche mit Nordmazedonien so lange blockieren, bis das Land anerkenne, dass Mazedonier eigentlich Bulgaren seien und keine eigene Sprache hätten. Mit dieser nationalistischen Forderung blockierte Bulgarien die Beitrittsgespräche nicht nur für Nordmazedonien, sondern und auch für Albanien, da der Verhandlungsbeginn beider Staaten aneinandergekoppelt war. Nach zähen Versuchen der EU, eine Lösung zu verhandeln, gelang Frankreich im Juli 2022 ein kleiner Durchbruch: Die Verhandlungen durften beginnen, aber Nordmazedonien musste seine Verfassung entsprechend ändern. Bulgariens nationalistische Ansprüche flossen in den Beitrittsprozess ein und seine abstrusen Forderungen erhielten faktisch das Plazet der EU. Diese Affäre zeigt auf, dass das Veto eines Landes nichts mit der EU zu tun haben muss, sondern Forderungen darstellen kann, die an nationalistische Ideen aus dem 19. Jahrhundert erinnern. Die Erfahrung Nordmazedoniens ist eine Warnung an andere Staaten. Trotz aller Reformbemühungen kann jeder EU-Staat von seinem Vetorecht Gebrauch machen, wie es ihm passt und aus welchen Gründen auch immer. Das ist zwar nichts grundsätzlich Neues: Italien drohte bereits Slowenien und Slowenien wiederum Kroatien. Doch handelte es sich um kurzfristige Blockaden, die schnell überwunden werden konnten. Wenn ein Land wie Nordmazedonien jedoch seit nunmehr 18 Jahren Beitrittskandidat ist, sich aber nichts bewegt, dann leidet die Glaubwürdigkeit der EU.

Offene Rechnungen

Die dritte Hürde auf dem Weg zum EU-Beitritt der Westbalkanländer bilden die offenen Rechnungen in der Region. Serbien erkennt beispielsweise bis heute Kosovo nicht an. Das hat drei Konsequenzen. Zunächst bedeutet es, dass die Beziehungen zwischen beiden Staaten angespannt sind und um eigentlich banale Dinge gestritten wird wie etwa die Anerkennung von Hochschulzeugnissen. Die häufigen Krisen, gerade in den überwiegend serbisch besiedelten Gemeinden im Norden, heizen die Spannungen an. Eine weitere Folge ist, dass sich Serbien berechtigt sieht, sich immer wieder in Kosovo einzumischen. So ist das Schulsystem der kosovarischen Serben nicht nur von Belgrad finanziert, es funktioniert auch nach dem serbischen Lehrplan. Zuletzt bedeutet die Nichtanerkennung durch Serbien, dass auch viele andere Staaten Kosovo nicht anerkennen. Nicht nur Russland und China, die bei den Vereinten Nationen ihr Veto einlegen können, sondern auch fünf EU-Staaten. Auch wenn Spanien, die Slowakei, Rumänien und Zypern es nur ungern zugeben, so hat ihre ablehnende Haltung wenig mit Serbien und Kosovo zu tun, sondern vielmehr mit der Sorge, dass die Anerkennung eine Ermutigung für Loslösungstendenzen im eigenen Land bedeuten könnte. Griechenland als fünftes Land verhält sich solidarisch mit Zypern.

Die EU kann Kosovo keine Mitgliedschaft in Aussicht stellen, bis für diese Konflikte eine Lösung gefunden wird. Nach der Unabhängigkeitserklärung Kosovos 2008 versuchte Serbien, die Loslösung über die Vereinten Nationen zu blockieren. Die UN-Generalversammlung erbat auf serbische Initiative beim Internationalen Gerichtshof dessen Meinung zur Unabhängigkeitserklärung. Dieser betrachtete sie nicht für völkerrechtswidrig, hielt sich bei grundsätzlichen Fragen ansonsten jedoch zurück. Daraufhin begann die EU, als Vermittler zwischen beiden Staaten aktiv zu werden. Die Verhandlungen zeitigten kleine Erfolge mit einigen technischen Übereinkünften und dem Brüsseler Abkommen von 2013, das die ersten Schritte zur Normalisierung der Beziehungen einleiten sollte. Als Anreiz für beide Staaten fungierte die EU-Mitgliedschaft. Das setzte jedoch voraus, dass Serbien und Kosovo der EU tatsächlich beitreten wollen – und dass die EU ihr Versprechen halten kann. Was Ersteres angeht, ist der Beitrittswille nicht so eindeutig, wie man vermuten würde. Dass die EU ihr Versprechen nicht immer einhalten kann, zeigt das Beispiel der Dauerblockade Nordmazedoniens.

In Serbien begann 2012 Aleksandar Vučićs Weg an die Macht. Zuerst als stellvertretender Ministerpräsident, dann als Ministerpräsident und schließlich als Präsident gelang es ihm binnen weniger Jahre, zur dominanten Person der serbischen Politik zu werden. Nachdem er seine politische Laufbahn bei der Serbischen Radikalen Partei SRS gemacht hatte, die »ethnische Säuberungen« forderte und deren Ziel ein Großserbien war, gründete er 2008 die gemäßigtere Serbische Fortschrittspartei SNS. Dieser Bruch war das Ergebnis seiner Einsicht, dass man mit radikalen Positionen zwar fast die Hälfte aller Wähler für sich gewinnen, aber nicht regieren kann, da einem Partner im Land und internationale Unterstützung fehlen. Aus dieser Not geboren, empfahl sich die Fortschrittspartei als proeuropäisch und entfernte sich von den extremen nationalen Parolen der Radikalen.

Aus Sicht der europäischen und amerikanischen Partner Serbiens war das ein Erfolg. Die Partei schien zu zeigen, wie der Anreiz einer EU-Mitgliedschaft aus einem nationalistischen Saulus einen proeuropäischen Paulus macht. Doch letztlich war die Wendung nur eine oberflächliche: Während der Nationalismus der Neunziger in den Hintergrund trat – erst nach ein paar Jahren an der Regierung kam er mit einigen ästhetischen Anpassungen wieder zum Vorschein –, war der Wille zur Macht ohne Rücksicht auf demokratische Regeln schnell erkennbar. Ein Kompromiss mit Kosovo würde Serbien zwar näher an die EU bringen, aber zugleich den Druck auf Rechtsstaatlichkeit und Demokratie im eigenen Land erhöhen. Den ersten Schritten zur Normalisierung folgte keine dramatische Verbesserung der Beziehungen zwischen Kosovo und Serbien. Es gelang der EU nicht, allein durch Vermittlung und das Angebot der Mitgliedschaft eine Dynamik in Gang zu setzen, die zu einer Lösung führte.

Neben den schwierigen Beziehungen zwischen Serbien und Kosovo ist Bosnien die andere große Herausforderung für eine europäische Integration der Region. Der Staat, wie er in Dayton ausverhandelt wurde, war zu schwach, um auch nur rudimentäre Aufgaben zu erfüllen. Mit nur drei Ministerien, mit zwei Armeen und ohne gemeinsame Polizei, ohne Währung oder Fahne lag die politische Macht überwiegend in den Entitäten und Kantonen; dort, wo klare Mehrheiten herrschten, da Vertriebene sich nicht trauten, in ihre Häuser zurückzukehren. Es erforderte das massive Eingreifen und Verhandlungsgeschick des Hohen Repräsentanten, um Nummernschilder, die konvertible Mark als Währung, eine Fahne, eine Armee und etliche Ministerien auf Staatsebene einzuführen. Ein Jahrzehnt nach Kriegsende war der Staat deutlich gestärkt, und die nationalistischen Parteien schienen weniger Widerstand gegen einen funktionierenden Staat zu leisten. Eine Verfassungs- und Polizeireform sollte den Weg zum EU-Beitritt ebnen. Die Reform der Verfassung scheiterte 2006 jedoch knapp am Votum des Parlaments. Und Milorad Dodik, der aufsteigende bosnisch-serbische Politiker, blockierte die Polizeireform. Damit begann wiederum sein Aufstieg an die Macht, mit einer kompromisslosen nationalistischen Linie und dank der bosnischen Dauerkrise. Weitere Versuche, die Verfassung zu reformieren, den Staat funktioneller zu gestalten und Diskriminierung gegen all jene, die sich nicht als Bosniaken, Serben oder Kroaten identifizieren, abzubauen, scheiterten.

Obwohl sich alle Macht in Bosnien in den Händen der EU befand – sie übernahm 2004 die Friedenssicherung mit der Militärmission Althea, der Hohe Repräsentant war bereits seit 1995 stets ein europäischer Diplomat oder Politiker, sie verfügte über Sondergesandte und hatte die internationale Polizeimission von den Vereinten Nationen übernommen –, war sie doch ratlos. Die nationalistischen Parteien in Bosnien waren nicht bereit, Kompromisse einzugehen, um in die EU zu kommen. Und sie haben weiterhin wenig Interesse daran, geben beim Integrationsprozess bestenfalls ein wohlfeiles Lippenbekenntnis ab. Die Verabschiedung von Gesetzen scheitert immer wieder an den vielen Blockademöglichkeiten im System. Während Dodik Bosnien als »Missgeburt« mit »chronischer Unfähigkeit zu existieren« bezeichnete, waren es oft seine Abgeordneten, die sicherstellten, dass Entscheidungen auf Staatsebene wirklich scheiterten. Was das bedeutet, konnten bosnische Bauern 2013 erleben. Mit dem EU-Beitritt Kroatiens durften bosnische Milchprodukte nicht mehr ihren wichtigsten Markt erreichen. Die Milch konnte keine EU-konformen Zertifikate bekommen, weil sich die bosnischen Parteien jahrelang nicht einigten, auf welcher Staatsebene die Veterinärinspektionen eingerichtet werden sollen. Obwohl der Schaden Bauern aller Ethnien Bosniens betraf, riskierten die Politiker lieber ein Importverbot als sich zu einigen. Erst zwei Jahre später konnten bosnische Bauern ihre Milchprodukte wieder in Kroatien verkaufen. Ähnlich wie beim Dialog zwischen Serbien und Kosovo reicht der Anreiz der EU-Mitgliedschaft allein nicht aus, um die machthabende Partei zu überzeugen, ihre Identitätspolitik zumindest in Fragen der EU-Mitgliedschaft beiseitezulassen.

Bosniens Staatswesen bleibt umstritten, und jedes Gesetz, das neue Kompetenzen schafft oder Institutionen einrichtet, bewegt das Pendel stärker entweder in Richtung Staat oder der Entitäten: Für die meisten bosniakischen Politiker ist ein stärkerer Staat das Ziel, während die meisten serbischen Politiker höchstens einen Minimalstaat haben wollen. Die wichtigsten kroatischen Politiker möchten hingegen die Selbstverwaltung der Kroaten stärken. Mit nationalistischer Politik und dem Spiel mit der Angst, dass die anderen Nationen die eigene Nation bedrohen, lassen sich Wahlen gewinnen. Natürlich stets gekoppelt mit der oben erwähnten State Capture, bei der die Kontrolle über Gemeinden, Kantone und Entitäten den Parteien ihre Stimmen sichern. Es gibt zwar bei Wahlen immer wieder Achtungserfolge von Parteien und Kandidaten, die sich nicht der Ethnopolitik verschrieben haben. Da diese aber nie unter allen drei Nationen gleichzeitig punkten können, bleiben immer genug Nationalisten im Amt, um das System zu erhalten.

Die vielen Hürden auf dem Weg in die EU haben dazu geführt, dass es über 20 Jahre nach dem Treffen von Thessaloniki bislang nur Kroatien gelang beizutreten. Damit schied es gleichsam aus den Reihen des westlichen Balkans aus, also jenen Ländern, die manche auch schnippisch den restlichen Balkan nennen. Edi Rama, der albanische

Premier, der sich gerne als Enfant terrible der Balkanpolitik inszeniert und bei Gipfeltreffen bevorzugt in Sneakern auftritt, erzählte die lange Geschichte des EU-(nicht)-Beitritts gelegentlich als bildreiche Anekdote. Als die EU-Ambitionen Albaniens und Nordmazedoniens wieder einmal blockiert worden waren, gab er das Szenario anhand einer Hochzeitsgeschichte mit verschiedenen »happy endings« zum Besten. Der Balkan ist darin der Bräutigam, der jahrelang um die Braut EU wirbt: »Wir organisierten weiterhin Hochzeiten, große Hochzeiten mit Musik. Wir haben darauf gewartet, dass die Braut aus Brüssel kommt, nicht ein, nicht zwei, nicht drei, sondern viele Jahre, aber sie kam nie.«[33] Je nach Ramas Laune endet die Geschichte entweder mit einer schnellen Hochzeit ohne Feier, nachdem alle Gäste längst gegangen sind, und vielleicht ein paar gemeinsam gezeugten Kindern. Oder sie endet damit, dass der Bräutigam nach langer Wartezeit auf die Braut schließlich zu einer Prostituierten geht.

6
DIE STUNDE AMERIKAS

Wenn man aus der Innenstadt von Pristina zum Lake Trump will, nimmt man am besten die Xhorxh-Bush-Straße, biegt rechts auf den Bill-Klinton-Boulevard, fährt dann auf der M2 vorbei am Amselfeld und an Mitrovica und landet nach 70 Kilometern am Ziel. Der Stausee, der in Serbien und im serbisch bewohnten Norden Kosovos liegt, ist nicht offiziell nach dem ehemaligen US-Präsidenten Donald Trump benannt, sondern heißt »Gazivoda« auf Serbisch und »Liqeni i Ujmanit« auf Albanisch. Doch für kurze Zeit sah es so aus, als würde auch Trump in Kosovo verewigt werden. 2020 kündigten große Banner an der Staumauer den neuen Namen an. Kaum ein anderes Land der Welt hat eine größere Dichte an Tributen für amerikanische Präsidenten, zudem lebende, als Kosovo. Das reflektiert eine unkritische proamerikanische Haltung in der Bevölkerung, die sich unabhängig von den jeweiligen US-Präsidenten gehalten hat. Viele Kinder, die nach 1999 geboren wurden, tragen den Namen Klinton, oder auch ToniBler, nach dem britischen Premier, der ähnlich enthusiastisch die NATO-Intervention unterstützt hatte. Doch auch in anderen Bereichen haben die Vereinigten Staaten ihre Spuren hinterlassen und bleiben ein wichtiger Akteur.

Eigentlich hätte es anders kommen sollen. Die Europäer wollten die Kriege in Jugoslawien allein beenden, und die USA waren nicht unglücklich darüber. Die Aussage, dass die Vereinigten Staaten von Anfang an Weltpolizei und Hegemon auf dem Balkan sein wollten, entspringt mehr der Logik von Verschwörungstheorien als der Realität. Doch die europäische Hoffnung, den Krieg schnell zu beenden, erwies sich wie aufgezeigt als naiv. Erst nachdem die EU und die Vereinten Nationen gescheitert waren, griffen die USA ein. Es war Clinton, eigentlich an Außenpolitik uninteressiert, der den Frieden auf dem Balkan durchsetzte. Sein Sondergesandter Holbrooke vermittelte, drohte und verhandelte, bis der Krieg in Bosnien auf einem amerikanischen Luftwaffenstützpunkt beendet werden konnte. Vier Jahre später machte US-Außenministerin Madeline Albright Druck: Die NATO griff in Serbien ein, um neue Massenvertreibungen und Kriegsverbrechen, nun in Kosovo, zu verhindern. Ohne die USA wäre Kosovo 1999 kaum unter internationale Verwaltung gekommen, obwohl die Regierungen Frankreichs, Großbritanniens und Deutschlands bereit waren, die Militärintervention zu unterstützen. Kosovo bedankte sich für die amerikanische Initiative in Form einer Statue für Bill Clinton und den nach ihm benannten Boulevard in Pristina.

Für das serbische Staatsfernsehen war Clinton hingegen ein sexbesessener Saxofonist, der seine Affäre mit der Praktikantin Monica Lewinsky durch den Krieg vergessen machen wollte. Eine beliebte Postkarte, die in Belgrad während des Krieges verkauft wurde, zeigt Europa als Landkarte im Stil der Asterix-Comics. Statt eines gallischen Dorfs und der römischen Besatzer sind Serbien und NATO die Akteure: Singidunum, der lateinische Name Belgrads, ist das metaphorische gallische Dorf, umgeben von amerikanischen NATO-Garnisonen in Rom, Tirana, Athen und Zagreb. Text: »Es ist das Jahr 1999 n. Chr. Ganz Europa ist von den Amerikanern besetzt. Ganz Europa? Nein! Ein von unbeugsamen Serben bevölkertes Land hört nicht auf, dem Eindringling Widerstand zu leisten.« Den Kosovo-Albanern galten die USA und Clinton als Befreier, die der serbischen Unterdrückung ein Ende bereiteten, während in Serbien viele die USA als das neue Rom sahen, eine imperiale Macht, die den Balkan beherrschen will. Auch nach Kriegsende blieben die USA der wichtigste Unterstützer Kosovos. Größere Kontingente amerikanischer Soldaten patrouillierten in Bosnien und Kosovo nach dem Krieg als Teil der internationalen Friedenstruppen. Südlich von Pristina, auf dem Weg nach Skopje, errichteten die amerikanischen Streitkräfte das Camp Bondsteel, ein riesiges Gelände auf fast vier Quadratkilometern, mit Kinos, Bars, Fastfood-Restaurants und Sportplätzen. Bondsteel wurde von Kritikern als Beweis gesehen, dass sich die Vereinigten Staaten langfristig auf dem Balkan festsetzen wollen. Doch die Zahl der US-Soldaten sank stetig, sodass im Juni 2023 nur noch 679 von insgesamt 4511 KFOR Soldaten in Kosovo verblieben. Camp Bondsteel teilen sich die Amerikaner längst mit Soldaten aus der Türkei, Polen und Lettland.

Die politische Macht der USA

Obwohl die USA längst nicht mehr die militärische Präsenz auf dem Balkan besitzen wie bei Kriegsende, sind sie ein wichtiger Akteur geblieben. Ihre Botschafter und Diplomaten treffen sich regelmäßig mit Präsidenten und Premierministern. Wenn die US-Botschaft ruft, ignoriert man die Einladung nicht. Gerade in Kosovo greift der amerikanische Botschafter oft direkt in die Politik ein. Nach den Wahlen im Dezember 2010 benötigte die Demokratische Partei des Kosovo (PDK) von Hashim Thaçi, einem engen Verbündeten der USA, Koalitionspartner. Dafür kam unter anderem eine kleine Partei des Milliardärs Behgjet Pacolli, der sein Vermögen hauptsächlich mit Bauprojekten in Russland gemacht hatte, infrage. Er war derjenige, der das russische Parlament wiederaufbaute, nachdem es von Jelzin 1993 bombardiert worden war. Als Gegenleistung für seine Unterstützung als Koalitionär von Thaçi sollte er Präsident werden, in Kosovo ein eher zeremonielles Amt. Doch er war umstritten und selbst unter seinen Koalitionspartnern unbeliebt, sodass es zunächst nicht gelang, die erforderlichen Stimmen für ihn zu erhalten. Offenbar erst nach einer Intervention des US-Botschafters Christopher Dell per Handy und SMS von der Besuchertribüne im Parlament aus – kosovarische Journalisten konnten die Aktion mitfilmen – erreichte Pacolli knapp die nötige Mehrheit. Nur einen Monat später annullierte das Verfassungsgericht die Abstimmung wegen dieser Unregelmäßigkeiten, was Pacolli zum Rücktritt zwang. Als Reaktion darauf versammelte der

US-Botschafter die Regierungsparteien in der Botschaft und überreichte ihnen Berichten zufolge einen Umschlag mit der neuen erwünschten Kandidatin für das höchste Amt im Staate: Der Name, Atifete Jahjaga, war den meisten Beobachtern und Politikern völlig unbekannt. Sie war eine hochrangige Polizistin ohne parteipolitische Rückendeckung. Doch das Treffen in der Botschaft reichte aus, sie zur Präsidentin Kosovos zu machen.

Nach Kriegsende entstand eine Aufgabenteilung zwischen der EU und den USA auf dem Balkan, die bis heute andauert. Die EU bietet Mitgliedschaft, Hilfe beim wirtschaftlichen Aufbau und Unterstützung für Reformen von Recht und Staat an. Die USA kümmern sich um Sicherheit und bilden das Schwergewicht, das Krisen lösen kann. Wenn Regierung und Opposition in Albanien sich nicht einig waren, oder als die nationalistische Regierung von Ministerpräsident Gruevski in Nordmazedonien nicht akzeptieren wollte, dass sie die Macht verloren hatte – bei allen Krisen, von denen es auf dem Balkan einige gab, vermittelte meist ein hochrangiger Diplomat aus dem State Department oder der jeweilige amerikanische Botschafter. Wenngleich der Einfluss in Kosovo am größten war – letztlich verdankte der Staat seine Unabhängigkeit dem amerikanischen Engagement –, waren US-Diplomaten auch andernorts stets einflussreicher als ihre europäischen Partner. Kein EU-Vertreter kann mit gleicher Legitimität im Namen aller Mitglieder auftreten, und kein EU-Mitgliedsstaat allein hat das gleiche Gewicht. Stattdessen kamen sich die europäischen Botschafter leicht gegenseitig in die Quere. Klartext zu reden, wie es amerikanische Botschafter tun konnten, fiel ihnen schwer.

Die Arbeitsteilung zwischen EU und den USA funktionierte gut, auch wenn jeder seine eigenen Schwerpunkte hatte. Für die USA wurde nach dem 11. September 2001 die Terrorismusbekämpfung so nachhaltig zur Priorität, dass die Rechtsstaatlichkeit schon mal missachtet wurde. 2003 verhafteten mazedonische Behörden Khaled el-Masri, einen deutschen Staatsbürger, der verdächtigt wurde, Mitglied von Al-Qaida zu sein. Aus Mazedonien entführte ihn die CIA nach Afghanistan, wo er gefoltert wurde. Erst Monate später, als offenbar wurde, dass er unschuldig ist, brachte ihn die CIA nach Albanien, wo er an der Grenze zu Mazedonien freigelassen wurde. Wie andere Partner des amerikanischen »Kampfes gegen den Terror« wurden die Regierungen der Balkanstaaten gedrängt, gegen Gesetze zu verstoßen. Bosnien sollte 2002 sechs Bosnier an die USA ausliefern. Ihnen wurde vorgeworfen, einen Anschlag auf die britische und die amerikanische Botschaft zu planen. Die sechs waren ursprünglich Algerier, die während des Krieges nach Bosnien als freiwillige Kämpfer kamen und die bosnische Staatsbürgerschaft erhielten. Der oberste Gerichtshof Bosniens ordnete ihre Freilassung an, es fehlte an Beweisen. Sobald die zu Unrecht Inhaftierten das Gefängnis verlassen hatten, wurden sie jedoch der amerikanischen Militärpolizei übergeben, die sie nach Guantanamo verschleppte. Der Druck der US-Behörden auf die schwachen bosnischen Institutionen war groß: Die USA drohten, die Botschaft zu schließen, diplomatische Beziehungen zu beschränken und die Unterstützung für das Land zu reduzieren. Alle sechs Beschuldigten wurden nach Jahren in Guantanamo ohne Anklage freigelassen.

Obwohl die USA unter George W. Bush nach dem 11. September 2001 den Kampf gegen Terrorismus zum wichtigsten außenpolitischen Ziel erklärten, gaben sie ihre Mission auf dem Balkan nicht auf. Die proamerikanischen Albaner in Kosovo und Albanien dienten Bush auch dafür zu zeigen, dass er es sich mit der muslimischen Welt nach der Invasion im Irak nicht ganz verscherzt hatte. In Umfragen zeigten sich Kosovo und Albanien oft als die amerikafreundlichsten Länder der Welt. Bushs Unterstützung der Unabhängigkeitserklärung Kosovos 2008 brachte ihm den Straßennamen in Pristina als Dank ein. Mit der Weltwirtschaftskrise, dem Amtsantritt Barack Obamas und dessen »Pivot to Asia«, der Hinwendung nach Asien, nahm die Bedeutung Europas und somit auch des Balkans für die amerikanische Außenpolitik ab. Wohl deshalb gibt es keine Obama-Straße in Kosovo. Nur eine Café-Bar mit Autowaschanlage in einem kleinen albanischen Städtchen trägt seinen Namen.

Obwohl die USA ein globaler Wirtschaftsriese sind, entspricht ihre wirtschaftliche Bedeutung für den Balkan einem Zwerg. 2021 gingen 81 Prozent aller Exporte aus dem westlichen Balkan in die EU – und 2,2 Prozent in die USA. Damit lagen sie fast gleichauf mit denen in die Türkei (2,1 Prozent) und unter jenen nach Russland und China. Bei den Importen fielen die USA sogar noch weiter zurück.[34] Die Stärke der USA, gerade unter Clinton, Bush und Obama, speist sich aus der militärischen Friedenssicherung und der Herstellung des politischen Gewichts. Auch wenn die Zahl amerikanischer Soldaten kontinuierlich abnahm, konnten die Friedenstruppen weiterhin mit der Unterstützung der USA rechnen. Die USA förderten auch die NATO-Erweiterung auf dem Balkan, die langfristig eine sicherheitspolitische Alternative zu den Friedenseinheiten bieten sollte. 2009 traten Kroatien und Albanien bei, 2017 Montenegro und 2020 Nordmazedonien. Bis heute vertrauen viele Albaner und auch Bosniaken den USA stärker als ihren europäischen Partnern, nachdem diese in den neunziger Jahren erst spät bereit waren, die Kriegsmaschinerie Miloševićs mit Waffengewalt zu stoppen.

Diese Verlässlichkeit wurde zwischen 2016 und 2020 auf die Probe gestellte.

Trumps »Deal« auf dem Balkan

Donald Trump, der die Präsidentschaftswahlen in jenem Jahr gewann, präsentierte sich als klassischer Isolationist, der wenig auf Bündnisse gab. Die NATO bezeichnete er als »obsolet«. Er schien mehr Sympathie für »starke Männer« wie Putin zu haben als für langjährige Partner. Mit ihm drohte die Friedensordnung auf dem Balkan ins Wanken zu geraten. Umso mehr, als er auch wenig Wert auf die Partnerschaft mit der EU legte. Unter Trump änderte sich die Wahrnehmung der USA auf dem Balkan. Während die USA seit den frühen Neunzigern insbesondere unter Bosniaken und Albanern als wichtiger Verbündeter gesehen wurden, dominierte unter Serben eine negative Sicht, insbesondere wegen der NATO-Intervention 1999. Nach dem Wahlsieg Trumps strahlte der serbische Außenminister Dačić vor Freude: »Niemand war so glücklich wie die Serben, Donald Trump die Präsidentschaftswahlen gewinnen [und Hillary Clinton verlieren] zu sehen – weil die Serben Clinton und Albright nicht ausstehen können.«[35] Die serbischen Boulevardzeitungen, die sonst gegen den Westen hetzten, setzten ihre Hoffnung in Trump. *Informer* frohlockte mit der Schlagzeile: »Glückwunsch, Trump, Du Serbe!« Neben der Freude über die Niederlage von Clinton fußte die Unterstützung für Trump auf seinem Desinteresse an der NATO und alten Partnern. Letztlich standen sein Macho-Gebaren, seine xenophobe und populistische Rhetorik ganz im Einklang mit dem serbischen Boulevard. Viele Erwartungen an Trump erfüllten sich indes nicht. So überstand die NATO Trump, Montenegro und Nordmazedonien traten ihr während seiner Amtszeit sogar bei. Trumps Wirken in der Region konzentrierte sich auf die Beziehungen zwischen Serbien und Kosovo.

Im Sommer 2018, im idyllischen Dorf Alpbach in den Tiroler Alpen, hatten der serbische und der kosovarische Präsident, Vučić und Thaçi, eine Überraschung parat. In diesem »österreichischen Davos« treffen sich jährlich europäische Eliten, um über Zukunftsfragen zu diskutieren. Obwohl der EU-Dialog zwischen Kosovo und Serbien zum Stillstand gekommen war, schienen die beiden Präsidenten ihre Gespräche derweil fortgesetzt zu haben. Thaçi sah ein Abkommen mit Serbien in Reichweite, Vučić artikulierte zwar seinen üblichen Pessimismus, wenn es um Kosovo ging, aber beide waren sich einig, dass ein Abkommen möglich sei, wenn es sogenannte Grenzkorrekturen beinhalte. EU-Kommissar Johannes Hahn und der österreichische Präsident Alexander Van der Bellen lobten beide Seiten und zeigten sich optimistisch. Lediglich zwei Forscher vom Balkan, Adi Ćerimagić und Tena Prelec, die auch am Panel teilnahmen, warnten eindringlich.

Die Idee von Grenzkorrekturen stieß zunächst auf wenig Widerspruch. Die Trump-Administration zeigte sich offen, und die EU-Außenbeauftragte Federica Mogherini war froh, dass die Verhandlungen fortgesetzt werden konnten. In den kommenden Monaten drehten sich alle Diskussionen um Grenzänderungen. Die Idee, dass die Grenzen zwischen Serbien und Kosovo neu gezogen werden sollten, ging auf die nationalistischen Fantasien einiger serbischer Intellektueller aus den neunziger Jahren zurück, wie Dobrica Ćosić, prominenter Schriftsteller und nationalistischer Vordenker. Sie sahen in der hohen Geburtenrate der albanischen Bevölkerung eine Bedrohung für Serben und sorgten sich, dass Albaner eines Tages zur Mehrheit in Serbien werden könnten. Ihnen war es lieber, einen Teil Kosovos aufzugeben, als unter albanischer Mehrheit zu leben. Aus der Sicht Präsident Vučićs schien die Lösung attraktiv, denn die nördlichen Gemeinden Kosovos könnten so wenigstens an Serbien gehen.

Natürlich blieben bei solchen Wunschszenarien viele Fragen ungeklärt. Was passiert mit der Mehrheit der kosovarischen Serben, die nach den Plänen in Kosovo verbleiben würden? Was passiert mit den Albanern in Serbien, von denen viele lieber im Kosovo leben würden? Und was bedeutet dieser Wunsch wiederum für die Serben, die in den mehrheitlich albanisch bevölkerten Orten Serbiens leben? All das waren Fragen, die die Umsetzung neuer Grenzen sehr viel komplizierter machten als gedacht. Die Idee der neuen Grenzziehung kam zwar nicht von Trump, entsprach aber seinem Weltbild und seiner Außenpolitik: Jeder Deal ist gut, unabhängig von Werten oder Konsequenzen. Für Vučić diente die Lösung serbischen Positionen, und Präsident Thaçi hoffte, mit seinem Einlenken, Gebiete an Serbien abzugeben, sich selbst retten zu können. Eine Anklage gegen ihn wegen Kriegsverbrechen vor einem Sondergericht in Den Haag bahnte sich an.

Bundeskanzlerin Angela Merkel erteilte der Idee eine deutliche Absage. Der Plan scheiterte schließlich, bevor er überhaupt Konturen angenommen hatte. Die Anklage gegen Thaçi wurde im November 2020 öffentlich, er trat zurück. Zuvor war Albin Kurti erstmals albanischer Ministerpräsident geworden, dessen Bewegung »Selbstbestimmung« im Oktober 2019 bei den Parlamentswahlen in Kosovo stärkste Kraft geworden war. Neben dem Kampf gegen Korruption war der Wahlsieg auch Ergebnis seiner Kritik an undurchsichtigen Deals und dem Druck der USA. Doch Trumps Sondergesandtem

Richard Grenell, der zuvor als Botschafter in Deutschland für seinen aggressiven Ton bekannt war, gelang es, Kurti wieder zu entmachten. Ende März 2020 stimmte der kleinere Regierungspartner, die Liga für ein Demokratisches Kosovo (LDK), unerwartet gegen die Regierung und Kurti. Grenell schien jene Kräfte dazu ermutigt zu haben, die ihre Privilegien durch Kurti bedroht sahen. Es folgte eine schwache Koalitionsregierung, die zwar eine Mehrheit im Parlament besaß, aber kaum Unterstützung in der Bevölkerung. Jedoch sollte sie Grenell einen schnellen Deal mit Serbien liefern, damit sich Trump als großer Staatsmann bei den Präsidentschaftswahlen im November präsentieren konnte. Im September war es so weit. Wie ein bestraftes Schulkind saß Vučić auf einem kleinen Stuhl im Oval Office vor dem imposanten Schreibtisch des Präsidenten, hinter dem Trump selbstbewusst auf den fast zwei Meter großen serbischen Präsidenten blickte. Solche Fotos senden oft wichtige diplomatische Signale. Maria Zakharova, Sprecherin des russischen Außenministeriums, twitterte das Bild von Trump und Vučić zusammen mit der berüchtigten Szene aus dem Film »Basic Instinct«, in der Sharon Stone ihre übereinandergeschlagenen Beine kurz öffnet. Zakharovas Kommentar dazu: »Wenn du ins Weiße Haus gerufen wirst, um auf einem Stuhl zu sitzen, als würdest du verhört, setz dich hin wie im zweiten Bild, egal wer du bist.« Das ging sogar für Putin zu weit. Er wollte nicht einen der wenigen Verbündeten leichtfertig mit Twitter-Humor vergraulen: Zakharova musste sich entschuldigen.[36]

Das vermeintliche Abkommen, nach dem der Stausee Gazivoda fast in Lake Trump umbenannt worden wäre, inszenierte Präsident Trump als ein historisches Ereignis. Im Wahlkampf 2020 warb er mit seinem Erfolg: »Nach 20 Minuten – die haben seit 40 Jahren gekämpft, ich meine, sie haben seit 400 Jahren gekämpft – wollten sie einen Deal machen. Vor zwei Monaten im Oval Office wollten die beiden Ministerpräsidenten sich plötzlich umarmen und küssen.«[37] Von Trumps Aussagen stimmt fast nichts. Weder hat es 20 Minuten gedauert, noch haben Albaner und Serben 400 Jahre gekämpft, noch gab es wohl Umarmungen und Küsse zwischen Hoti, dem kosovarischen Ministerpräsidenten, und Vučić. Präsident Vučić und Avdullah Hoti unterzeichneten auch kein Abkommen, sondern nur zwei getrennte Absichtserklärungen, gerichtet an Trump. Neben mehr Zusammenarbeit und allen möglichen Allgemeinplätzen erklärten sie sich bereit, den Stausee, der auf beiden Seiten der Grenze liegt, gemeinsam zu verwalten. Deshalb erschienen plötzlich Trump-Banner am See. Aber letztlich war es ein PR-Gag, genauso hohl wie das Abkommen selbst.

Das wichtigste Ergebnis des »Abkommens« war für Trump das Versprechen Serbiens, seine Botschaft in Israel von Tel Aviv nach Jerusalem zu verlagern. Kosovo versprach das Gleiche, als Gegenleistung sollte Israel Kosovo anerkennen. Somit konnte Trump das Abkommen zwischen Serbien und Kosovo, das mit Israel gar nichts zu tun hatte, als Unterstützung Israels verkaufen. Im Wahlkampf bezeichnete er Kosovo als »muslimischen Staat«, rhetorisch verlagerte er das Land aus Europa in den Nahen Osten. Als sei es die Herausforderung gewesen, dass Kosovo Israel anerkennt und nicht umgekehrt. Neben Munition für seinen Wahlkampf wollte er damit zudem die EU ausstechen. Kaum war die Tinte trocken, weigerte sich Serbien auch schon wieder, die Botschaft nach Jerusalem zu verlegen. Der offizielle Grund war Israels Anerkennung Kosovos, obwohl das ja Kern von Trumps Abkommen gewesen war. Kosovo dagegen eröffnete seine Botschaft tatsächlich in Jerusalem.

Trumps Präsidentschaft hinterließ kaum Spuren auf dem Balkan. Unter seinem Nachfolger Joe Biden wurde die Zusammenarbeit zwischen der EU und den USA wieder aufgenommen. Doch längst funktioniert die Arbeitsteilung nicht mehr so gut wie zuvor. Während Trump versuchte, die EU offen zu torpedieren, waren Diplomaten auf der unteren Ebene oftmals bemüht, die Beziehungen zu erhalten. Unter Präsident Biden scheinen die USA das Vertrauen in den EU-Beitrittsprozess für die Länder des Balkans verloren zu haben. Das ist kaum überraschend, wenn man bedenkt, wie lang und hindernisreich der Weg in die EU geworden ist. Amerika setzt nun stärker eigene Prioritäten. Gerade der russische Angriff auf die Ukraine hat dem amerikanischen Engagement neue Dynamik verliehen. Wie auch in der Vergangenheit ist der Balkan für die USA vor allem sicherheitspolitisch relevant, Demokratie und Rechtsstaatlichkeit sind dabei höchstens indirekt von Interesse.

Die USA widmen sich nun mit neuem Schwung dem Dialog zwischen Serbien und Kosovo. Während sie vor Trumps Amtszeit die EU-Bemühungen im Hintergrund unterstützten, wirken die USA und die EU nun eher wie ein Tandem gleichberechtigter Partner. Der hochrangige US-Diplomat Gabriel Escobar, stellvertretender Unterstaatssekretär und Sondergesandter, verhandelt an der Seite des EU-Vermittlers Miroslav Lajčak. Obwohl die Vermittlung zwischen Serbien und Kosovo bereits seit längerer Zeit Priorität für die Amerikaner hatte, nahm ihre Bedeutung ab dem 24. Februar 2022 noch zu. Für Russland ist der Konflikt wichtig, denn ein Teil seines Einflusses auf Serbien liegt darin begründet, dass Russland als Vetomacht die Aufnahme Kosovos in die Vereinten Nationen blockieren kann. Wäre die Unabhängigkeit Kosovos in Serbien kein Thema mehr, verlöre Russland diesen Hebel. Die Bedeutung Kosovos für Russlands Balkanpolitik spornt die USA an, diesen Konflikt zu lösen.

7
GROSSER BRUDER RUSSLAND

Ein Revolutionär gegen die Revolution: In seiner Jugend posierte Aleksandar Vulin mit langen Haaren vor Che-Guevara-Postern und gab pseudomarxistische Floskeln von sich. Doch schon damals, in den neunziger Jahren, war er alles andere als ein Revolutionär, der gegen Diktatoren kämpft, sondern enger Mitarbeiter von Mira Marković, der bereits erwähnten Frau Slobodan Miloševićs – und selbst eine Pseudolinke. Nach Miloševićs Sturz wurde es still um Vulin, doch mit Vučićs Machtübernahme gelang es ihm, erneut Karriere zu machen. Mit Kurzhaarschnitt und gern in Fantasieuniformen gekleidet übernahm er verschiedene Ministerämter, obwohl seine Partei, die Sozialistische Bewegung Serbiens – die weder sozialistisch noch eine Bewegung ist – kaum Wähler hat. Er ist Vučićs Mann für grobe Töne und gute Beziehungen zu Russland.

Anfang Dezember 2021, als alle Welt besorgt auf den Aufmarsch russischer Truppen entlang der ukrainischen Grenze blickte, reiste er als Innenminister nach Moskau und traf dort Nikolai Patruschew, Sekretär des Sicherheitsrates der Russischen Föderation, Hardliner und ehemaliger Geheimdienstchef. Nach dem Treffen verbreitete das serbische Innenministerium eine Presserklärung, in der es betonte, dass man bei der Bekämpfung von sogenannten Farbenrevolutionen zusammenarbeiten wolle. Diese seien »zu einem traditionellen Politikinstrument bestimmter Machtzentren und Länder geworden, die darauf abzielen, unter dem Vorwand der Demokratisierung, die Staatlichkeit zu verletzen und die Souveränität zu untergraben«. Weiter hieß es, »dass sich freie Länder dagegen wehren müssen«.[38] Die Farbenrevolutionen, die Vulin und Patruschew meinen, sind Demokratiebewegungen wie jene, die Milošević 2000 aus dem Amt gedrängt haben und in den folgenden Jahren Autokraten in der Ukraine und Georgien. Die Massenproteste gegen den Wahlbetrug Lukaschenkos in Belarus 2020 standen in derselben Tradition.

Die Protestbewegung gegen den zunehmend autokratisch regierenden mazedonischen Ministerpräsidenten Nikola Gruevski nannte sich 2015 ebenfalls »Sharena revolucija«, die bunte Revolution. Seit der Orangenen Revolution in der Ukraine 2004/05, die sich gegen Wahlbetrug zugunsten von Russlands ukrainischem Verbündeten Wiktor Janukowytsch richtete, wurde Putins Angst vor Farbenrevolutionen zunehmend stärker. Auf serbischer Seite waren einige Verlierer der Revolution von 2000 nun zurück in der Regierung. Neben Vulin und Vučić, der Miloševićs Informationsminister während des Kosovokrieges war, auch Ivica Dačić, heute Vorsitzender der Sozialistischen Partei Serbiens und in den neunziger Jahren deren Pressesprecher. Somit sollte der Schulterschluss zwischen Serbien und Russland eigentlich nicht überraschen, obwohl er nicht ganz selbstverständlich ist. Die Sozialisten konnten schon ab 2004 langsam wieder Ämter in Serbien zurückgewinnen und distanzierten sich dafür, halbherzig, von ihrem 2006 in Den Haag verstorbenen Vorsitzenden Milošević. Vučić brach, wie schon erläutert, mit der nationalistischen und rechtsextremen Radikalen Partei und gab sich als Pragmatiker. Neben seinem Einsatz für einen EU-Beitritt signalisierte er einen Bruch mit der Vergangenheit, indem er unter anderem 2015 die Gedenkfeier an den Völkermord in Srebrenica besuchte. In diese neue, eher prowestliche Linie passte Russland als Partner eigentlich wenig hinein. Trotzdem bahnte sich eine enge russisch-serbische Zusammenarbeit an. Immer wieder traf sich Vučić mit Putin, und Regierungsmitglieder versuchten, die Beziehungen zu Russland zu intensivieren.

Nach dem Treffen zwischen Vulin und Patruschew 2021 berichteten serbische Medien, dass eine gemeinsame Arbeitsgruppe eingerichtet worden sei, um Farbenrevolutionen zu verhindern. Gemäß einem Bericht der unabhängigen serbischen Tageszeitung *Danas* (Heute) sei bei dem Treffen vereinbart worden, dass Russland Serbien in der Überwachung und Kontrolle von kritischen Protesten ausbilde.[39] Was das genau bedeutete, blieb unklar, ließ sich jedoch erahnen. Denn kurz vor dem Treffen war es in Serbien zu Massenprotesten gegen den geplanten Bau einer Lithiummine im Jadar-Tal im Westen des Landes gekommen. Tausende Umweltschützer hatten Straßen in Belgrad und im ganzen Land blockiert. In Šabac waren die Demonstranten von vermummten Schlägern angegriffen worden, die die Straßenblockaden mithilfe eines Baggers hatten beenden wollen und dafür in Dienstwagen der Gemeinde angekommen waren. Auch wenn nicht aufgeklärt wurde, wer diese Angreifer waren, lag der Verdacht nahe, dass das Regime versucht hatte, die Demonstranten einzuschüchtern. Um Hooligans auf Demonstranten loszulassen, brauchte die Regierung kein Abkommen mit Russland. Das Vorgehen zeigte aber die Ähnlichkeiten im Umgang mit unliebsamen Demonstranten auf.

Die Zusammenarbeit wurde zu einer konkreteren Bedrohung für russische Oppositionelle. Russische Kremlgegner trafen sich oft in Belgrad, da sie dafür kein Visum brauchten und sich dort fern von Putins Kontrolle wähnten. Ein Treffen in Belgrad im Mai 2021 wurde jedoch vom serbischen Geheimdienst aufgezeichnet, und die Aufnahmen an Russland übergeben. Kurz darauf verhaftete man den russischen Regimekritiker Andrej Piwowarow, als dieser versuchte, nach Warschau zu fliegen, sein Flugzeug jedoch auf der Startbahn in Sankt Peterburg zur Umkehr gezwungen wurde.

Die bekannteste und zugleich doch irgendwie unsichtbarste Präsenz Russlands in Serbien ist das Russisch-Serbische Humanitäre Zentrum in Niš, der drittgrößten Stadt des Landes. Das Zentrum wurde 2012 von beiden Regierungen gegründet: Die treibende Kraft auf russischer Seite war Sergei Schoigu, Verteidigungsminister und zuvor Zivilschutzminister, in Serbien der damalige Ministerpräsident Dačić. Das Zentrum arbeitet intransparent, und es ist nicht ganz klar, was eigentlich seine Funktion ist. Offiziell ist es eine internationale

Organisation zur Bekämpfung der Folgen von Naturkatastrophen. Seit der Gründung kamen aber immer wieder Fragen auf, was die Aufgaben des Zentrums seien und ob hinter dem Vorwand des Zivilschutzes andere Formen der Zusammenarbeit stattfinden wie etwa geheimdienstliche Kooperation. Gerade die Nähe zu Kosovo ist bezeichnend. Von Niš sind es nur knapp 100 Kilometer Luftlinie bis nach Mitrovica oder Pristina. Bislang ist das Zentrum nicht dadurch aufgefallen, bei Naturkatastrophen oder anderen Unglücken je aktiv geworden zu sein. Eine weitere Kontroverse drehte sich um den diplomatischen Status, der den Mitarbeitern und der Institution zugestanden werden sollte. Auf die Nachfrage, ob sich das Zentrum möglicherweise mit geheimdienstlichen Aktivitäten beschäftige, antwortete der ehemalige Chef des militärischen Geheimdiensts in Serbien, General Momir Stojanović, dass dafür eigentlich das Netzwerk des Ölunternehmens Naftna industrija Srbije (NIS) viel besser geeignet sei. Eine Mehrheit des ehemals staatlichen Betriebs ist seit 2008 in russischer Hand: Gazprom. NIS hatte 2021 in Serbien einen Marktanteil bei Motorölen und Benzin von 73 Prozent, in Bosnien 33,3 Prozent, und betreibt kleinere Filialen in Bulgarien und Rumänien.[40] Auch wenn NIS und die staatliche serbische Gasfirma Srbijagas vermutlich wenig mit Spionage zu tun haben, gehören sie zu den wichtigsten Bindegliedern zwischen Serbien und Russland.

Seit 2008 wird Srbijagas von Dušan Bajatović geleitet, der zugleich ein hoher Funktionär der Sozialisten ist und somit die engen Beziehungen der Partei nach Russland verkörpert. Unter ihm wurde der Verkauf der Mehrheit von NIS nach Russland eingefädelt. Als Gegenleistung sollte sich Serbien am russischen Projekt South Stream beteiligen. Diese Pipeline sollte von Russland aus durchs Schwarze Meer und den Balkan bis nach Österreich und Italien reichen, fiel aber den EU-Sanktionen gegen Russland von 2014 zum Opfer. Turkstream, die Pipeline, die Russland ebenfalls durchs Schwarze Meer mit der Türkei verbindet, ist der Ersatz und versorgt auch Serbien. In Europa gehört dieses zu den Ländern, die am stärksten vom russischen Gas abhängig sind. 89 Prozent des Gases in Serbien kam 2019 aus Russland, der Rest wurde aus eigenen Vorhaben abgedeckt. Ähnlich hoch ist diese Abhängigkeit in Bosnien, Nordmazedonien sowie in Lettland, Moldau und Österreich. Abhängigkeit allein bedeutet noch keine prorussische Politik. Aber die Preise für Gas müssen regelmäßig neu verhandelt werden und schaffen ein zusätzliches Druckmittel Russlands. Die Präsenz von Gazprom erhöht die politischen Einflussmöglichkeiten in Serbien.

Eine weitere, sehr sichtbare Ebene der Zusammenarbeit Russlands mit Serbien sind gemeinsame Militärmanöver. Die prominentesten gemeinsamen Manöver mit der Teilnahme serbischer, russischer und belarussischer Einheiten finden seit 2015 unter dem klangvollen Namen Slawische Bruderschaft in jeweils einem der drei Länder statt. Doch letztlich sind diese Übungen eher PR-Manöver. 2021 nahmen insgesamt weniger als 1000 Soldaten teil. Im Vergleich zu Manövern mit NATO-Truppen unter Beteiligung Serbiens im Rahmen der Partnerschaft für den Frieden beträgt die Zahl der gemeinsamen Übungen mit Russland nur ein Zehntel davon. Sie dienen letztlich dazu, die Beziehungen zu feiern, erklärte der damalige serbische Verteidigungsminister Vulin 2019: »Bei diesen Übungen geht es nicht nur um die militärische Praxis. Dies ist ein Treffen brüderlicher Nationen, derer, die sich verstehen, derer, die sich lieben.«[41]

Wir »300 Millionen« Serben und Russen

Die öffentliche Zurschaustellung der russisch-serbischen Freundschaft ist ein zentraler Bestandteil der Politik geworden. Putins Besuche in Belgrad boten immer wieder Gelegenheit, die Besonderheit der Freundschaft hervorzuheben. Seitdem Vučić 2012 an die Macht gelangte, besuchte Putin zweimal Belgrad. Zuvor war er ebenfalls zweimal dort gewesen, 2001 und 2011. Die Anzahl der Besuche zeugt von der relativen Bedeutung Serbiens für Putin. Die ersten beiden Besuche waren jedoch noch nicht so zelebriert worden, wie es dann unter Vučić geschah. 2014 wohnte Putin der ersten Militärparade seit dem Ende Jugoslawiens bei. Diese fand 70 Jahre nach der Befreiung

Belgrads statt – die Rote Armee hatte einen wichtigen Beitrag hierzu geleistet. Es war ein ungewöhnliches Ereignis, denn bisher (und seitdem) wurde der Befreiung Belgrads selten besonders gedacht. Die Parade war nicht nur die erste seit 29 Jahren, sie fand auch vier Tage vor dem eigentlichen Jahrestag statt, um besser in Putins Terminkalender zu passen. Als während der Parade ein heftiger Regenschauer vom Himmel herunterprasselte, stellte sich Putin schützend unter einen Schirm. Vučić lehnte jeglichen Regenschutz ab, woraufhin es ihm auch alle seine Regierungsmitglieder gleichtaten und klitschnass wurden. Diese Bilder zeigten weniger einen heroischen, sich aufopfernden Ministerpräsidenten, als symbolisch ein Serbien, das im Regen stehen gelassen wurde.

Im Vorfeld des sechsstündigen Putin-Besuchs wurde die bereits erwähnte Statue von Zar Nikolaus II. vor dem Amtssitz des Präsidenten in Belgrad enthüllt. Die wiedergefundene Sympathie für Russland manifestierte sich auch darin, dass Straßen umbenannt wurden. Nach den beiden Generälen der Roten Armee, die an der Befreiung Belgrads beteiligt gewesen waren, Wladimir Schdanow – er starb ironischerweise 20 Jahre nach der Befreiung, als sein sowjetisches Militärflugzeug gegen den Hausberg Belgrads Avala prallte – und Fjodor Tolbuchin, hatte man bereits zu jugoslawischen Zeiten Straßen im Belgrader Zentrum benannt. Sie wurden jedoch nach dem Sturz Miloševićs getilgt, als zahlreiche Namen, die an die sozialistische Periode erinnerten, beseitigt wurden. Doch 2016 waren Schdanow und Tolbuchin zurück im Stadtbild. Zur allgemeinen Verwirrung bekamen jedoch nicht die alten Straßen ihre Namen zurück, sondern zwei andere, in Neu-Belgrad.

2019, bei seinem nächsten Besuch, erhielt Putin von Vučić einen Šar Planinac, einen Schäferhund aus Kosovo. Ein alles andere als subtiles Signal. Beide besuchten mit dem Patriarchen der Serbisch-Orthodoxen Kirche den Dom des Heiligen Sava, eine der größten orthodoxen Kirchen auf dem Balkan, deren Bau 1935 begann und die nach einer langen Pause im sozialistischen Jugoslawien erst unter Milošević und seinen Nachfolgern fertiggestellt wurde. Vor der Kirche im Zentrum Belgrads versammelten sich nach Medienberichten über 100 000 Menschen, um Putin zuzujubeln. Die Kameras erwischten Vučić dabei, wie er dem Patriarchen zuflüsterte: »Ihre Heiligkeit, könnten Sie den Präsidenten bitten, dass er zwei, drei Sätze sagt? Das wäre toll.« Tatsächlich konnte der Patriarch Putin nur: »Vielen Dank für die Freundschaft« auf Serbisch und Russisch entlocken. Putin selbst schien, konfrontiert mit den Menschenmassen, eher etwas beleidigt zu sein. Bei der Pressekonferenz zuvor hatte er noch betont, dass sein Besuch »keine Teilnahme an Massenveranstaltungen« vorsehe.[42]

Die Massenveranstaltung war nicht spontan zustande gekommen. Ihr Motto »1 von 300 Millionen« weist auf innenpolitische Motive hin. Die Zahl 300 Millionen soll die Anzahl aller Russen und Serben darstellen, wobei das etwas sehr optimistisch gerechnet ist. Während in Russland etwa 144 Millionen Menschen leben, sind es in Serbien sieben Millionen, zusammen also nur etwa die Hälfte der Fantasiezahl. Diese Inflation war nicht nur Ausdruck eine Verbrüderung mit Russland, sondern auch ein Konter gegen die Opposition. Diese hatte nämliche Ende 2018 Proteste gegen Vučić unter dem Motto »1 von 5 Millionen« begonnen. Ein Oppositionspolitiker war zuvor zusammengeschlagen worden. Vučić hatte daraufhin auf Forderungen von Demonstranten geantwortet, dass er diese nicht erfüllen würde, selbst wenn fünf Millionen auf die Straße gingen. Die 300 Millionen fiktiven Russen und Serben wurden somit symbolisch als kollektive Regimebefürworter gegen die fünf Millionen der Opposition ins Feld geführt. Beinahe wortwörtlich ins Feld gebracht wurden auch die 100 000, die Putin und Vučić vor der Kirche zujubelten. Insgesamt 1200 Busse hatten die Putin-Fans aus ganz Serbien nach Belgrad gekarrt. In Wirklichkeit handelte es sich um Mitglieder der Regierungspartei, die als »Jubelrussen« eingeteilt worden waren. Weil in den Bussen unter anderem Sandwiches auf sie warteten, war schnell ein neues serbisches Wort geboren: sendvičari. Die Sandwicher waren für ein Sandwich zu mehr oder weniger willigen Jublern geworden. All diese Versuche galten dem Ziel, Putin zu einer Rede zu drängen, die Vučić noch mehr Legitimität durch internationale, sprich: russische Unterstützung geben sollte. All die Busse und Sandwiches – und letztlich kam nur ein kurzes »Vielen Dank für die Freundschaft« dabei heraus. Die Enttäuschung stand Vučić ins Gesicht geschrieben. Erneut zeigte Putin, dass er sich zwar gern in Belgrad feiern, aber nicht für jeden innenpolitischen Zweck einspannen lässt. Die Machthierarchie und das ungleiche Verhältnis wurden allen öffentlich und brutal vor Augen geführt.

Putin-Fans in Bosnien und Kroatien

Ein noch größerer Putin-Fan als die serbische Führung ist Milorad Dodik. Der Chef der Republika Srpska, wie er sich sieht, hat nach dem Modell Putins alle denkbaren Führungspositionen übernommen. Zuerst war er Ministerpräsident, dann Präsident der Republika Srpska, anschließend serbisches Mitglied der dreiköpfigen bosnischen Staatspräsidentschaft, und seit 2022 ist er erneut Präsident. Das genaue Amt ist unwichtig, entscheidend ist, dass er die uneingeschränkte Macht in der überwiegend serbischen Entität ausübt. Er begann seine Karriere als Mann des Westens, denn nach dem Bosnienkrieg galt er als einer der gemäßigten serbischen Politiker. Er und seine Allianz der Unabhängigen Sozialdemokraten (SNSD) – der Name war immer schon ideologisch völlig bedeutungslos – wurden von amerikanischen und europäischen Parteistiftungen unterstützt und hochgepäppelt. Dodik kam mit knallharten nationalistischen Parolen an die Macht, etwa mit dem Versprechen, eine Abstimmung über die Unabhängigkeit der Entität abzuhalten. Noch glaubten viele im Westen, dass sein Nationalismus nur dazu diente, Wahlen zu gewinnen. Doch er blieb dabei. Ob aus Überzeugung oder aus Opportunismus ist nebensächlich, er baute seine Position aus und setzte zunehmend auf eine antiwestliche Linie. Die Idee einer EU-Mitgliedschaft war für ihn wenig attraktiv. Dauerprovokationen gegenüber dem Westen und die Eskalationsspirale – mit Forderungen nach einer Loslösung von Bosnien und der Schwächung des Staates –, an der er seit 2005 dreht, helfen ihm, Wahlen zu gewinnen. Neben dem Druck auf öffentliche Bedienstete, seine Partei zu wählen. Seine Anlehnung an Putin sichert ihm eine Art Dauerkrise in den Beziehungen mit dem Westen und spielt mit den Hoffnungen und Ängsten vieler Serben in der Republika Srpska. Dort nennen sie den Bosnienkrieg nun bombastisch Vaterländischen Krieg, fast so als wäre der Krieg eine heroische Selbstverteidigung gewesen wie der Große Vaterländische Krieg der Sowjetunion gegen Nazi-Deutschland.

Der Feiertag anlässlich der Gründung der Republika Srpska am 9. Januar wurde vom bosnischen Verfassungsgerichtshof im November 2015 für verfassungswidrig erklärt. Für Dodik ein Grund mehr, ihn nun erst recht mit einer großen Parade zu feiern. Diese Paraden sind eine groteske Mischung aus Horror und Operette. Horror für die Opfer von Vertreibung und Völkermord, weil Sonderpolizeieinheiten marschieren, die mit ihren Uniformen an jene Einheiten erinnern, die in den neunziger Jahren Kriegsverbrechen begangen haben. Die Republika Srpska feiert sich dort mit nationalistischen Symbolen und leugnet dabei zugleich die Verbrechen, die von ihren Gründern wie dem verurteilten Kriegsverbrecher Radovan Karadžić begangen wurden. Operettenhaft sind die Paraden, weil neben den Polizeieinheiten auch Studierendenvertreter, der Karate- und Anglerverein der Republika Srpska und die berüchtigte nationalistische Motorradgang Nachtwölfe marschieren. Letztere erhalten meist besondere Aufmerksamkeit. Die Nachtwölfe stammen ursprünglich aus Russland, auch Putin fuhr schon mal bei ihnen mit. Angekündigt wurden sie bei der Parade 2023 so, als handele es sich um einen Briefmarkenverein: »Die 37. Gruppe, die an der Parade teilnimmt, ist der Motorradclub Nachtwölfe, der sich mit dem Schutz der Orthodoxie beschäftigt und der Tradition der Befreiungskriege des serbischen Volkes. Ausgezeichnet für ihre bisherige Arbeit von den höchstens Instanzen der Russischen Föderation. Ihre Mission und ihr Motto ist: ein stabiles und mächtiges Vaterland Republika Srpska, stark und ewig wie Mutter Russland.«[43] Auch wenn sie kaum eine Bedrohung für den Frieden in Bosnien darstellen und die Lederkluften der marschierenden Wölfe ähnlich betulich wirken wie die Schwimmkappen des Wasserballvereins der Republika Srpska, signalisieren sie doch die bewusste Provokation Dodiks und seiner Entität.

Neben solchen Provokationen spielt Dodik mit der serbischen Angst, dass der Westen oder die Bosniaken die Republika Srpska abschaffen wollen. Natürlich wirkt dieses Szenario umso realer, je mehr er und seine Partei mit nationalistischen Parolen tönen und die Verbrechen der Kriege leugnen. Putins Russland ist dabei der ideale Partner. Im Wahlkampf 2022, nach Beginn des russischen Angriffskrieges gegen die Ukraine, prahlte Dodik: »Weil hier keine Journalisten anwesend sind, können wir es offen sagen: Es lebe Serbien, es lebe Russland, es lebe die Republika Srpska!«[44] Natürlich war ihm bewusst, dass diese Aussage an die Öffentlichkeit gelangen würde. Wie vor jeder Wahl bemühte sich Dodik auch 2022 um ein Treffen mit Putin, damit dieser ihm quasi das Qualitätsprädikat umhängte. Zwischen 2014 und 2022 traf er Putin somit siebenmal. Recht oft, wenn man bedenkt, dass er in dieser Zeit nur der Präsident einer kleinen Entität war bzw. eines der drei Mitglieder der bosnischen Präsidentschaft. Im Rahmen dieser Annäherung haben sich auch die wirtschaftlichen Beziehungen zu oder besser gesagt: Abhängigkeiten der Republika Srpska von Russland intensiviert. Sie hängt von russischem Gas ab, und die Erdölindustrie, inklusive Raffinerie und Tankstellen, wurde 2007 in einem intransparenten Verfahren an ein russisches Unternehmen verkauft. Auch die russische Sberbank war stark in ganz Bosnien vertreten, bis die Bank aufgrund der Sanktionen 2022 im Schnellverfahren an neue bosnische Besitzer verkauft wurde. Der reale wirtschaftliche Einfluss hinkt seitdem bei Weitem dem symbolischen Wert hinterher, den Russland in der Republika Srpska genießt.

Das symbolische Kapital, das die Verbrüderung mit Russland birgt, wird auch von anderen serbischen Politikern auf dem Balkan gepflegt. Die serbischen Nationalisten in Montenegro berufen sich gleichfalls auf ihre Nähe zu Russland. Doch letztlich bleiben die Auswirkungen dieser Affinität auf andere Nationen des Balkans gering. Im Gegenteil: Für die muslimische und katholische Bevölkerung hat sie eine bedrohliche Wirkung wegen Putins Unterstützung für serbische nationalistische Positionen.

Die Kroatische Demokratische Gemeinschaft Bosnien und Herzegowinas (HDZ BiH), die bestimmende Partei der bosnischen Kroaten und Schwesterpartei der langjährigen Regierungspartei in Kroatien, ist immer wieder durch prorussische Positionen aufgefallen. Ihr Vorsitzender Dragan Čović hat die Partei in eine enge Partnerschaft mit Dodik manövriert. Beide profitieren von einer nationalistischen Linie, die andauernd eine Bedrohung durch Bosnien wittert, dem schwächsten Staat in Europa. Die HDZ BiH stimmte im März 2022 mit Dodiks SNSD gegen Sanktionen gegen Russland und eine Harmonisierung mit der EU-Außenpolitik. Bereits vor Kriegsbeginn war Čović für seine Sympathie für Putin aufgefallen. 2020 hatte er bei einem Besuch in Moskau bedauert, dass der russische Einfluss in Bosnien so gering sei. Für Čović und seine Partei hat die Unterstützung Russlands nichts mit slawischer Solidarität zu tun, sondern mit dem gemeinsamen Gegner. Wie Dodik vertritt er antimuslimische Positionen und sieht in Putin einen Verbündeten, um den bosnischen Staat zu schwächen.

Auch in Kroatien selbst konnte Russland parteiübergreifend Verbündete finden. Vom ehemaligen Präsidenten Stipe Mesić über den notorisch korrupten Bürgermeister von Zagreb, Milan Bandić, bis zum Präsidenten Zoran Milanović unterhielten zahlreiche Politiker enge Beziehungen zu Putin, auch wenn diese kaum politische Tiefenwirkung entfalten. Dass es aber durchaus enge wirtschaftliche Verflechtungen gibt, wurde 2017 sichtbar. Das größte kroatische Unternehmen und der wichtigste Arbeitgeber des Landes, Agrokor, eine Gruppe mit Schwerpunkt in der Lebensmittelindustrie und bei Handelsketten, war in wirtschaftliche Schieflage geraten. Das Unternehmen war zu wichtig, sodass es per Spezialgesetz gerettet wurde, um ein Konkursverfahren zu verhindern und 60 000 Arbeitsplätze zu sichern. Zwei russische Banken hatten dabei als Gläubiger das Nachsehen. Die russische Sberbank klagte deshalb sogar gegen Agrokor, weil ihre Forderungen nachgereiht wurden.[45] Tatsächlich gibt es in Kroatien keine breite Unterstützung für Russland. Sein wirtschaftlicher und politischer Einfluss spielt kaum eine Rolle. Ganz anders als in Serbien. Hier haben die engen Beziehungen dazu geführt, dass Serbien auf einmal ein Migrationsziel geworden ist: von russischen Einwanderern.

Die Belgrader Russen

Meist war die serbische Zuneigung zu Russland eine Fernbeziehung. Auch wenn einige Serben, wie Mira Marković oder der Tycoon der Milošević-Ära, Bogoljub Karić, in Russland ihr neues Zuhause fanden, lockte Russland nur wenige Menschen an. Umgekehrt war für Russen Montenegro weitaus attraktiver als Serbien. Das änderte sich schlagartig. Seit dem 24. Februar 2022 ist Belgrad zu einem Casablanca an der Donau geworden. Während Montenegro mit der Adria lockt, hat Serbien die Großstadt Belgrad zu bieten sowie Direktflüge nach Russland. Bedient von der halbstaatlichen Fluglinie Air Serbia und der privaten Charterfluggesellschaft Air Pink, die dem regimetreuen Geschäftsmann Željko Mitrović gehört, der auch den beliebtesten privaten Fernsehsender des Landes besitzt. Über 100 000 Russen wohnen in der Stadt. Jeden Tag landen zahlreiche Flüge aus Moskau, St. Petersburg, Kazan und Sotchi in Belgrad. Als die EU protestierte, dass Serbien von den Sanktionen profitiere, indem es noch weitere neue Flugverbindungen nach Russland einrichtet, reduzierte Belgrad zwar die Anzahl der Flüge, nicht jedoch die Kapazität. Die Anzeigetafel von Moskau-Scheremetjewo, dem einst wichtigsten internationalen Flughafen Russlands, zeigte Ende 2022 nur noch wenige Flüge ins Ausland an: nach Zentralasien, wie nach Astana in Kasachstan, nach Dubai, in den Kaukasus, wie nach Jerewan in Armenien. Nach Europa führen von der Handvoll Flüge nur zwei Routen: über Istanbul und Belgrad.

Als Putin im September 2022 die Mobilmachung von Hunderttausenden jungen Männern für den Krieg, der nicht so heißen darf, bekannt gab, schnellten die Preise für diese Flüge kurz in schwindelerregende Höhen. Nach der Panik pendelte sich eine neue Normalität ein. Doch für einen einfachen Flug von Moskau nach Belgrad muss man seither mindestens 500 Euro hinblättern. Für einen Flug in die Sicherheit vielleicht gar nicht so viel, aber doch kaum erschwinglich für viele Russen. Hinzu kommen schließlich noch die Lebenshaltungskosten in Belgrad. Immobilienagenturen bewerben Wohnungen auf Russisch, Miet- und Kaufpreise sind immens gestiegen. Studenten und anderen Mietern wurden kurzfristig die Wohnungen gekündigt, um für eine zahlungskräftigere Klientel aus Russland Platz zu schaffen. Die Russen, die nach Belgrad kamen, gehören zu einer neuen Diaspora, wie sie sich auch in Istanbul oder Tiflis finden lässt. Es sind gerade junge Russen aus Moskau oder St. Petersburg, die sich eine neue Existenz aufbauen. Viele arbeiten weiter online für ihre russischen Arbeitergeber.

Während in der Türkei und in Georgien die Beziehung zu den zugezogenen Russen eher ambivalent ist, sind sie, zumindest auf den ersten Blick, im prorussischen Serbien willkommen. Am 20. Jahrestag des serbischen Geheimdienstes im Oktober 2022 erklärte Präsident Vučić, dass Belgrad das Casablanca der Gegenwart sei, als Tummelplatz der Geheimdienste. Die Russen riefen westliche Geheimdienste auf den Plan, so wie vorher westliche Besucher von den Geheimdiensten aus dem Osten beobachtet wurden, meinte Vučić.

Die meisten Russen in Belgrad wollen mit Geheimdiensten aber wenig zu tun haben. Das Antlitz Putins, das ihnen aus den serbischen Tageszeitungen, von Graffiti an Belgrader Hausmauern und vom Plunder in Souvenirläden entgegenstarrt, ist eher eine unangenehme Erinnerung an das in Russland zurückgelassene Leben.

Vor etwa 100 Jahren flüchteten schon einmal Tausende Russen nach Belgrad. Damals waren es Gegner der siegreichen kommunistischen Revolution, die hier strandeten. Das jugoslawische Königreich war ein bevorzugter Ort für die russischen Exilanten, gerade für jene, die sich ein neues Zuhause in Paris oder London nicht leisten konnten. Der bekannteste unter ihnen war Baron Pyotr Wrangel, einer der Führer der antikommunistischen Weißen Armee im Süden Russlands bis zu deren Niederlage 1920. Die russische Diaspora trug auch wesentlich zum Neuaufbau Belgrads nach fast einem Jahrzehnt Krieg, Belagerung und Besetzung im Ersten Weltkrieg bei. So entwarf der russische Architekt Nikolaj Krasnow zahlreiche repräsentative Gebäude der jugoslawischen Hauptstadt, vom Staatsarchiv bis zum Außenministerium. Andere trugen mit ihrer Erfahrung aus den russischen Großstädten zum kulturellen Leben bei. An eine Rückkehr war nicht zu denken. Im Gegenteil: Als 1944 die Rote Armee half, Belgrad von der deutschen Wehrmacht zu befreien, flohen viele Exilanten nach Westen oder leisteten verzweifelten, aber letztlich erfolglosen Widerstand.

Ob auch die heutigen russischen Flüchtlinge langfristig zur Entwicklung ihrer neuen Heimatstadt beitragen werden, wird wohl davon abhängen, wie lange ihr Exil dauert. Im Unterschied zu ihren Vorgängern sind unter jenen, die aus Ablehnung des Krieges geflohen sind, auch viele, die nur nicht selbst als Kanonenfutter verheizt werden wollen. Wiederum andere sind nach Serbien gekommen, um Unternehmen vor Sanktionen und Isolation zu retten. Somit gibt es nicht nur die eine russische Diaspora, sondern darin sehr unterschiedliche Gruppen, von Putin-Gegnern bis zu Kriegsbefürwortern. Die zahlreichen Russen in Belgrad seit 2022 sind das unerwartete Ergebnis der geopolitischen Nähe zwischen Serbien und Russland. Russen und Serben zählen gemeinsam zwar längst nicht 300 Millionen. Aber ihre Fernbeziehung funktionierte, weil sie für die serbische Elite und die Anhänger einer orthodoxen und slawischen Bruderschaft die Idee einer großen Schutzmacht bereithielt. Seit dem Ukrainekrieg ist aus der Fern- eine Nahbeziehung geworden, die nun einen ganz anderen Charakter bekommen könnte.

Eldorado Montenegro

Doch Serbien ist nicht das einzige Land des Balkans mit einer großen russischen Community. Montenegro ist bereits seit zwei Jahrzehnten beliebt. Russische Tycoons mit Megajachten an der Adriaküste bestimmten zwar lange die Schlagzeilen. Doch für jede Jacht von Roman Abramowitsch oder Oleg Deripaska, die an einer exklusiven Marina anlegten, gab es Hunderte Russen aus dem neuen Mittelstand, die sich in Montenegro ansiedelten. Ab 2008 konnten Russen ohne Visum in Montenegro einreisen, zahlreiche Direktflüge brachten Touristen an die Küste. Wer eine Immobilie besaß, durfte zudem bis zu einem Jahr in Montenegro verbringen und brauchte dafür keine Aufenthaltsgenehmigung. Gerade für Russen war das eine attraktive Option. Zwischen 5 000 und 7 000 Russen haben sich dauerhaft an der montenegrinischen Küste niedergelassen, insbesondere im historischen Budva, das längst hinter Hochhäusern meist russischer Besitzer unsichtbar geworden ist. Neben traditionell engen Beziehungen zu Montenegro überwogen pragmatische Gründe. In den Jahren vor Montenegros Unabhängigkeit 2006 lag das Land in einer Grauzone. Offiziell gehörte es zum Einheitsstaat mit Serbien, doch hatte Montenegro bereits 1999 zunächst die D-Mark und später den Euro eingeführt und eine eigene Außenpolitik betrieben. Vor dieser unsicheren Lage schreckten westliche Investoren eher zurück. Russische Investoren stellten weniger Fragen als jene aus der EU. Also umwarb die montenegrinische Regierung russische Unternehmer.

8
JEDEN TAG EIN KRIEG

Krieg ist das Alltagsgeschäft der serbischen Boulevardpresse. Einmal zählte jemand nach: Innerhalb eines Jahres, von April 2016 bis April 2017, schrieben die beiden lautesten Tageszeitungen *Informer* und *Srpski telegraf* genau 265-mal von bevorstehenden Kriegen und Konflikten. Auch wenn man nicht mitzählt, sind die alltäglichen Schlagzeilen vom Krieg unübersehbar. Die Feinde sind immer dieselben: die USA, der Westen und seine Verbündeten, Albaner, Kroaten, Bosniaken. Oft sind es auch interne Feinde, Verräter, wie die Opposition oder andere Kritiker des Regimes gerne bezeichnet werden. Die Beschützer, die dem Gegner die Stirn bieten, sind auch meist dieselben: Wladimir Putin und Aleksandar Vučić. So vorhersehbar das Muster ist, so zuverlässig wiederholt es sich auf Hunderten Titelseiten. *Informer, Srpski telegraf, Alo, Kurir*: Alle arbeiten nach dem gleichen Prinzip, stehen offen der dominanten Serbischen Fortschrittspartei nahe und sind mit wenigen Ausnahmen erst im letzten Jahrzehnt entstanden. Nur das Boulevardblatt *Večernje novosti* verbreitete schon in der Milošević-Ära seine Propaganda. Die Zahl der Leser oder der verkauften Exemplare sind schwer zuverlässig zu ermitteln, aber *Informer* gilt als die auflagenstärkste Tageszeitung. Ihre Schlagzeilen brüllen einem an jedem Kiosk entgegen. Daneben verkaufen sich die Zeitungen auch in Montenegro und der Republika Srpska gut.

Krieg als mediales Alltagsgeschäft

Die Boulevardzeitungen zu lesen ist starker Tobak, dort ist der kosovarische Premier Abschaum, politische Gegner sind Verräter und Lügenpatrioten. Albaner werden meist mit dem Schimpfwort Šiptari bezeichnet, Kroaten sowieso als Ustaša. Das Vierte Reich droht, und Putin ist der allmächtige Kriegsherr. Vergewaltiger werden interviewt. Vučić ist von Attentaten bedroht. Und Pläne werden geschmiedet, wie Serbien in Kosovo einmarschieren wird. Die Lektüre kann zu einer langsamen Entfremdung von der Realität führen. Doch zugleich sind die Blätter Seismografen der Macht. Ihre Angriffsziele oder ihr Schweigen geben Aufschluss über die aktuelle politische Stoßrichtung des Präsidenten. Somit ist ihre Linie auch nicht immer einfach nur prorussisch oder prowestlich. *Blic* ist ein Boulevardblatt, das zwar an Vučić Seite steht, aber eine überwiegend prowestliche Linie einnimmt. Es gehört der Schweizer Ringier-Gruppe, bis 2021 gemeinsam mit dem deutschen Mediengiganten Springer. Die anderen Zeitungen sind zwar meist russlandfreundlich gesinnt, aber nicht bedingungslos. Das gute Verhältnis zeigt immer wieder Momente der Krise. Deutlich wurde das im Juni 2020. Kurz vor den Parlamentswahlen hatte die Regierung alle Coronamaßnahmen aufgehoben. Sogar das Belgrader Fußball-Derby zwischen Roter Stern und Partisan fand vor 15 000 Fans statt. Nach dem überwältigenden Wahlsieg der Regierungspartei, die 60,68 Prozent der Stimmen und 171 von 250 Sitzen gewann, ordnete Präsident Vučić eine Verschärfung der Maßnahmen an; etwa die Schließung von Studierendenwohnheimen und erneute Ausgangssperren. Der Unmut über diese erneuten Einschränkungen brach in spontanen Protesten gegen die Regierung aus. Demonstranten gingen Anfang Juli 2020 aus unterschiedlichen Gründen auf die Straße, gegen die Coronamaßnahmen, aber auch aus Misstrauen gegen das Regime. Es dominierte die Kritik, dass die Lockerungen nur für die Wahlen eingeführt worden seien und Regierung und Präsident die Gesundheit der Bevölkerung aufs Spiel gesetzt haben. Das Symbol der Proteste war ein spontaner Satz, den ein Jugendlicher in eine Fernsehkamera rief: »Dies ist für dich, Papa.«[46] Sein Vater war im April an COVID-19 gestorben. Neben der Kritik an der Coronapolitik wurden auch nationalistische Botschaften immer lauter. So warfen Demonstranten der Regierung Verrat vor, obwohl sich zu jenem Zeitpunkt keine Lösung im Dialog mit Kosovo abzeichnete. Die Polizei reagierte mit Gewalt. In der Folge warfen die regimetreuen Boulevardzeitungen Russland vor, hinter den Protesten zu stecken. Vučić selbst machte ausländische Geheimdienste verantwortlich, ohne jedoch Russland namentlich zu erwähnen. Diese Vorwürfe waren möglicherweise ein Versuch, sich von Russland zu distanzieren, der sich im Oktober 2020 zu bestätigen schien, als eine neue Regierung gebildet wurde und prorussische Regierungsmitglieder an Einfluss verloren. Doch schon bald schwenkten die Zeitungen auf die prorussische Linie zurück. Es blieb eine Episode, die allerdings zeigte, dass die Vorliebe des serbischen Boulevards für Russland nicht bedingungslos ist.

Ähnliche Momente deuteten sich auch nach Beginn des russischen Angriffskrieges gegen die Ukraine an. Nur wenige Tage zuvor verdrehten *Informer* und *Kurir* die Realität, indem sie mit »Ukraine greift Russland an« Schlagzeile machten. Mit Kriegsbeginn übernahmen die Boulevardblätter das russische Narrativ von ukrainischen Nazis und der Bedrohung Russlands durch den Westen. Die Zeitungen folgten jedoch nicht immer der russischen Position. So konnte durchaus das Leid der ukrainischen Bevölkerung zum Thema werden, und mitunter wurde die russische Armee als Besatzer bezeichnet. Überdies sorgten Äußerungen Putins, der versuchte, eine Analogie zwischen Kosovo und den selbsternannten Volksrepubliken Donezk und Luhansk in der Ukraine herzustellen, für Aufregung: »Putin stößt Serbien ein Messer in den Rücken! Er würde Kosovo gegen Donbas tauschen«, titelte *Srpski telegraf*. Solche Behauptungen waren deshalb verwunderlich, weil Putin seit der Unabhängigkeit Kosovos argumentiert hatte, dass es als Präzedenzfall für andere abtrünnige Gebiete dienen könnte. Bereits für georgische Regionen wie Abchasien und Südossetien 2008 oder 2014 für die Krim nahm Putin Kosovo als Vorbild, was bis dato wenige in Serbien gestört hatte. Auch wenn diese kritischen Momente meist nur von kurzer Dauer sind, signalisieren sie, dass sich das Regime mehrere Optionen erhalten will.

Um den Fluss prorussischer Nachrichten sicherzustellen, betreibt die russische Propagandaplattform *Sputnik* seit Jahren eine eigene Website und einen Radiosender auf Serbisch. Da die Inhalte gratis übernommen werden können, finden die Geschichten mit prorussischer Ausrichtung in serbischen und anderen regionalen Medien weite Verbreitung. Im November 2022 brachte *RT*, der russische Propagandakanal, früher bekannt als *Russia Today*, die serbische Website *RT Balkans* mit Talkshows und Kolumnen an den Start, die sich zu einem Fernsehsender entwickeln soll. Dafür konnten bekannte Persönlichkeiten gewonnen werden wie Ljiljana Smajlović, ehemalige Chefredakteurin der serbischen Tageszeitung *Politika*, oder Muharem Bazdulj, ein umstrittener bosnischer Journalist mit Wohnsitz in Belgrad. So intensivierten sich seit Beginn des Krieges die Bemühungen Russlands, die medialen Narrative in Serbien zu prägen. Das Timing ist sicherlich kein Zufall. Prorussische Botschaften in Serbien sollten in dem Moment verstärkt werden, in dem Serbien unter dem Verdacht stand, sich von Russland abzuwenden.

Das serbische Fernsehen und die serbischen Zeitungen verfolgen seit einem Jahrzehnt unabhängig von russischer Desinformation eine prorussische und regierungsfreundliche Linie. Wenn Fernsehsender wie *Pink*, *Happy* oder *Prva* ihre Nachrichten bringen oder Gäste in ihre Talkshows einladen, wenn dort Vučić auf allen Kanälen fast wöchentlich aufritt, um oft stundenlang seine neusten Pläne zu verkünden oder politische Gegner zu beschimpfen, braucht es weder *Sputnik* noch *RT*, um prorussische Botschaften zu verbreiten. Während sich diese in zahlreichen europäischen Ländern etabliert haben, um eine alternative Medienrealität zu präsentieren, um Angst vor Flüchtlingen anzuheizen, Protestbewegungen wie die Gelbwesten in Frankreich hochzuspielen oder auf andere Art die gesellschaftlichen Spannungen zu verstärken, so machen dies in Serbien bereits die regimetreuen Medien. Für russische Medien besteht kaum Bedarf.

Kriege, die nicht vergehen

Der hysterische Ton der Zeitungen und die sich ständig wiederholenden Schlagzeilen lassen die Versuchung aufkommen, sie nicht ernst zu nehmen. Schließlich sind die Kriege, die sie beschwören, nicht ausgebrochen. Doch diktieren diese Zeitungen den rauen Ton im öffentlichen Leben. Krieg gehört nicht nur in der serbischen Boulevardpresse zum Alltag. Der drohende Krieg, der vergangene Krieg, der Krieg der anderen, alle sind omnipräsent. Zum drohenden Krieg gehören nicht nur die Schlagzeilen der Zeitungen, sondern auch das militärische Säbelrasseln und der scheinbar ewige Ausnahmezustand. Bei der Berichterstattung über den Krieg in der Ukraine wird ständig die Brücke ins eigene Land geschlagen. Zu den fragwürdigen Analytikern der Kriegsereignisse gehören Leute wie Vinko Pandurović, der als Kommandant der bosnisch-serbischen Armee Kriegsverbrechen in Bosnien verantwortete. Wie viele Kriegsverbrecher, die das Haager Tribunal verurteilte, wurde er mittlerweile aus der Haft entlassen und ist seit 2022 ein gern gesehener Gast in den größten Privatsendern und im öffentlich-rechtlichen Fernsehen *RTS*. Hier zieht er wie andere Kommentatoren oft einen Vergleich zwischen dem Krieg Serbiens in Kroatien und Bosnien und Russlands Krieg in der Ukraine und rechtfertigt beide.

Der alte Krieg ist nicht vergessen, er scheint auch noch nicht vorbei zu sein. Auch wenn auf dem Balkan die Waffen seit 2001 schweigen, wiegen das Trauma des Krieges, die persönliche und kollektive Erinnerung, aber auch das offizielle Gedenken schwer in der Region, den Menschen und den Gesellschaften. Das staatliche Gedenken hat eigentlich erst im letzten Jahrzehnt an Bedeutung gewonnen, vorher war der Krieg noch zu frisch. Die Gedenktage gelten jedoch nur den eigenen Siegen und Niederlagen, nicht jedoch den Opfern, die anderen Nationen zugefügt wurden. In Kroatien ist der 5. August der zentrale Feiertag, mit dem etwas komplexen Namen »Tag des Sieges und der heimatlichen Dankbarkeit und Tag der kroatischen Verteidiger«. Die Hauptfeier findet jährlich in Knin statt, einer Kleinstadt im Hinterland Dalmatiens, die zwischen 1991 und 1995 Hauptstadt der selbsternannten Serbischen Republik Krajina war, die mithilfe der jugoslawischen Armee und Serbiens errichtet wurde. Im August 1995 eroberte die kroatische Armee nahezu alle Gebiete dieses Pseudostaats zurück. Dass bei der Eroberung nicht nur fast die gesamte serbische Bevölkerung floh, sondern auch Hunderte serbische Zivilisten ermordet wurden, bleibt bei der kroatischen Feier unerwähnt oder wird heruntergespielt. Serbien begann erst viel später, diesen Anlass als Trauertag zu begehen. Bei den Gedenkveranstaltungen wird stets ausgeblendet, dass die Behörden der Krajina zuvor alle Kroaten aus dem Gebiet vertrieben oder ermordet und im Mai 1995 Zagreb mit Raketen beschossen hatten. In Bosnien ist der zentrale Gedenktag der Jahrestag des Völkermords in Srebrenica am 11. Juli. Er wird in Srebrenica begangen, das die bosnisch-serbische Armee an jenem Tag im Jahr 1995 eroberte und wo danach über 8000 Männer und Kinder ermordet wurden. Als Gegenveranstaltung organisiert seit Jahren die Republika Srpska, in der Srebrenica heute liegt, ein Gedenken an serbische Opfer im nahen Ort Bratunac, mit einer stark nach oben gerechneten Opferzahl. Die Führung der Republika Srpska spielt dabei den Völkermord von Srebrenica nicht nur herunter, sie relativiert ihn. Der erste offizielle Bericht einer Kommission der Republika Srpska von 2004, eingesetzt unter internationalem Druck, erkannte den Völkermord und die Verbrechen noch an. Eine neue Kommission, bestehend aus nationalistischen Wissenschaftlern und einige internationalen Forschern ohne Expertise zum Krieg in Bosnien, kam 2021 zum Schluss, dass es keinen Völkermord gegeben habe und die meisten Opfer Soldaten und nicht Zivilisten gewesen seien.[47] Ihr Bericht ignorierte zahlreiche Studien sowie die Urteile des Internationalen Strafgerichtshofs für das ehemalige Jugoslawien in Den Haag und gab der Leugnung einen pseudowissenschaftlichen Anstrich.

In Serbien konzentriert sich das Gedenken an den Kosovokrieg überwiegend auf die NATO-Bombardierung und die damit verbundenen serbischen Opfer. Ein Beispiel dafür ist das Denkmal der getöteten Kinder im Park Tašmajdan im Zentrum Belgrads mit der Inschrift »Wir war nur Kinder«. Vergessen werden die 800 000 Albaner, die aus Kosovo vertrieben wurden. Oder die etwa 10 000 überwiegend albanischen Opfer serbischer Gewalt in Kosovo. Auch vergessen wird, dass die meisten der etwa 450 zivilen Opfer der NATO-Bomben nicht Serben, sondern Albaner waren. Die einzige Schlacht, der gedacht wird, ist jene um den Grenzposten Košare/Koshara an der Grenze zu Albanien. Die Kosovo-Befreiungsarmee UÇK wollte diesen Posten erobern, da er an einer wichtigen Versorgungsroute lag. Das gelang im April 1999, eine der wenigen direkten militärischen Konfrontationen zwischen der UÇK und der jugoslawischen Armee. Mehrere Versuche der Armee, ihn in den folgenden Monaten zurückzuerobern, scheiterten. Dieses Teils des Krieges wurde in den ersten Jahren nach Kriegsende kaum gedacht. Erst langsam entwickelte er sich zu einem wichtigen Aspekt des Gedenkens in Kosovo, um an den Erfolg der UÇK zu erinnern. In Serbien wurde der Vorfall erst ab 2016 zu einem Eckpunkt der Kriegserinnerung. Hier wurden die einfachen serbischen Rekruten zum Symbol für den heroischen Widerstand gegen die UÇK. Vučić bezeichnete den Kampf gar als die zweite Kosovoschlacht, Bezug nehmend auf die Schlacht am Amselfeld 1389. Es folgten Spielfilme, Comics und Straßennamen im Gedenken an die Kämpfe.

Die Erinnerung an Kriege geht weiter zurück als nur in die neunziger Jahre. Bereits in den Jahren vor den Kriegen in Kroatien und Bosnien hatten Historiker, Publizisten und Politiker den Zweiten Weltkrieg erneut ins Bewusstsein der Öffentlichkeit gebracht. Die Tabus des sozialistischen Jugoslawiens, beispielsweise über Kriegsverbrechen der Partisanen, wurden damit zwar einerseits gebrochen, aber zugleich entstand eine revisionistische Geschichtsschreibung. In Kroatien wurden die Verbrechen der Ustaša heruntergespielt, die von 1941 bis 1945 als faschistische Gehilfen Nazi-Deutschlands herrschten. Gerade die Zahl der Opfer im Konzentrationslager Jasenovac wurde nach unten gerechnet, so auch vom ersten kroatischen Präsidenten (und selbst mittelmäßigen Historiker) Franjo Tudjman. In Serbien wurden dagegen die Zahl von Jasenovac-Opfer nach oben korrigiert und die Četniks rehabilitiert. Diese nationalistische und monarchistische Guerillagruppe entstand im Widerstand gegen die deutsche Besatzung, kollaborierte allerdings immer wieder mit dieser und richtete ihre Gewalt weniger gegen sie als gegen Kroaten und Muslime.

Dieser Geschichtsrevisionismus endete nicht mit den Kriegen der neunziger Jahre, sondern dauert bis heute an. In Kroatien versuchen radikale Nationalisten wie der Rockstar mit dem Fabrikanten eines Maschinengewehrs als Künstlernamen, Marko Perković Thompson, Symbole der Ustaša zu relativieren. Zum Beispiel deren Gruß: »Za dom spremni!«, auf Deutsch: Für das Vaterland bereit! In Serbien wurde der Führer der Četniks, Draža Mihailović, der nach dem Zweiten Weltkrieg verurteilt und hingerichtet worden war, per Gerichtsbeschluss rehabilitiert. Die Kriege der Neunziger und der Zweite Weltkrieg sind eng in einen Erzählstrang verwoben, in dem die beiden Konflikte einander bedingen und erklären. Dabei wird einerseits jeweils das Verhalten der eigenen Seite zu rechtfertigen versucht. Die Zusammenlegung der Kriege erlaubt es andererseits, den jeweils anderen als ewigen Feind darzustellen und die eigene Opferrolle zu pflegen. Demnach planten die Kroaten schon immer einen Völkermord an den Serben. Und umgekehrt wollten die Serben immer schon Albaner oder Muslime brutal vertreiben. Auf diese Weise verkümmern in der Erzählung einer Erbfeindschaft die langen Zeiten des friedlichen Zusammenlebens zu irrelevanten Intermezzos.

Die Verkettung der historischen Kriegsperioden transportiert den Krieg auch in die Gegenwart. Denn wenn der Krieg der Neunziger als Fortsetzung des Zweiten Weltkrieges verstanden wird, dann wird auch ein bevorstehender Krieg vorstellbar. So wird aus der Nachkriegszeit eine Vorkriegszeit. Das Gerede von Krieg ist mitnichten eine Warnung, sondern riskiert, zu einer sich selbst erfüllenden Prophezeiung zu werden. Der Krieg der neunziger Jahre wurde deshalb möglich, weil die Kriegstreiber der jeweiligen Bevölkerung glaubhaft machen konnten, dass die anderen eine Bedrohung darstellen. Erst diese Angst hat die Massengewalt und deren Akzeptanz möglich gemacht. Als Bilder der Bombenhagel auf ukrainische Städte im Fernsehen liefen, erinnerte dies viele Menschen in Bosnien an die Belagerung Sarajevos und die Bomben auf die Zivilbevölkerung in anderen Städten Bosniens. Die ähnliche Architektur, vor allem aber die Rechtfertigungen Putins schufen deutliche Parallelen. So aktivieren sich die Traumata aus den Neunzigern.

Drohende Kriege als Machtinstrument der Innen- und Außenpolitik

Die Kriegsangst wird immer wieder angeheizt: durch Säbelrasseln. Ende 2022 nahmen die Spannungen zwischen Kosovo und Serbien über Wochen stetig zu. Kosovo wollte endlich einheitliche Nummernschilder durchsetzen. Serbien verwendet in den nördlichen Gemeinden serbische Nummernschilder. Für Serbien war dieser geplante Akt staatlicher Souveränität inakzeptabel. Es rief alle Serben dazu auf, kosovarische Institutionen zu boykottieren. Als Kosovo in den überwiegend serbischen Gemeinden Neuwahlen durchführen wollte, um Posten neu zu besetzen, wurden die Wahlen durch Boykottaufrufe und Druck auf die serbische Bevölkerung nicht teilzunehmen blockiert. Als daraufhin die Polizei einen Serben verhaftete, weil er die Wahlen behindert haben sollte, errichteten Serben Straßenblockaden, aus Serbien offen dazu ermutigt. Um noch weiter zu eskalieren, entsandte Vučić den Generalstabschef der serbischen Armee, Milan Mojsilović, an die Grenze und ließ das Militär in erhöhte Kampfbereitschaft versetzen. Vorübergehend wurden Einheiten in der Nähe der Grenze stationiert, und die serbische Regierung forderte PR-trächtig, 1000 serbische Soldaten nach Kosovo zu schicken. Theoretisch war diese Möglichkeit in der UN-Resolution von 1999 tatsächlich vorgesehen, aber noch nie umgesetzt worden. Den Befugnissen der serbischen Armee in Kosovo wären enge Grenzen gesteckt gewesen, doch ihr Einsatz war nach den Kriegsverbrechen 1999 stets schwer vorstellbar. Nach der Unabhängigkeit Kosovos wurde dies zudem noch unrealistischer. Das aktuelle Säbelrasseln an der Grenze diente Serbien letztlich dazu, den Konflikt zu militarisieren, Spannungen anzuheizen und sich als Beschützer zu positionieren. Der bekannte serbische Karikaturist Dušan Petričić zeichnete Vučić 2017 an einem Tisch vor TV-Kameras sitzend. In seiner rechten Hand hält er einen Feuerlöscher, während er unter dem Tisch im Verborgenen mit einem Feuerzeug zündelt.

Vučić ist aber längst nicht der Einzige, der mit der Gefahr eines Krieges spielt. Im benachbarten Nordmazedonien drohte am 9. Mai 2015 der Krieg auf den Balkan wahrhaftig zurückzukehren. In der Stadt Kumanovo kam es zu einem Schusswechsel zwischen schwer bewaffneten albanischen Kämpfern und Sicherheitskräften, die mehrere Häuser in der Stadt stürmten. Am Ende des Feuergefechts waren acht Polizisten und zehn der albanischen Männer tot, Dutzende wurden verletzt, und das von den Kämpfen betroffene Gebiet war verwüstet. Seit dem Ende des kurzen Bürgerkrieges im Jahr 2001 hatte es im Land keinen so schweren Zwischenfall gegeben. Tatsächlich gab es in der gesamten Region seit 2001 nur wenige Fälle interethnischer Gewalt. Ministerpräsident Gruevski nannte die Reaktion der Polizei an diesem Abend eine »hochprofessionelle, heroische und patriotische Aktion«, die rund 8000 Menschenleben gerettet habe – die Zahl der Menschen, die die Kämpfer in einer Serie von Terroranschlägen angeblich hatten töten wollen.[48]

Der Vorfall erschien vielen Beobachtern jedoch sehr seltsam. Zuvor hatte es keine albanische Gruppierung gegeben, die ernsthaft mit Gewalt drohte. Die Albanische Nationale Befreiungsarmee, die 2001 den Staat bekämpfte, ging in der Demokratischen Union für Integration (BDI) auf, einem Koalitionspartner Gruevskis. Außerdem waren die bewaffneten Männer in Kumanovo unbekannt und eindeutig Außenseiter. Einige der vermeintlichen Terroristen schienen nach Ende der Kämpfe aus nächster Nähe erschossen worden zu sein, was die Frage aufwarf, ob sie nicht hingerichtet worden waren. In einem Prozess im November 2017 wurden 37 Angeklagte von einem Gericht in Skopje für schuldig befunden und zu zwölf bis 40 Jahren Gefängnis verurteilt; nur vier erhielten einen Freispruch. Trotz des Prozesses blieben Zweifel. Wenige Tage nach dem Vorfall hatte die

Opposition Tonaufnahmen des Geheimdienstes veröffentlicht, die ihnen zugespielt worden waren. Sie zeigten, dass bereits weit früher an ein solches Szenario gedacht worden war. In der Aufnahme spricht die Innenministerin Gordana Jankuloska mit dem Kabinettschef von Ministerpräsident Gruevski, Martin Protugjer, über einen Konflikt mit Albanern. Protugjer fragt: »Sollten wir einen Krieg haben?« Die Ministerin antwortet: »Oh, wenn es an uns liegt zu zeigen, wer stärker ist, werden wir sie in einer Stunde zermalmen. [...] Aber die Aufgabe ist es jetzt nicht, unsere Muskeln zu zeigen.«[49]

Der Zeitpunkt der Schießerei in Kumanovo war ebenfalls verdächtig. Sie fiel auf den Höhepunkt der Abhörkrise. Nach Monaten der Enthüllungen hatte die Opposition für den 17. Mai zu Massenprotesten gegen die Regierung aufgerufen. Es waren Aufnahmen des mazedonischen Geheimdienstes veröffentlicht worden, die zeigten, wie hochrangige Regierungsvertreter in schwere Menschenrechtsverletzungen verwickelt waren. Noch am selben Abend des Vorfalls in Kumanovo erklärte Ministerpräsident Gruevski: »Ich appelliere an alle in diesem Moment, sei es in der Opposition oder Regierung, die Aktivitäten ihrer alltäglichen Konfrontation für die Dauer der Operation einzustellen. In diesem Moment wird die Einheit des Staates benötigt.«[50] Obwohl Gruevski seine Position an der Macht mit der Aktion nicht retten konnte, scheint drohende Kriegsgefahr ein beliebtes Ablenkungsmanöver zu sein. Sie ist ein doppeltes Machtinstrument für Autokraten. Einerseits erzeugt sie Angst und Verunsicherung in der eigenen Bevölkerung. Alltägliche politische Anliegen treten in den Hintergrund. Die Frage, wer Freund und wer Feind ist, wird wichtiger als die nach Wohlstand und Erwerbstätigkeit. Gegenüber der EU und anderen westlichen Partnern dient sie dagegen als Erinnerung daran, dass Stabilität möglicherweise wichtiger ist als Demokratie. Dieses Spiel ist zu einem Grundpfeiler der Politik geworden. Kriege, vergangene und drohende, sind dafür wichtige Zutaten.

Der Ukrainekrieg und der Balkan

Anders als die Kriegsspiele auf dem Balkan, ist der Krieg in der Ukraine echt. Er ruft nicht nur Erinnerungen an die Kriege der neunziger Jahre wach, er betrifft den Balkan auch direkt. Im Dezember 2022 kündigte die russische paramilitärische Gruppe Wagner an, ein Zentrum in Belgrad zu eröffnen. Die Nachricht machte in Serbien und im Westen Furore, denn Wagner ist eine Söldnertruppe, gegründet von Jewgeni Prigoschin, bekannt geworden als »Putins Koch«, der durch seine Nähe zum Präsidenten mit Staatsaufträgen reich wurde. Internationale Bekanntheit erreichte er nach dem kurzen Aufstand der Wagner-Gruppe gegen Moskau im Juni 2023. 2014 gründete er die Gruppe Wagner, offiziell eine Sicherheitsfirma. Bereits der Totenschädel auf ihrem Logo und ihr Name, wahrscheinlich ein Bezug auf Hitlers Lieblingskomponisten Richard Wagner, sind Hinweise darauf, dass es sich nicht um eine gewöhnliche Sicherheitsfirma handelt. Die Gruppe trat erstmals 2014 in der Ostukraine in Erscheinung und übernahm in den folgenden Jahren militärische Aufgaben in Syrien, im Sudan, in Mosambik, Mali und Libyen. Mal als Söldner der Regierung, mal im Auftrag von Regierungsgegnern. Obwohl offensichtlich von staatlicher Seite unterstützt konnte das Söldnerheer mit seinem rechtsextremen Einschlag dort eingesetzt werden, wo die russische Armee nicht handeln konnte oder wollte. Söldner gelten für den Staat zudem als entbehrlich. Für den Einsatz im Ukrainekrieg hat die Gruppe offen Gefangene rekrutiert und war an zahlreichen Kriegsverbrechen beteiligt.

Die Ankündigung, dass die Gruppe ein »Russisch-Serbisches Kultur- und Informationszentrum der Freundschaft und Kooperation« eröffnet, machte einigen Wirbel. Mit Völkerfreundschaft und Kulturveranstaltungen hat Wagner sicherlich wenig am Hut. So wiesen auch erste Informationen amerikanischer Geheimdienste darauf hin, dass die Hauptaufgabe der Niederlassung wohl die Überwachung der neuen russischen Diaspora in Hinsicht auf »Aktivitäten gegen Putin« sei.[51] Die Bedrohung oder zumindest Einschüchterung der Russen in

Serbien wächst dadurch an. Die rechtsextreme serbische Volkspatrouille, die die erste prorussische Demonstration nach Kriegsausbruch im März 2022 organisiert hatte, drohte damit, Wagner zu unterstützen und »russischen Liberalen die Gastfreundschaft zu entziehen«.[52] Was das bedeutet, erfuhr ein junger Russe in Neu-Belgrad im Februar 2023. Er wollte ein Graffito mit dem Logo der Gruppe Wagner und dem Schriftzug »Tod der Ukraine« übermalen und wurde dabei von Rechtsextremen zusammengeschlagen. Die serbisch-russische Solidarität schließt eben nur jene Russen (und Serben) ein, die die nationalistische Sichtweise teilen. Wie sehr sich die Volkspatrouille mit Wagner identifiziert, beweist das Video mit einem Weihnachtsbaum, das sie am orthodoxen Neujahrstag auf sozialen Medien zur Schau gestellt haben. Neben dem Motto »Keine Kapitulation« auf einer Karte Kosovos, orthodoxer Ikonografie und den Symbolen der Volkspatrouille finden sich auch zahlreiche Logos der Gruppe Wagner.[53]

Als der russische Propagandasender *RT* im Januar 2023 ein Video mit Serben zeigte, die für einen Einsatz in der Ukraine trainierten, protestierte Präsident Vučić lautstark dagegen und verurteilte die Rekrutierung von Freiwilligen durch die Gruppe Wagner mit dem Hinweis: »Warum rufen Sie von Wagner dazu auf, wenn Sie doch wissen, dass dies gegen die Vorschriften verstößt.«[54] In Serbien, wie auch in vielen anderen Staaten, ist es illegal, als Kriegsfreiwilliger oder Söldner zu dienen. Zahlreiche Serben, die sich 2014 freiwillig für den Krieg in der Ostukraine meldeten – neben Wagner rekrutierten auch Einheiten mit fantasievollen Namen wie Internationale Brigade, Serbisches Husaren-Regiment und Erste slawische Einheit –, wurden verurteilt. Ironischerweise meldeten sich 2014 mehr serbische Freiwillige für den Krieg als 2022. Die Urteile waren zwar meist mild und auf Bewährung. Sie zeigen jedoch, dass das Vučić-Regime bei aller Sympathie für Putin eine zu enge Bande vermeidet, indem es die Freiwilligen auf gewisse Art tolerierte, aber nicht unterstütze. Prigoschin bestritt übrigens nach Vučićs Kritik, dass Wagner in Serbien Freiwillige rekrutieren würde.[55] Somit bleibt unklar, ob Wagner in Serbien aktiv wurde oder ob es sich um eine Inszenierung handelte, zum Beispiel von der Volkspatrouille, die sich selbst oft größer redet, als sie ist.

Die Volkspatrouille, die Wagner lautstark bejubelt, sieht sich als Oppositionsgruppierung und wirft Vučić Verrat vor. Allerdings sind unter der Herrschaft von Vučić zahlreiche rechtsextreme und nationalistische Gruppen entstanden, die oftmals unter indirektem Einfluss der Regierung stehen wie etwa die angebliche Tierschutzpartei Leviathan, die mit Angriffen gegen Roma und Migranten aus dem Nahen Osten auffiel. All diese Gruppen speisen sich aus dem gleichen radikalen Milieu, das auch eng mit Fußball-Hooligans und der Unterwelt verbunden ist. Auch wenn diese Gruppen Vučić oftmals angreifen und sich als die wahren Verteidiger serbischer Interessen und der Freundschaft zu Russland darstellen, dienen sie letztendlich doch dem Regime. Vučić kann sich als gemäßigter Politiker präsentieren, der diese radikalen Kräfte gegen sich und zugleich unter Kontrolle hat.

»Serbische Welt« und »russische Welt« – Echokammer zweier postimperialer Staaten

Wenn Serbien auf Russland blickt, scheint es sich oft selbst im Spiegel zu sehen. Zwei Nationen, mit etlichen Angehörigen jenseits der eigenen Grenzen. Diese Grenzen entstanden durch den Zerfall zweier multinationaler Staaten, in denen Serbien und Russland jeweils im Zentrum lagen. Zwar hatte Serbien in Jugoslawien nie den dominanten Status, den Russland in der UdSSR hatte, dennoch taten sich beide Länder ähnlich schwer, nach dem Ende der Sowjetunion und Jugoslawiens ihr neues staatliches und nationales Selbstverständnis zu finden. Während sich die baltischen Staaten, Kroatien und Slowenien durch die Distanzierung von den alten Staaten definierten, waren die Sowjetunion und Jugoslawien für Russland und Serbien zu prägend. Was bleibt ohne die Sowjetunion und Jugoslawien?

In Serbien hielt Milošević sogar am Namen Jugoslawien fest, auch als dieses nur noch ein Rumpfstaat in der Union mit Montenegro war. Jugoslawien als Name wurde erst 2003 begraben, mehr als ein Jahrzehnt nach dem Zerfall des Staates. Russland unter Jelzin war hingegen eifrig an der Zerschlagung der Sowjetunion beteiligt, konnte trotzdem nicht in eine neue Identität finden, die nicht imperial andere, nun unabhängige Staaten zu dominieren versuchte. Die Kriege, die Serbien in den neunziger Jahren führte, um die Grenzen zu ändern, ähneln deshalb den Kriegen, die Russland gegen Georgien 2008 und seit 2014 gegen die Ukraine führt.

Selbstverständlich sind Serbien und Russland keine Zwillinge, aber es sind Nationen und Staaten, die sich selbst im anderen erkennen. Dies zeigt sich auch im Begriffspaar »Russkij mir« und »Srpski svet«, übersetzbar als russische beziehungsweise serbische Welt. In Russland gewann der Begriff ab 2007 an Bedeutung, als eine gleichnamige Stiftung gegründet wurde.[56] Der Name ist ein bewusster Rückgriff auf imperiale und eurasische Konzepte aus dem 19. Jahrhundert. Die Stiftung wird vom Staat finanziert und soll die russische Sprache und Kultur insbesondere in den Staaten der ehemaligen Sowjetunion fördern. Es geht aber nicht nur um die Förderung der Sprache, wie es die Goethe-Institute oder der British Council tun, sondern vielmehr darum, aktiv eine russische Einflusssphäre zu schaffen. Dieses Vorhaben wurde, jenseits der Stiftung, zum feststehenden Begriff. Er bezeichnet die russischen Bemühungen, eine politische, kulturelle und wirtschaftliche Einflusssphäre zu schaffen und abzusichern, die eine Art imperiale Herrschaft »light« darstellt. Vor allem die offensichtliche Bereitschaft, dafür auch militärisch vorzugehen, wie in der Ukraine seit 2014, hat die Vision schließlich international in Misskredit gebracht. Ironischerweise hat die Aggression Russlands gegen die Ukraine, insbesondere seit Februar 2022, stärker dazu beigetragen, die »russische Welt« zu zerstören als alle Absetzungsbemühungen der neuen Nationalstaaten seit Ende der Sowjetunion.

In Serbien entstand ein Pendant dazu erst sehr viel später. Der russophile Minister Aleksandar Vulin beanspruchte die Urheberschaft für den Begriff »serbische Welt«, mit dem er die serbische Bevölkerung in den Nachbarstaaten beschreibt: »Wo immer sie auch leben, in Serbien, in Montenegro, in der Republika Srpska. Wir müssen uns um die Gesamtheit des serbischen Volkes kümmern aus einem Zentrum heraus, und das ist Belgrad.«[57] Auch wenn Vulin sein Konzept durch einen Vergleich mit der ungarischen oder türkischen Einflusssphäre rechtfertigt, ist die Parallele zur »russischen Welt« eindeutig. Natürlich besteht ein entscheidender Unterschied: Russisch als Sprache und Kultur hat eine Bedeutung, die über Angehörige der russischen Nation hinausgeht. Es gibt viele russisch sprechende Menschen, die sich nicht als Russen sehen. Im postjugoslawischen Kontext nimmt Sprache eine andere Rolle ein. Da Serbisch, Kroatisch, Bosnisch und Montenegrinisch die gleiche Sprache mit vier unterschiedlichen Namen ist, kann Serbisch gar nicht die bestimmende postjugoslawische Sprache sein. In Kosovo und Nordmazedonien hat das Serbische längst seinen dominanten Status, wenn auch aus unterschiedlichen Gründen, eingebüßt. Ihr Wirkungskreis ist somit beschränkt, zumindest im Konzept der »serbischen Welt«. Auch gab es bislang keine vergleichbaren Bemühungen, die serbische Kultur und Sprache in den Nachbarstaaten zu fördern. Serbien beansprucht jedoch oft den Status als Nachfolgestaat Jugoslawiens und hegt somit den Selbstanspruch einer kulturellen Hegemonie.

Kritiker in der Region sehen in dem Begriff der »serbischen Welt« nichts anderes als eine Neuauslegung von Großserbien. Großserbien ist nicht nur der Name der Parteizeitung der extremistischen Radikalen Partei. Jener Partei, in der Vučić seine politische Laufbahn begann. Sein politischer Ziehvater, der verurteilte Kriegsverbrecher Vojislav Šešelj, ist Vorsitzender der Partei, die er selbst 1991 gegründet hat. Großserbien bezeichnet auch die nationalistische Idee eines serbischen Nationalstaats, der weit über die Grenzen des heutigen Serbiens hinausgeht. Diese Idee, genau wie jene von Großgriechenland, Großalbanien oder Großkroatien, geht auf den Nationalismus des 19. und 20. Jahrhunderts zurück. Mit dem Zerfall Jugoslawiens erhielt das Konzept neuen Aufschwung, als sich die Frage stellte, wo die Grenzen zwischen den Nationen eigentlich verlaufen. Die von Milošević geförderten Loslösungsbemühungen von Serben in Kroatien und Bosnien waren Versuche zur Schaffung eines Großserbiens. Doch letztlich scheiterte der Plan, dem sich Milošević auch nur halbherzig verschrieben hatte. Nach Ende der Kriege schien die Idee ad acta gelegt worden zu sein. Die aktuellen nationalistischen Töne serbischer Parteien in der Republika Srpska, in Montenegro und Kosovo, teils richtiggehend angefeuert aus Serbien, sowie in Serbien selbst haben jedoch die Sorge wieder aufleben lassen. Natürlich brauchen die Ideologen einer aus Belgrad gesteuerten serbischen Einflusssphäre nicht Russland als Ideenstifter. Zu frisch sind die eigenen Erfahrungen aus den neunziger Jahren. Die »serbische Welt« ist daher weniger ein Plagiat der »russischen Welt« als vielmehr Ausdruck einer Echokammer zwischen zwei postimperialen Staaten.

9
PUTSCH! ODER DOCH NICHT?

Auf dem NATO Gipfel in Bukarest 2008 wurde der Beitritt Albaniens und Kroatiens beschlossen. Zugleich blockierte Griechenland aufgrund des Namensstreits mit Mazedonien dessen Beitritt. Das Treffen wurde später berüchtigt, weil das vage Versprechen einer Perspektive für die Ukraine von Putin als Bedrohung interpretiert wurde. Ansonsten war die NATO-Erweiterung nach Südosteuropa weniger kontrovers als jene nach Osteuropa. Russland lehnte die Erweiterung ab, aber ohne die gleiche Intensität wie bei der Ukraine oder Georgien. Für Serbien kam ein Betritt zum Bündnis, das 1999 serbische Städte bombardiert hatte, nicht infrage. Zudem hatte Serbien 2007 militärische Neutralität beschlossen. Bosnien und Kosovo wiederum konnten gar nicht beitreten, weil in Bosnien der innenpolitische Konsens fehlte und Kosovo von gleich vier NATO-Staaten nicht anerkannt war. Somit blieben nach 2009 vorerst nur noch Montenegro und Nordmazedonien als potenzielle NATO-Mitglieder übrig. In beiden Ländern war der Prozess weitaus schwieriger und kontroverser als in Kroatien und Albanien. Das ermöglichte es Russland, eine prominente und destruktive Rolle zu spielen.

Putins Russland ist längst nicht nur Hoffnungsträger antiwestlicher Politiker und Gruppen auf dem Balkan. Es hat immer auch aktiv die Politik vor Ort beeinflusst und versucht, die Integration in die Institutionen des Westens zu sabotieren, insbesondere in NATO und EU. Zum anderen dient es Freunden und Gegnern gleichermaßen dazu, innen- und außenpolitisches Kapital zu generieren.

Montenegros holpriger Weg in die NATO

Wahltage in Montenegro sind immer angespannt. Obwohl es bis 2020 immer denselben Gewinner gab. Die Demokratische Partei der Sozialisten (DPS) gewann jede Wahl seit Einführung des Mehrparteiensystems 1990. Als Nachfolgerin der Kommunistischen Partei verfügte sie über enorme Ressourcen und erbte die Kontrolle über die Institutionen der Republik. Die Opposition bestand immer aus einer bunten Mischung unzähliger Parteien, ewig gestrigen serbischen Nationalisten, Reformern und Politikern, bei denen Opposition gegen die Regierung der einzige Programmpunkt war. Am 16. Oktober 2016 war es wieder so weit. Nachdem die Regierungspartei bei den Wahlen 2012 schlechte Ergebnisse erzielt hatte und es 2015 zu großen Protesten gekommen war, schien die Opposition eine echte Chance zu haben. Am Vormittag des Wahltags meldeten verschiedene Medien, dass 20 serbische Staatsbürger über Nacht verhaftet worden seien. Ihnen wurden die Bildung einer kriminellen Vereinigung und Terrorismus vorgeworfen. Konkret sollen sie einen Putsch am Wahltag geplant haben. Am späten Nachmittag fielen plötzlich Informationsdienste und Messenger wie WhatsApp und Viber aus. Kurz darauf gab einer der Mobilfunkbetreiber bekannt, dass er von der staatlichen Telekommunikationsbehörde angewiesen worden sei, diese Dienste zu unterbrechen. NGOs und Wahlbeobachter verurteilten den Blackout: Es schien, als wollten die seit 26 Jahren regierenden Sozialisten es der Opposition erschweren, ihre Anhänger zu mobilisieren. Nachdem am Abend bekannt wurde, dass die Sozialisten zwar Stimmen verloren hatten, aber mit ihren Koalitionspartnern trotzdem ihre Mehrheit hielten, trat Milo Djukanović, damals in seiner vierten Amtszeit als Ministerpräsident und seit 1991 die bestimmende Figur des Landes, vor ein Meer montenegrinischer Fahnen und hielt seine Siegesrede: »Werden wir Teil der entwickelten europäischen Gesellschaft sein oder eine russische Kolonie?«[58] Die Botschaft war eindeutig: Der knappe Wahlsieg seiner Partei sei ein Votum für Europa, während der Putschversuch und die Opposition das Land in die

Hände Russlands geben wollen. Andrija Mandić, wichtigster Oppositionsführer und glühender serbischer Nationalist, tat das Putschgerücht als Propaganda ab. Und auch der serbische Präsident Vučić zeigte sich von den Vorwürfen überrascht und, obwohl immer gerne bereit seine Meinung kundzutun, verkniff sich, eine klare Position einzunehmen.

In den folgenden Wochen wurde deutlich, wer am angeblichen Putschversuch beteiligt gewesen sein könnte. Der Bekannteste unter den Verhafteten war Bratislav Dikić, von 2009 bis 2013 Kommandant der Gendarmerie, einer Eliteeinheit der serbischen Polizei. Er wurde von Milošević während des Kosovokrieges für seinen »heldenhaften Einsatz« in einer Antiterroreinheit ausgezeichnet, die an Kriegsverbrechen beteiligt war. Nachdem er wegen Nähe zu Mafiagruppen aus dem Dienst entlassen worden war, versuchte er sich als Vorsitzender einer unbedeutenden nationalistischen Partei in Serbien. Ansonsten wurden zwei führende Politiker der proserbischen Opposition in Montenegro, Milan Knežević und Andrija Mandić, angeklagt. Die Spur führte außerdem nach Moskau, da zwei weitere Angeklagte, Eduard Schischmakow und Wladimir Popow, russische Staatsbürger waren.[59] Beide arbeiteten offenbar für den russischen Geheimdienst GRU und wurden kurz nach dem vermeintlichen Putschversuch mit 20 000 Euro in bar und Uniformen montenegrinischer Spezialeinheiten in Serbien verhaftet und daraufhin prompt nach Russland überstellt. Es folgte ein Besuch von Nikolai Patruschew, Sekretär des Sicherheitsrats der Russischen Föderation, in Belgrad. Der britische *Guardian* berichtete, dass Patruschew den serbischen Behörden erklärt habe, dass es sich um eine nicht genehmigte Operation ohne Unterstützung des Kremls gehandelt habe.[60] Patruschew selbst hingegen betonte, dass sein Besuch lange geplant gewesen sei und nichts mit den Ereignissen in Montenegro zu tun gehabt habe. Später sprachen auch Vučić und andere serbische Amtsträger, die die Geschichte zunächst eher abgetan hatten, von einem Putschversuch durch ausländische Mächte, ohne jedoch Russland direkt zu beschuldigen. Drohte in Montenegro im Oktober 2016 eine Machtübernahme durch die proserbische und prorussische Opposition mithilfe des russischen Geheimdienstes?

Putin führt Krieg gegen die Ukraine und andere Länder, lässt Regimegegner in Europa ermorden, fördert rechtspopulistische Parteien und soll im Februar 2023 wohl einen Putsch in der Republik Moldau geplant haben, erneut mit serbischen Gehilfen. Der mögliche Putschversuch in Montenegro ordnet sich in eine lange Reihe von russischen Bemühungen ein, Macht und Einfluss in und über europäische Staaten zu erringen.

Ein Jahr vor den Wahlen 2016 in Montenegro hatte die dortige Polizei Massenproteste der radikalen Opposition um die proserbische Demokratische Front (DF) niedergeschlagen. Danach schlossen sich Tausende aus Solidarität den Protesten an. Die Demonstrationen verliefen sich jedoch bald wieder. Die Opposition griff die Regierung weniger wegen Machtmissbrauchs und Korruption an, sondern für den geplanten NATO-Beitritt. Das aber half Djukanović, da er die Opposition und entsprechend alle Kritik an ihm als prorussisch motiviert verurteilen konnte. Die DF bestätigte praktisch den Vorwurf durch ihre offene Allianz mit Putin. Sie nahm am Parteikongress der Regimepartei Vereintes Russland teil und schien somit zu bestätigen, dass die Wahl 2016 eine Richtungsentscheidung zwischen Westen und Osten sein würde. Ein Sturz der Regierung Djukanović war die letzte gute Gelegenheit, die NATO-Mitgliedschaft Montenegros zu sabotieren. Während sie in den meisten Staaten Ost- und Südosteuropas kaum umstritten war, polarisierte die NATO-Frage das Land. Bürger, die sich als Serben sehen und sich für enge Beziehungen mit Serbien und Russland einsetzen, lehnten den Beitritt strikt ab. 2015 lag die Anzahl jener, die bei einem Referendum für die NATO stimmen würden, fast gleichauf mit den Beitrittsgegnern.[61] Die Kombination aus dem Widerstand gegen die NATO und einem engen Wahlausgang machte die Entscheidung im Oktober 2016 zu einem wichtigen Moment, in dem ein russischer Eingriff richtungsweisend hätte sein können. Die Polarisierung half Djukanović letztlich, die Wahlen zu gewinnen.

2019 wurden die vermeintlichen Putschisten zu langjährigen Gefängnisstrafen verurteilt. Die beiden russischen Geheimdienstoffiziere erhielten in Abwesenheit die längsten Strafen von 15 beziehungsweise zwölf Jahren. Knežević und Mandić sowie zahlreiche andere serbische Staatsbürger wurden ebenfalls verurteilt. Doch in einem Berufungsverfahren zwei Jahre später wurden die Urteile aufgehoben. Das Gericht ordnete an, dass der Prozess aufgrund erheblicher Verstöße gegen die Strafprozessordnung neu aufgerollt werden müsse. Zwischen dem Urteil und dessen Aufhebung lag ein entscheidendes Ereignis: der Machtwechsel. Nachdem die Opposition die Wahlen im August 2020 knapp gewonnen hatte, gehörten die beiden verurteilten Politiker nicht mehr der Opposition, sondern der neuen Mehrheit an. Folgte die Justiz der Macht? Die Staatsanwaltschaft baute jedenfalls auf zwei Kronzeugen mit windigen Biografien: Aleksandar Sindjelić hatte sich im November 2014 als Freiwilliger den russischen Einheiten in der Ostukraine angeschlossen. Dort gehörte er zu den Serbischen Wölfen, einer der zahlreichen radikal-nationalistischen Gruppen, die Freiwillige für die Krim und die Ostukraine rekrutierte. Er war im November 2016 von der serbischen Polizei verhaftet worden und bot sich den montenegrinischen Behörden für den Fall als Kronzeuge an. Er beschrieb seine Rolle darin hauptsächlich als Geldbote, der 200 000 Euro Russlands an die beteiligten Serben und Montenegriner weitergegeben habe. Der andere Kronzeuge, Mirko Velimirović, hätte die Waffen aus dem Norden Kosovos nach Montenegro bringen sollen. Velimirović war serbischer Polizist in Kosovo und möglicherweise an einer Aktion 2011 beteiligt gewesen, bei der der Grenzübergang Jarinje angezündet worden war. Er hatte sich den montenegrinischen Behörden bereits vier oder fünf Tage vor dem Wahltag 2016 ergeben und diese im Voraus über den Putschversuch informiert. Später nahm er seine Aussagen zurück, wurde in Kosovo von Unbekannten zusammengeschlagen und bekräftigte anschließend wieder seine ursprünglichen Anschuldigungen. Weiterhin schienen westliche Geheimdienste Montenegro über die Verschwörung informiert zu haben. In den darauffolgenden Monaten war auffällig, wie der Putschversuch besonders ausführlich in der konservativen britischen Tageszeitung *Daily Telegraph* diskutiert wurde,[62] obwohl das Interesse an Montenegro in britischen Medien sonst eher bescheiden ist.

Was auch immer die genauen Hintergründe des vermeintlichen Putsches gewesen sein mögen, so war die Aktion jedenfalls stümperhaft durchgeführt worden. Es ist kaum vorstellbar, dass die Gruppe wirklich geglaubt hatte, handstreichartig die Macht übernehmen zu können. Der eigentliche Plan wurde im Prozess nie deutlich oder überzeugend dargestellt. Ein Teil des Planes schien gewesen zu sein, das Parlament in der Wahlnacht zu stürmen, Massenproteste zu organisieren und die Opposition als Wahlsieger auszurufen. Ein zweiter Teil sah demnach vor, Djukanović zu ermorden. Während der erste Teil des Planes noch realistisch erscheinen mag, waren die Beweise für den Mordplan eher dürftig. In der Anklage des Sonderstaatsanwalts Milivoje Katnić gab es insgesamt viele Ungereimtheiten. Er sprach von bis zu 500 Beteiligten, was für einen Staatsstreich, der per Definition konspirativ ablaufen sollte, im kleinen Montenegro sehr hochgegriffen scheint. Auch wurde diese Masse an Beteiligten nie ermittelt. Es blieb zudem unklar, warum der Staatsanwalt offensichtlich niemanden über den bevorstehenden Staatsstreich informierte, obwohl Velimirović die Pläne im Voraus mitgeteilt haben soll. Die Angeklagten wirkten auch kaum wie eine Gruppe, die einen Staatsstreich erfolgreich hätte durchführen können, vielleicht mit Ausnahme des ehemaligen Gendarmerie-Kommandanten Dikić. Sie wurden fünf Monate später auf freien Fuß gesetzt, nachdem sie ihre Beteiligung an den Plänen für die Erstürmung des Parlaments gestanden hatten. Im Dickicht der Anschuldigungen scheint es wahrscheinlich, dass einiges, wenn nicht fast alles an dem Putschversuch von Staatsanwaltschaft und Regierung stark aufgebauscht worden war. Das wäre jedenfalls nicht das erste Mal gewesen: Am 9. September 2006, in der Nacht vor den ersten Wahlen nach der Loslösung von Serbien, hatte die montenegrinische Polizei 13 Albaner verhaftet, die beschuldigt wurden, Terroranschläge in einer Operation namens »Flug des Adlers« geplant zu haben. Drei Jahre später waren 17 Angeklagte zu insgesamt

51 Jahren (später auf 49 reduziert) verurteilt worden. Zweifel an der Ernsthaftigkeit des Komplotts waren aber weitverbreitet. So beschrieb der Vorsitzende einer albanischen Minderheitenpartei, die zur Regierungskoalition gehörte, den Fall mit dem Sprichwort: »Der Berg bebte, und eine Maus wurde geboren.«[63]

Dass Russland wiederum ein Interesse daran hatte, den NATO-Beitritt Montenegros zu vereiteln, steht außer Zweifel. 2014 bezeichnete der russische Außenminister Sergej Lawrow die NATO-Erweiterung auf dem westlichen Balkan als »verantwortungslose Politik und Provokation«.[64] Anders als in Albanien oder Kroatien gab es in Montenegro tatsächlich eine starke Opposition gegen eine NATO-Mitgliedschaft. Somit wäre hier die Chance am größten gewesen, den Beitritt zu verhindern. Aber dafür wirkte der Putschversuch zu operettenhaft. Er fand zudem in einem Umfeld statt, als unter dem neugewählten US-Präsidenten Trump eine Annäherung Russlands an den Westen wieder möglich schien. Das Risiko, diese Chance mit einem Putsch zu zerstören, erscheint sehr groß. Wenn Russland tatsächlich die Hand im Spiel gehabt haben sollte, ist es sehr viel wahrscheinlicher, dass die Aktion auf die private Initiative von russischen Geschäftsleuten zurückgeht, die sich damit die Gunst Putins sichern wollten. Konstantin Malofejew wäre der wahrscheinlichste Kandidat. *Bellingcat* beschrieb ihn 2017 als denjenigen, der russische Interessen auf dem Balkan vertrat.[65] Der mit Investmentfonds reich gewordene Milliardär unterstützt russische, orthodoxe und imperialistische Positionen, unter anderem mit dem Fernsehsender *TV Cargrad* und der Denkfabrik Katehon, für die auch Aleksandr Dugin im Aufsichtsrat sitzt. Von Dugin wurde immer wieder behauptet, er habe ideologischen Einfluss auf Putin. Auch wenn dies sicherlich übertrieben ist, ist Dugin ein einflussreicher Vertreter eurasischer imperialistischer Ideen und großrussischer Machtfantasien. Malofejew wiederum unterstützt sowohl rechtsradikale Gruppen in Europa als auch die sogenannten Separatisten in der Ukraine nach 2014. In seinem Fernsehsender trat auch Mandić, der Führer der serbisch-nationalistischen Demokratischen Front auf.[66] Weiterhin stand er mit dem damaligen

Bischof der Serbisch-Orthodoxen Kirche in Montenegro, Amfilohije, in Kontakt. Mit dessen Segen flog er das Heilige Feuer – ein wichtiges Symbol im orthodoxen Christentum – aus Jerusalem nach Cetinje, die alte Hauptstadt Montenegros und Bischofssitz. Dazu befragt, sagte Amfilohije: »Wenn Malofejew gesündigt hat, dann hat das Feuer ihn gerettet.«[67]

Nach dem Putschversuch von 2016 verdichteten sich die Hinweise, dass womöglich Malofejew dahintersteckte. Investigative Journalisten von *Bellingcat* konnten bei ihren Nachforschungen entsprechende Verbindungen finden.[68] In Moskau verlor zudem Anfang 2017 ein enger Verbündeter Malofejews, der ehemalige Geheimdienst-Generalleutnant Leonid Reschetnikow, seinen Job im kremlnahen Russischen Institut für Strategische Studien. Die Entlassung legt den Gedanken nahe, dass Putin entweder mit dem Plan oder dessen Scheitern unzufrieden war. Doch obwohl Malofejews Beteiligung offenbleibt, erscheint sie naheliegender als ein direkt vom Kreml angeordneter Staatscoup in Montenegro. Aber auch das heißt natürlich nicht, dass es wirklich einen realen Putschversuch gegeben hat. Andere Szenarien – wie die Stimmung innenpolitisch anzuheizen und Zwischenfälle zu provozieren – sind möglich und sogar wahrscheinlicher.

Eines aber ist Fakt: Der vermeintliche Putschversuch hat den NATO-Beitritt Montenegros beschleunigt. Der US-Senat hatte seine Zustimmung noch verschleppt, auch unter dem Eindruck des Wahlsiegs von Donald Trump, der das Verteidigungsbündnis als obsolet bezeichnet hatte. Im März 2017 stimmte er dann aber fast einstimmig, mit 97 Stimmen, dafür. Trump unterschrieb, und Montenegro konnte im Juni 2017 NATO-Mitglied werden. Die Beziehungen zu Russland haben sich seitdem verschlechtert. Montenegro wurde Ziel mehrerer Hackerangriffe von Gruppen, die den russischen Geheimdiensten nahestehen. Montenegrinischer Wein wurde mit einem Importverbot belegt, offiziell weil die russische Behörde für Lebensmittelqualität plötzlich Einwände hatte. Ein vertrautes Szenario, dem 2006 und 2013 auch schon die Einfuhr moldauischen Weins zum Opfer gefallen war.

Das Ende einer langen Freundschaft zwischen Montenegro und Russland

Der heute sehr öffentlich ausgetragene Konflikt steht am (vorläufigen) Ende einer langen Beziehung. Eigentlich hat Russlands Verbindung zu Montenegro tiefere Wurzeln als jene zu Serbien. 1766 tauchte ein Mann in Montenegro auf, der Šćepan Mali genannt wurde, also der kleine Stefan. Um ihn rankten sich Gerüchte, er sei der russische Zar Peter III., der vier Jahre zuvor gestorben war. Der in Kiel geborene echte Peter III. hatte selbst kaum Russisch gesprochen und war wegen seiner preußenfreundlichen Linie in Russland eher unbeliebt gewesen. Das vermutlich von ihm selbst angefachte Gerücht aber, Šćepan Mali sei jener Peter, sollte ihn kurz darauf tatsächlich zum »Zaren Montenegros« werden lassen. Er verdrängte den regierenden Fürstbischof Sava II. und wurde zum Regenten. Šćepan Malis fünfjährige Herrschaft mit dem vorgetäuschten Segen Russlands war letzten Endes sehr erfolgreich. Es gelang ihm, den kleinen Staat zu festigen, der stark in Stammesgebiete aufgesplittert war. Auch später blieb die Orientierung nach Russland bestehen. Nikola I., der erste und letzte König Montenegros, der bis zum Ende des Ersten Weltkrieges herrschte, verheiratete zwei seiner neun Töchter mit den Romanows, eine dritte wurde die Frau des italienischen Königs Viktor Emanuel III. Die Verbundenheit mit Russland setzte sich in der sozialistischen Periode fort, als nach dem Bruch Titos mit Stalin 1948 besonders viele Unterstützer des russischen Diktators Montenegriner waren. Somit füllte sich die jugoslawische Gefangeneninsel und das Umerziehungslager Goli Otok besonders mit Montenegrinern.

Seit den Jahren des Umbruchs ist Montenegro stark polarisiert, mit Auswirkungen auf die Beziehungen zu Russland. Während Djukanović mit seiner Partei und Koalitionspartnern seit den späten neunziger Jahren die eigene montenegrinische Identität betont, sich von Serbien abgrenzt und nach Westen schaut, blickt ein Großteil der Opposition auf Serbien und Russland. Ihre Unterstützer sehen sich überwiegend als Serben und lehnten die Unabhängigkeit von 2006 ab.

Für sie war der Bischof der Serbisch-Orthodoxen Kirche, Amfilohije, stets die bestimmende Figur. Bis zu seinem Tod an den Folgen einer COVID-19-Erkrankung Ende 2020 pflegte er gute Kontakte nach Russland und zitierte oft Worte, die dem Heiligen Petrus von Cetinje zugesprochen werden: »Wer auch immer gegen das Russland gleichen Glaubens, gleichen Blutes und gleicher Sprache sei, dem möge das Fleisch von ihm abfallen, er soll dreimal und 3000-mal verflucht sein.« Die engen Beziehungen von Opposition und Kirche nach Russland manifestierte sich bei den Litije, den religiösen Protestprozessionen gegen das Religionsgesetz 2020. Die Kirche war besorgt, dass zahlreiche ihrer Kirchengebäude enteignet werden könnten. Im Februar 2020 führte Onufrije, der Metropolit der russlandtreuen Ukrainisch-Orthodoxen Kirche des Moskauer Patriarchats, einen dieser Märsche an. Der Gast war nicht zufällig gewählt. In der Ukraine besteht ein Konflikt zwischen der Russisch-Orthodoxen Kirche, die das Patriarchat in Kiew beansprucht, und einer eigenständigen Orthodoxen Kirche der Ukraine. Ähnlich in Montenegro, wo es die viel kleinere Montenegrinisch-Orthodoxe Kirche gibt, die von der Serbisch-Orthodoxen Kirche als Bedrohung angesehen wird. Massenproteste führten dazu, dass die regierende DPS im Sommer 2020 erstmals ihre Mehrheit im Parlament verlor.

Trotz dieser Anlehnung der Kirche und der proserbischen Parteien an Russland hatten diese lange kein Monopol auf gute Beziehungen nach Russland. Die engen wirtschaftlichen Kontakte der prowestlichen Regierung nach Russland mögen zunächst zwar überraschender sein als die prorussische Haltung der nationalistischen Opposition, aber sie waren insbesondere dem Pragmatismus Djukanovićs geschuldet. Er hatte nach seinem Bruch mit Milošević 1997 außenpolitisch zunächst alles auf eine Karte gesetzt: den Westen. Kofferweise brachten US-Diplomaten Geld nach Montenegro, um die Regierung über Wasser zu halten. Noch im gemeinsamen Staat mit Serbien führte Montenegro zuerst einseitig die D-Mark und dann den Euro ein. Während des Kosovokrieges 1999, als die NATO auch Armeestellungen in Montenegro bombardierte, erklärte sich die

Regierung für neutral und bemühte sich nach dem Sturz Miloševićs im Oktober 2000 um die Unabhängigkeit. Obwohl die außenpolitische Orientierung Montenegros also fix nach Westen ausgerichtet ist, suchte Djukanović auch anderswo nach Investoren. Gerade dort, woher das Geld möglicherweise leichter und schneller fließt. Die historische Beziehung nach Russland war sicher nicht Hauptgrund für die sich einstellenden russischen Geldflüsse, aber die alte Vertrautheit hat vermutlich eine Rolle gespielt. Wie auch die Adria-Küste, die ohne Visum und ohne viel Bürokratie von Russland aus erreichbar war. Bereits 2007, ein Jahr nach der Unabhängigkeit, hatten 30 000 Russen Immobilien in Montenegro – einem Land mit etwa 600 000 Einwohnern – gekauft und fast zwei Milliarden Euro im Land investiert.[69]

Für Djukanović waren die russischen Investoren wichtig. Nicht weil sie Russen sind, sondern weil sie Geld haben und mit ihnen leichter ins Geschäft zu kommen war als mit westlichen Unternehmen. Zum wichtigsten Investor wurde 2005 Oleg Deripaska, der das Aluminiumwerk Kombinat Aluminijuma Podgorica (KAP) von der montenegrinischen Regierung über die zypriotische Firma Central European Aluminium Company (CEAC) kaufte. Das Unternehmen war einer der wichtigsten Arbeitgeber in Montenegro, mit fast 3000 Angestellten und bis zu 50 000 Personen, die über Zulieferbetriebe auf das Aluminiumwerk angewiesen waren.[70] Die Hälfte aller Exporte Montenegros und 15 Prozent des Bruttoinlandsprodukts hingen von dem Werk nahe der Hauptstadt Podgorica ab.[71] Die Bedeutung wurde auch dadurch sichtbar, dass Montenegro eigens große Mengen Strom importieren musste, da bis zu 40 Prozent des nationalen Stromverbrauchs auf die Aluminiumfabrik fällt. Das KAP-Werk wurde nach dem Kauf kaum modernisiert und blieb nur deshalb profitabel, weil der Staat subventionierte Strompreise garantierte. Deripaska profitierten daher von dem Geschäft, ohne große Investitionen zu tätigen, während die Regierung sich auf Arbeitsplätze und somit Wähler verlassen konnte. Die Partnerschaft zwischen Deripaska und Djukanović war auch politisch fruchtbar, denn Deripaska vermittelte Djukanović den amerikanischen

Wahlkampfmanager Paul Manafort, der später auch kurzzeitig Donald Trumps Wahlkampf leiten sollte. Manafort war dafür berüchtigt, im Lauf der Jahre zahlreiche Diktatoren von Ferdinand Marcos auf den Philippinen bis zu Mobuto Sese Seko in Zaire beraten zu haben. In der Ukraine half er dem prorussischen Kandidaten Wiktor Janukowytsch, die Präsidentschaftswahlen 2010 zu gewinnen. Mit Deripaska schloss Manafort einen zehn Millionen Dollar schweren Vertrag ab, in dessen Rahmen er auch die Kampagne für die montenegrinische Unabhängigkeit 2006 unterstützte. Wie entscheidend die Hilfe für den Ausgang des Referendums war, lässt sich schwer bewerten. Die Mehrheit fiel denkbar knapp aus: 55,5 Prozent der wahlberechtigten Montenegriner stimmten für die Unabhängigkeit. 55 Prozent waren von der EU als Mindestzustimmung vorgegeben. Nur etwas mehr als 2000 Stimmen weniger und das Referendum wäre gescheitert.

Die Weltwirtschaftskrise 2008 führte zum Ende der Zusammenarbeit mit Deripaska. Zunächst stürzte der weltweite Aluminiumpreis ab, und die Kapazitäten der Fabrik wurden zurückgefahren. Um die Produktion abzusichern, bot die Regierung Staatsgarantien an. 2013 stieg die Verschuldung des KAP auf 368 Millionen Euro bei ungarischen und russischen Banken, gedeckt durch staatliche Garantien. Nachdem weitere staatliche Unterstützung vom kleinen Koalitionspartner abgelehnt wurde, musste KAP Insolvenz erklären. Deripaska verlor seine Investition in Montenegro. Die Beziehung zwischen ihm und der montenegrinischen Regierung waren zerrüttet.

Dieser Konflikt fand vor dem Hintergrund der verstärkten Westorientierung Montenegros statt. Neben dem Antrag, der NATO beizutreten, unterstützte Montenegro auch die westlichen Sanktionen gegen Russland nach dessen Annexion der Krim 2014. Dies machte den Spagat zwischen prowestlicher Politik und guten Beziehungen nach Russland für die Regierung zunehmend schwieriger. Zu dem vermeintlichen Putschversuch kam es also erst, als die Beziehungen zwischen beiden Regierungen längst auf einem Tiefpunkt angelangt waren. Die Zeit für russische Großinvestitionen in Montenegro war vorbei. Russen blieben jedoch neben Serben die wichtigsten Investoren auf dem Immobilienmarkt. Schätzungen zufolge sind bis zu 40 Prozent der Immobilien in russischem Besitz.[72]

Russische Störaktionen zwischen Griechenland und Nordmazedonien

Am 17. Juni 2018 unterzeichneten die Außenminister Griechenlands und Nordmazedoniens ein Abkommen, um die Streitigkeiten zwischen beiden Staaten ein für alle Mal aus dem Weg zu räumen. Das Abkommen, das am Prespasee an der Grenze unterzeichnet wurde, legte nicht nur einen Konflikt bei, der seit über einem Vierteljahrhundert schwelte, sondern sollte auch die Glaubwürdigkeit der NATO und der EU auf dem Balkan retten. Griechenland blockierte seit 2009 die NATO-Mitgliedschaft Mazedoniens und den Beitrittsprozess zur EU. Diese Blockade diente der nationalistischen mazedonischen Regierung von Nikola Gruevski nicht nur als Vorwand, die Hauptstadt Skopje mit nationalistischem Kitsch in Form von Statuen, Monumenten und protzigen Palästen zu verschandeln, sondern auch die Demokratie im eigenen Land zu untergraben. Ein Machtwechsel nach Enthüllungen zum Machtmissbrauch der Regierung und Massenprotesten ebnete den Weg für eine Aussöhnung mit Griechenland. Die linken Ministerpräsidenten Alexis Tsipras und Zoran Zaev und ihre Außenminister Nikos Kotzias und Nikola Dimitrov verhandelten den Kompromiss: Aus Mazedonien wurde Nordmazedonien, und Nordmazedonien distanzierte sich vom Erbe des antiken Mazedoniens. Zugleich akzeptierte Griechenland, dass die Mazedonier sich als solche bezeichnen dürfen und ihre Sprache Mazedonisch heißt.

Doch mit der Unterschrift am See von Prespa war der Ausgleich zwischen beiden Staaten noch längst nicht unter Dach und Fach. Eine eklektische Gruppe von Nationalisten, linken NATO-Gegnern und antiwestlichen Gruppen versuchte, das Abkommen zu kippen. Auf internationaler Ebene waren die lautesten Gegner Russland und Ungarn. Orbán hatte dem ehemaligen Ministerpräsidenten Gruevski, nach seiner Wahlniederlage, mithilfe von Botschaftspersonal nach Budapest geschmuggelt und ihm politisches Asyl gewährt. Russland erklärte noch offener seine Gegnerschaft zum Abkommen, das »künstlich den Namen von außen ändert, mit dem Ziel, Skopje in die NATO zu drängen«.[73] Putin selbst verurteilte die Übereinkunft in einem Interview für die serbische Boulevardzeitung *Večernje novosti* als von außen gegen den Willen der Bevölkerung aufoktroyiert.[74] Jenseits öffentlicher Statements versuchte Russland auch, es zu sabotieren. Noch vor dem Prespa-Abkommen erstattete Alexander Dugin Skopje einen Besuch ab. Auch wenn Hunderte sich seine Rede über slawische Solidarität und seine Verurteilung »liberaler Ideologie« als totalitäre Zerstörerin der Tradition anhörten, blieb sein Engagement in Mazedonien ohne größere Wirkung. Die Partei Vereinigtes Mazedonien, die Dugin eingeladen hatte, blieb als einzige offen prorussische Partei völlig unbedeutend.

Anders als in der serbischen Bevölkerung gab es unter Mazedoniern keine prorussische Tradition. Verbündete fand Russland somit weniger in offenen Anhängern einer Annäherung an Russland als in jenen Gruppen, deren Ziele sich mit jenen Putins überschnitten. Hierzu gehörte Levica, die Linke. Die Partei entstand aus den Protestbewegungen 2015 und wird von Dimitar Apasiev geführt, der der Partei mit rotem Stern und geballter Faust einen links-alternativen Anstrich gibt, aber tatsächlich eine knallhart nationalistische, antiwestliche Linie verfolgt. Selbst nach Beginn des russischen Angriffskrieges gegen die Ukraine blieb die Partei bei ihrer prorussischen Linie. Außerdem entwickelte sich die nationalistische VMRO-DPMNE, die ehemalige Regierungspartei von Gruevski, zum Partner Russlands. Sie blieb zwar offiziell bei ihrem Bekenntnis zur NATO- und EU-Mitgliedschaft. Indem sie aber den Kompromiss mit Griechenland ablehnte, wandte sie sich faktisch von einer westlichen Orientierung des Landes ab.

Daneben verfügte Russland über einen weiteren einflussreichen Verbündeten in Griechenland: Iwan Sawwidi. Der »Boss von Thessaloniki« und Milliardär wurde in Georgien in eine griechischstämmige

Familie geboren. Im Tabakgeschäft arbeitete er sich zu einem der reichsten russischen Oligarchen empor und saß von 2003 bis 2011 für die Regierungspartei Einiges Russland als Abgeordneter in der russischen Duma. Nebenbei baute er sich ein Standbein in Thessaloniki auf, indem er Anteile am Hafen, einige Medien und den lokalen Fußballverein PAOK erwarb. Obwohl Sawwidi kein Griechisch spricht, wurde er eine wichtige Größe in der Stadt und zum Anker für russischen Einfluss in Griechenland. Der ideale Kandidat, um das Prespa-Abkommen zu sprengen. Thessaloniki ist die zweitgrößte Stadt Griechenlands und Hauptstadt der einst osmanischen Region Mazedonien, die nach den Balkankriegen zwischen Serbien, Bulgarien und Griechenland aufgeteilt wurde. Diese Teilung war der Ausgangspunkt für den Namensstreit, der am Ende des 20. Jahrhunderts zwischen der Republik Mazedonien und Griechenland entbrannte. In Thessaloniki steht wie auch in Skopje ein Denkmal für Alexander den Großen. Beide sind dem Feldherrn und Erschaffer eines Weltreiches gewidmet, dem bekanntesten Mazedonier, mit dem die heutigen slawischen Mazedonier wenig zu tun haben, der aber auch nur einen sehr schwachen Bezug zu den heutigen Griechen in Thessaloniki hat. Hier in Thessaloniki fanden in den neunziger Jahren die größten Proteste mit Hunderttausenden Teilnehmern gegen den mazedonischen Staat statt, der hier nur Skopje oder FYROM genannt wurde.

Trotz dieser Vorgeschichte bemühte sich Sawwidi jedoch nicht darum, den Widerstand gegen das Abkommen in Griechenland auszunutzen und zu schüren. Es kam zwar zu Massenprotesten, und der bekannte Komponist Mikis Theodorakis beschimpfte die Regierung von Tsipras als »linke Faschisten«, aber das Abkommen geriet dadurch nie ernsthaft in Gefahr. Es reichte eine einfache Mehrheit im griechischen Parlament, sodass das Abkommen im Februar 2019 mit 153 gegen 146 Stimmen ratifiziert wurde. In Mazedonien waren die Hürden höher: Neben einer unverbindlichen Volksabstimmung bedurfte es einer Zweidrittelmehrheit im Parlament, mehr als die Regierungsparteien allein zusammenbrachten. Hier kam Sawwidi ins Spiel. Um diesen Prozess zu untergraben, überließ er den Gegnern des Abkommens in Mazedonien mindestens 300 000 Euro, um Protestaktionen zu organisieren. Unter den wichtigsten Empfängern war die Hooligangruppe Komiti des populären Fußballclubs Vardar Makedonija. Der Verein gehörte Sergey Samsonenko, einem russischen Geschäftsmann, der wie Sawwidi in Rostow am Don seine Karriere begonnen hatte. Die Fans von Vardar Makedonija waren bekannt für ihre nationalistischen Positionen und ihre Unterstützung für die VMRO-DPMNE.

Als die USA davon Wind bekamen, informierte sie die Regierung Tsipras. Obwohl Tsipras die Konfrontation mit Russland eher scheute, ließ er sich das Abkommen, einen seiner wichtigsten außenpolitischen Erfolge, nur ungern vereiteln und wies zwei russische Diplomaten aus. Zwar führen die Spuren von Sawwidis Versuch, die Übereinkunft zu kippen, nicht direkt nach Russland. Und doch liegt ein Zusammenhang nahe. Anders als Malofejew in Montenegro hatte Sawwidi selbst kein offensichtliches ideologisches Interesse am Scheitern des Abkommens. Letztlich scheint es so, als ob Russland, Putin oder indirekt die dank ihm reich gewordenen Oligarchen der Westintegration der Region Steine in den Weg legen wollen. Doch vor dem Hintergrund der massiven Einmischung Russlands in Georgien, der Ukraine und der Republik Moldau wirken die Aktionen auf dem Balkan wie der Versuch, mit wenig Einsatz den größtmöglichen Schaden anzurichten. In beiden Fällen scheiterte der Versuch allerdings. Die Aktionen waren amateurhaft geplant und durchgeführt und werfen die Frage auf, wie ernst es Russland tatsächlich war, die NATO-Integration beider Länder aufzuhalten.

Für politische Eliten auf dem Balkan taugt Russland als ein nützliches Schreckgespenst. Natürlich hat Russland versucht, sich im Laufe der Jahre in der Region einzumischen, prorussische Propaganda zu verbreiten und auf andere Weise den Prozess der euroatlantischen Integration der Region ins Wanken zu bringen. Dennoch wird die Rolle Russlands oft absichtlich überschätzt. Als Ende 2022 im Rahmen der Einführung einheitlicher Nummernschilder Barrikaden von dadurch aufgebrachten Serben im Norden Kosovos errichtet wurden, sahen einige Russlands Hand im Spiel. Kosovos Innenminister Xhelal Sveçla beispielsweise warf Serbien vor, die Spannungen zu eskalieren, da es »unter dem Einfluss Russlands« stehe.[75] Obwohl Russland die serbischen Ansprüche auf Kosovo unterstützt, gab es aber keine greifbaren Beweise dafür, dass es zur Eskalation der Spannungen beigetragen hatte. In Anbetracht des starken Einflusses Serbiens in den mehrheitlich serbischen Gemeinden im Norden Kosovos, auch durch informelle Machtstrukturen, braucht Serbien Russland gar nicht, um die Konfrontation zu suchen. In ähnlicher Weise funktioniert der Einsatz der Bedrohung durch Russland auch anderswo. Als ein nützliches Instrument in der innenpolitischen Debatte, etwa um serbisch-nationalistische Parteien zu diskreditieren, die öffentlich prorussische Sympathien hegen und um externe Unterstützung zu mobilisieren. In der Praxis ergänzt sich dieses Vorgehen quasi kongenial mit jenem prorussischen Politiker.

Der russische Angriff auf die Ukraine hat die Positionen gegenüber Russland auf dem Westbalkan also nicht verändert, sondern eher bereits bestehende Bündnisse verstärkt, die vor allem symbolische Bedeutung haben. Die »russische Gefahr«, sei es als tatsächliche oder dramatisierte Bedrohung, dient letztlich den Eliten auf dem Balkan dazu, ihre eigene Macht abzusichern. Unabhängig davon, ob sie sich als Freunde oder Gegner Russlands darstellen.

10
STRASSENFEGER SULTAN SÜLEYMAN

»Ich habe Angst vor blutgetränkten Händen und davor, ein Tyrann zu werden. Was ist, wenn die Macht des Thrones, ihr Grollen, die Stimmen meines Gewissens überdecken?«[76] Diese melodramatische Frage stellt sich der neue türkische Herrscher. Nein, nicht der türkische Präsident Erdoğan, sondern der osmanische Sultan Süleyman der Prächtige. Zumindest in der türkischen TV-Serie »Das prächtige Jahrhundert« von 2011. Süleyman I. gilt als der bedeutendste Sultan, der nicht nur das Reich bis nach Wien ausdehnte, sondern auch die Gesetzgebung prägte, und der von 1520 bis 1566 herrschte. Die Serie wurde zu einem absoluten Straßenfeger – auch auf dem Balkan. Im Zentrum stehen Hofintrigen und der Harem. Sie zählt über 300 Episoden in vier Staffeln und machte aus dem unantastbaren Sultan einen nahbaren Helden, kann aber auch als Tribut an das Osmanische Reich am Höhepunkt seiner Macht verstanden werden. Thematisiert werden unter anderem Islamisierung und Gewalt an Christen: Roxelane, die Lieblingsfrau von Süleyman, wird von Krim-Tataren aus der heutigen Westukraine entführt. Des Sultans enger Mitstreiter und späterer Großwesir Ibrahim entstammte einer christlichen Familie des Epirus in Griechenland. Obwohl diese Herkunft historisch umstritten ist, wird sie in der Serie mit der berüchtigten Knabenlese erklärt, der Zwangsrekrutierung von Söhnen aus christlichen Familien für die Eliteeinheit der Janitscharen. In der Serie wirkt das türkische Joch, wie die osmanische Herrschaft von Österreich bis Griechenland im abendländischen Europa oft empfunden und dargestellt wurde, weit weniger negativ.

Auf dem Balkan dagegen wird den »Türken« gern alles Übel zugeschrieben, während das eigene türkische Erbe dabei verdrängt wird. Der türkische Kaffee heißt in Griechenland schon lange griechischer Kaffee. Im ehemaligen Jugoslawien blieb türkischer Kaffee üblich, bis sich in Serbien nach den Kriegen der neunziger Jahre »domaća kafa«, also heimischer Kaffee durchsetzte. Besonders national gesinnte Kaffeetrinker nennen ihn sogar serbischen Kaffee. Das kulinarische und kulturelle Erbe lässt sich jedoch schwer hinter Sprache verstecken. Von Burek bis Ćevapis – das Lieblingsessen auf dem Balkan ist türkischen Ursprungs, wenn auch in zahllosen regionalen Variationen. Die christlichen Nationalismen, die im 19. Jahrhundert entstanden, sahen im Osmanischen Reich ihren Gegner. Kroatien, das sich nur kurz unter osmanischer Herrschaft befand, definierte sich als Antemurale Christianitis, als christlicher Schutzwall. Das negative Image der Türkei beschränkte sich aber nicht nur auf die überwiegend christlichen Nationen. Auch unter Albanern wird das Osmanische Reich als Feindbild gepflegt: Georg Kastriota, bekannt als Skanderbeg, ein Tributname und Verweis auf Alexander den Großen, wird zum Nationalhelden, weil er im 15. Jahrhundert 25 Jahre Widerstand gegen die Osmanen leistete. Andere Muslime, gerade in Bosnien, identifizierten sich hingegen mit den Osmanen. Sie waren unter ihrer Herrschaft zum Islam übergetreten und sahen in ihm einen Beschützer. Viele Balkanmuslime flohen deshalb auch aus den entstehenden neuen Nationalstaaten in die schrumpfenden Besitzungen der Osmanen, um Schutz zu suchen. Viele fanden ihn in Bosnien, bis dort die Habsburger 1878 die Herrschaft übernahmen. Später flohen Hunderttausende Muslime vom Balkan in die Türkei.

Auch wenn sich Atatürks Türkei als säkularer türkischer Nationalstaat verstand, ist er eigentlich ein Vielvölkerstaat geblieben. Die Erinnerung vieler Türken an ihre albanischen oder bosniakischen Vorfahren sind stark, wie auch die Geschichten der Unterdrückung und Vertreibung, die sie mit in die Türkei brachten. Zwischen vier und zehn Millionen Türken können ihre Herkunft auf den Balkan zurückverfolgen. Somit gehört der Balkan zur Familiengeschichte unzähliger Türken. Aus dem öffentlichen Leben waren diese Familiengeschichten während des Kalten Krieges verdrängt worden. Die Türkei ignorierte ihre Nachbarstaaten und orientierte sich ideologisch nur nach Westen. Sowohl der Balkan als auch der Nahe Osten galten als Regionen aus einer anderen Zeit. Erst nach dem Ende des Kalten Krieges entdeckte die Türkei den Balkan wieder. Ihre Solidarität mit den Muslimen während des Bosnienkrieges brachte die Türkei als politischen Player zurück.

Die anfangs zögerliche Wiederentdeckung des Balkans wurde schließlich unter Erdoğans Partei für Gerechtigkeit und Aufschwung (AKP) ab 2002 Teil der türkischen Außenpolitik. Die neue Präsenz der Türkei auf dem Balkan prägte zunächst der Politikwissenschaftler Ahmet Davutoğlu, der Erdoğans Berater, Sonderbotschafter, Außenminister und zuletzt Ministerpräsident war. Sie wurde oft als Neo-Osmanismus bezeichnet, auch wenn Davutoğlu selbst diesen Begriff stets ablehnte. Neo-Osmanismus beschreibt nicht die Wiederbelebung des Osmanischen Reiches als vielmehr die Idee einer türkischen Interessensphäre, die sich auf die Territorien erstreckt, die einst zum Osmanischen Reich gehörten. Davutoğlu sprach 2009 davon, er wolle »diesen [osmanischen] Geist auf dem Balkan wiederherstellen«.[77] Eng verknüpft war die neue Ausrichtung mit der Aufwertung des Islams für türkische Innen- und Außenpolitik, so auch in den Beziehungen zu den Balkanstaaten. Die Verbindung von Islam und osmanischem Erbe veranlasste gerade die nicht mehrheitlich muslimischen Staaten auf dem Balkan zu der Sorge, dass sich die Türkei als Schutzmacht der Muslime des Balkans positioniert. Doch mit Imperialismus hat die Außenpolitik Davutoğlus nur wenig zu tun. Sein Konzept der »strategischen Tiefe« in der türkischen Außenpolitik umfasst auch die Idee, keine Probleme mit den Nachbarn zu provozieren. In dieser Vorstellungswelt waren Religion und das Erbe des Osmanischen Reiches nur zwei von zahlreichen Aspekten. Davutoğlu und mit ihm Erdoğan sahen die Türkei nicht mehr einfach nur als regionale Macht, die über die NATO nach Westen orientiert ist, sondern als eine, die ihren Einfluss im Nahen Osten und auf dem Balkan eigenständig verfolgen sollte.

Die ersten Jahre des neuen Jahrtausends waren auch noch die Zeit der Annäherung an die EU. Nachdem die Türkei seit Jahrzehnten relativ erfolglos Richtung EU strebte, ging es ab 1999 voran. Erdoğan suchte in den ersten Jahren seiner Amtszeit diesen Prozess zu beschleunigen. 2005 begannen die Beitrittsgespräche. Somit drängte die Türkei in diesen Jahren in dieselbe Richtung wie die Staaten des Balkans. Teil dieser Annäherung an die EU war auch die Beteiligung der türkischen Armee an den Friedensmissionen in Bosnien und Kosovo. Neben Österreich wurde die Türkei zum wichtigsten Staat, der zur EU-Mission Althea in Bosnien Truppen entsandte. Die Zusammensetzung der militärischen Mission wurde zum Treppenwitz der Geschichte. Fast 150 Jahre, nachdem Österreich-Ungarn die Verwaltung Bosniens vom Osmanischen Reich übernommen hatte, kamen die größten ausländischen Truppenkontingente im Land aus Österreich, Ungarn und der Türkei. Während weiterhin türkische Soldaten in Bosnien dienen, ist das Verhältnis zur EU verbittert geworden. Bereits nach wenigen Jahren schienen die Beitrittsgespräche im Sand zu verlaufen. Die Türkei wurde zunehmend weniger kompromissbereit, und je autokratischer Erdoğan wurde, desto weniger ging es mit einem EU-Beitritt voran. Etwa ein Jahrzehnt nach Beginn der Gespräche kamen sie zu einem Stillstand. Die Beziehungen zwischen der EU und der Türkei wurden zunehmend antagonistisch. Der Migrations-Deal 2016 markierte den Zeitpunkt, an dem beide nicht mehr an einer strategischen Annäherung interessiert waren, sondern an einem Geschäft, in dem die EU sich die Grenzschließung für Flüchtlinge erkaufte. Während sich die Verhandlungspartner entfremdeten, wurde das Bekenntnis zu Demokratie und Menschenrechten aus den ersten Erdoğan-Jahren immer schwächer und die Türkei zunehmend zum Konkurrenten für die EU.

Man könnte glauben, dass die Serie »Das prächtige Jahrhundert« Teil der neo-osmanischen Strategie gewesen sei. Erdoğan und seine

Regierungspartei waren von der Darstellung Süleymans jedoch gar nicht begeistert. Historisch ungenau, lautete das Urteil: »Er verbrachte 30 Jahre auf dem Rücken eines Pferdes, nicht in einem Palast«, meinte Erdoğan. Tausende Beschwerden von Zuschauern gingen ein, sie empfanden die zahlreichen Harem-Szenen als unmoralisch.[78] Vielleicht verstand Erdoğan die warnende Frage Süleymans nach den Schattenseiten der Macht als versteckte Kritik an sich. Die Serie wurde gerade zu jenem Zeitpunkt ein Hit, als seine Herrschaft zunehmend selbstherrlicher und autokratischer wurde. Ironischerweise wurde die Serie zum größten türkischen Exportschlager in der »neoosmanischen« Welt. Insbesondere auf dem Balkan, wo sie Zuschauer von Kroatien bis Griechenland an die Fernseher fesselte. Süleymans Abenteuer blieben aber nicht die einzige türkische Serie, die den Balkan eroberte. In den Jahren zuvor waren es eher lateinamerikanische Serien, wie »Esmeralda«, die die Straßen zu ihrer Sendezeit leerfegten. Die türkischen Produktionen standen ihren Konkurrenten aus Lateinamerika in nichts nach, mit einer Mischung aus endlosem Drama, Liebesgeschichten, komplizierten Handlungssträngen und der Kombination aus konservativen Werten und dem gefährlichen Aufbegehren der Charaktere. Doch die türkischen Serien zeigten eine vertrautere Welt. Nicht nur das Aussehen der Charaktere, auch die kulturellen und gesellschaftlichen Bezugspunkte waren gute Bekannte. Bereits die Serie »1001 Nächte« wurde als moderne Version der alten arabischen Geschichten im Istanbul der Gegenwart ein Schlager. Die Geschichte des osmanischen Sultans und seines Harems war jedoch der Durchbruch. Es folgten seitdem immer wieder türkische Produktionen, die zu den beliebtesten Serien auf dem Balkan wurden. Manche von ihnen gefielen Erdoğan besser und repräsentierten das konservative Weltbild der türkischen Regierungspartei. Propagandaserien dagegen, die die türkische Regierung in Auftrag gab, wie »Payitaht Abdülhamid« über den selbstherrlichen und autoritären Sultan Abdülhamid II., strotzten vor Geschichtsrevisionismus und fielen auf dem Balkan eher durch. Durch die Serien war die Türkei auf einmal nicht mehr das Land des historischen »Jochs«, sondern vertraut und ähnlich. Sie boten dazu noch gute Unterhaltung. Obschon die Serien oft eher traditionelle Werte und Familien darstellten, spielte die religiöse Dimension praktisch keine Rolle. Im Gegenteil, viele Zuschauer auf dem Balkan entdeckten eine vertraute Welt, die ihre Modernisierung auf einem anderen Weg erfahren hat als durch den Sozialismus. Somit boten die Serien Identifikationspotenzial über religiöse Grenzen hinweg. Der kulturelle Einfluss von Erdoğans Türkei zog auf dem Balkan nicht über Moscheen oder Religion, sondern über Serien ein.

Jenseits der eher zufälligen Soap-Opera-Diplomatie hat die Türkei unter Erdoğan auch sehr gezielt den Einfluss in der Region auf der Ebene der Kultur und Religion genommen. Drei staatliche Einrichtungen sind dafür zuständig, die Bedeutung der Türkei auf dem Balkan sicherzustellen: TIKA, das Yunus-Emre-Institut und das Präsidium für Religionsangelegenheiten (Diyanet). Während TIKA, die Türkische Agentur für Kooperation und Koordination, unter Erdoğans Herrschaft zu einem zentralen Akteur der türkischen Softpower geworden ist, hat das Yunus-Emre-Institut die Zuständigkeit für kulturelle Zusammenarbeit. Diyanet regelt schließlich die religiösen Angelegenheiten innerhalb der Türkei, aber unterhält auch aktiv Kontakt zu islamischen Glaubensgemeinschaften im Ausland. Dieses institutionelle Geflecht unterscheidet sich von Russlands Engagement auf dem Balkan. Auch wenn Russland kulturelle Zentren unterhält, ist die Präsenz weitaus weniger institutionalisiert als die Beziehungen der Türkei in die Region. Es offenbart auch, wie schwach die russische Softpower, also die kulturelle Anziehungskraft, auf dem Balkan ist im Vergleich zur türkischen. Jenseits der Person Erdoğans gibt es dichte und unterschiedliche Netzwerke, die Kontakte zur Region aufrechterhalten.

Instandsetzung des osmanischen Erbes mit türkischem Geld

Sichtbar wurde die Unterstützung der Türkei bei der Instandsetzung des osmanischen Erbes auf dem Balkan. Dieses besteht aus weitaus mehr als nur aus Moscheen. Es sind auch Hamams (öffentliche Bäder),

Hans (Gasthäuser), Tekkes (Gebetsräume der Sufi-Bruderschaften) und Brücken. Unter anderem hat TIKA 2012 so auch das Geburtshaus von Atatürks Vater Ali Rıza Efendi in einem kleinen Dorf in Nordmazedonien wiedererrichtet. Neben Atatürks Geburtshaus in Thessaloniki verkörpert dieses Projekt die Wurzeln der modernen Türkei auf dem Balkan.

Das bekannteste Projekt war jedoch eine Brücke, die wie kaum eine andere die osmanische Zeit symbolisiert. Brücken sind wichtige Motive in der Erinnerung. Der jugoslawische Schriftsteller und Literaturnobelpreisträger Ivo Andrić schrieb über »Die Brücke über die Drina«. Erbaut wurde diese im 16. Jahrhundert von Mehmed Paša Sokolović, der als christlicher Junge in die osmanische Armee rekrutiert wurde und sich zum Großwesir emporarbeitete. Er errichtete die Brücke bei Višegrad an jener Stelle, an der ihm seine Mutter nicht mehr folgen konnte, als er noch als Junge der Familie entrissen worden war. Während des Bosnienkrieges warfen serbische Paramilitärs ihre bosniakischen Opfer in Višegrad in den Fluss. Über eine andere, fiktive osmanische Brücke schrieb der albanische Autor Ismail Kadare den Roman »Die Brücke mit den drei Bögen«. Zum Symbol für den Balkan stieg jedoch jene Brücke auf, die in einem eleganten Bogen die grüne Neretva in Mostar überquert. Die Brücke, von der Jugendliche aus Mostar seit Jahrhunderten in den Fluss sprangen, wurde 1993 von der bosnisch-kroatischen Armee zerbombt, ihre Ruinen fielen in die Neretva. Dieser mutwillige Akt der Zerstörung wurde zwar mit militärischen Zielen gerechtfertigt, diente aber auch dazu, das osmanische Erbe zu zerstören, welches mit den muslimischen Bosniaken assoziiert wurde. Ihr Wiederaufbau wurde bereits kurz nach ihrer Zerstörung zu einer Priorität für die internationale Gemeinschaft. Das Signal war eindeutig, die Zerstörung des osmanischen Erbes, die noch ein Jahrhundert zuvor gang und gäbe war, ist nun inakzeptabel. Während die Türkei sofort bereit war, den Wiederaufbau zu finanzieren, entwickelte dieser sich zu einem internationalen Projekt mit Beteiligung der Weltbank und der EU. Nicht zuletzt deshalb, weil man den Eindruck verhindern wollte, dass der Wiederaufbau der alten

Brücke als rein muslimisches Projekt gesehen wurde. Die Brücke wurde aufwendig wiedererrichtet, teils mit den Steinen, die aus dem Fluss geborgen wurden, teils aus neuen, die von den gleichen Orten stammten, wo die Osmanen die Steine für die ursprüngliche Brücke gewonnen hatten. Als die Brücke 2004 wiedereröffnet wurde, 438 Jahre, nachdem sie erbaut worden war, stand die Feier im Zeichen der EU, obwohl türkische Fahnen sehr präsent waren und kostümierte osmanische Soldaten an der Feier teilnahmen. Die osmanische Zeit war Geschichte, die Zukunft war Europa, repräsentiert durch Beethovens Neunte und die Rede des Hohen Repräsentanten Paddy Ashdown noch vor dem bosnischen Vertreter.

Die Brücke war nicht das einzige osmanische Erbe, das mit türkischen Geldern neu erbaut wurde. Die Ferhadija-Moschee in Banja Luka entstand schon bald darauf. Im Jahr 1993 hatten serbische Nationalisten sie gesprengt. Und die Behörden der Republika Srpska hatten das Gelände in einen Parkplatz verwandelt. Der erste Versuch, die Moschee nach Kriegsende wieder aufzubauen, wurde von Tausenden serbischen Nationalisten gestört, die Steine auf die kleine Gruppe von Bosniaken und internationalen Diplomaten warfen. Als der Wiederaufbau mit TIKA-Unterstützung 2016 abgeschlossen war, nahm Davutoğlu, damals als türkischer Ministerpräsident, an der Eröffnung teil. Zu jenem Zeitpunkt war die Moschee längst nicht mehr kontrovers, die serbische Dominanz in Banja Luka war nicht mehr in Gefahr. Milorad Dodik, der mit seinen nationalistischen Parolen die Republika Srpska seit 2005 bestimmt, hieß Erdoğan sogar willkommen.

Auch außerhalb Bosniens renovierte die Türkei osmanische Denkmäler. Die anderen Staaten der Region gehören zu den zehn wichtigsten Zielländern der TIKA. Als Kosovo 2008 unabhängig wurde, wurde es das größte Einsatzgebiet von TIKA-Mitteln. Auf dem kosovarischen Amselfeld steht Gazimestan, ein in den fünfziger Jahren errichtetes Denkmal an die Schlacht von 1389, bei der ein christliches Heer den Armeen des Osmanischen Reiches unterlag. An diesem zentralen Gedenkort des serbischen Nationalmythos markierte Slobodan Milošević den Höhepunkt seiner Macht. Vor Hunderttausenden hielt er am 28. Juni 1989 zum 600. Jahrestag der Schlacht seine Gedenkrede und läutete den Zerfall Jugoslawiens ein. Heute steht das Denkmal einsam da, es leben kaum Serben in der Umgebung, und es wird nur am Jahrestag für kleinere Gedenkveranstaltungen genutzt. Wenige Kilometer entfernt, entlang der Hauptstraße nach Mitrovica, vorbei an Möbelgeschäften und Autowerkstätten, erinnert ein anderes Denkmal an die Schlacht, das Grab Sultan Murats. Murat starb bei der Schlacht trotz des osmanischen Sieges. Der Legende nach wurde er vom serbischen Prinzen Miloš Obilić ermordet. Die Grabstätte und das Museum sind heute besser erhalten als das serbische Monument. Sie wurden vom türkischen Staat mittels der TIKA renoviert. Während die historischen Mythen, denen das Denkmal von Gazimestan Tribut zollt, die Niederlage auf dem Amselfeld als Beginn des türkischen Jochs sehen, des Untergangs des mittelalterlichen serbischen Staates und einer Zeit der Unterdrückung, zeichnet das Murat-Museum die Zeit ganz anders nach. Der Sultan habe den Christen Religionsfreiheit garantiert, die Orthodoxen vor den Katholiken geschützt sowie die Steuern gesenkt. Natürlich ist dieses Bild des freundlichen Osmanischen Reiches genauso eine Geschichtsklitterung wie der Mythos vom türkischen Joch.

Parallel zum Wiederaufbau des osmanischen Erbes fördert das Yunus-Emre-Institut die türkische Sprache. Das Institut ist zwar global aktiv, hat aber auf dem Balkan eine besonders hohe Präsenz. In Bosnien und Kosovo allein unterhält es je drei Filialen, mehr als irgendwo sonst. Etwa ein Drittel aller Kulturaktivitäten des Instituts entfallen auf den Balkan. Sprachkurse, Ausstellungen und Konferenzen, nicht anders als etwa das Goethe-Institut oder das British Council. In Ländern wie Kosovo konnten die Zentren nicht nur auf das architektonische osmanische Erbe zurückgreifen, sondern auch auf die Bedeutung der türkischen Sprache, die Spuren weit über das Ende der osmanischen Herrschaft hinaus hinterlassen hat.

Modell Türkei für den Balkan?

Als Erdoğans AKP 2011 ihren letzten unumstrittenen großen Wahlsieg in der Türkei feierte, war für Erdoğan klar, dass dies nicht nur ein Sieg für die Türkei war: »Glauben Sie mir, Sarajevo hat heute so viel gewonnen wie Istanbul, Beirut hat so viel gewonnen wie Izmir, Damaskus hat so viel gewonnen wie Ankara, Ramallah, Nablus, Jenin, das Westjordanland, Jerusalem haben so viel gewonnen wie Diyarbakir.«[79] Sarajevo reiht sich hier ein in eine Reihe von politischen Brennpunkten in der postosmanischen Welt. Kurzum, Sarajevo und der Balkan gehören in Erdoğans Sicht zur Einflusszone der Türkei, die sich durch eine nie ganz aufgelöste Verbindung aus osmanischem und islamischem Erbe bestimmt. Denn die letzte Säule des türkischen Einflusses auf dem Balkan beruht auf den gemeinsamen religiösen Banden. Auch wenn sich der Islam auf dem Balkan seit Ende der osmanischen Herrschaft eigenständig entwickelt hat, ist die Türkei der nächste Bezugspunkt in der islamischen Welt. Die Säkularisierung der Türkei durch Staatsgründer Atatürk unterschied sich deutlich von der Säkularisierung durch die sozialistischen Regime des Balkans. Doch es gibt auch viele Gemeinsamkeiten: Die meisten Muslime des Balkans wie auch der Türkei gehören der hanafitischen Rechtsschule des sunnitischen Islams an und pflegen meist eine weniger rigide Auslegung als beispielsweise in der Golfregion. Zudem sind viele Aspekte der Tradition und des religiösen Alltags ähnlich sowie auch die Architektur, denn die meisten Moscheen auf dem Balkan stammen aus der osmanischen Zeit. Dieses gemeinsame Erbe ermöglicht Diyanet großen Einfluss auf dem Balkan. Diyanet wurde zu einem sehr viel näher liegendem Partner als die Unterstützung durch Saudi-Arabien oder den Iran. Die Institution untersteht direkt dem Präsidenten und verwaltet den Islam in der Türkei. Dadurch bedeutet das türkische Modell des Laizismus, schon vor Erdoğan, nicht die Trennung von Staat und Religion, sondern die Unterordnung der Religion unter den Staat. Die Imame der Türkei sind Angestellte von Diyanet. Diyanet regelt das islamische Leben im Land und ist somit höchste Instanz. Mit

Erdoğan wurde der Staat wieder stärker durch islamische Politik geprägt. Somit war die wichtigste Aufgabe von Diyanet nicht mehr die Kontrolle und Überwachung der islamischen Geistlichen im Land, sondern die Verbreitung der türkischen Auffassung vom Islam in anderen Staaten. Neben Stipendien zur Koran-Ausbildung hat Diyanet auch über die Renovierung von Moscheen ihren Einfluss geltend gemacht. Das bedeutet jedoch nicht, dass die Beziehungen stets einfach sind. In Bosnien, Kosovo und Nordmazedonien bestehen Islamische Gemeinschaften, die auch über alle Moscheen und Imame im Land walten, aber vom Staat vollständig unabhängig sind. Gerade die Islamische Gemeinschaft in Bosnien, die bereits unter den Habsburgern als selbstständige Organisation mit eigenem Oberhaupt errichtet wurde, verfügt über ein historisch gewachsenes Selbstbewusstsein und Eigenständigkeit. Obwohl sie meist enge Beziehungen mit der dominanten bosniakischen Partei, der Partei für Demokratische Aktion, unterhält, möchte sie ihre Autonomie sicherstellen. Diyanet als staatliche türkische Behörde konnte nur begrenzt Vorbild sein, und die bosnische Gemeinschaft war nicht bereit, sich türkischen Interessen unterzuordnen. Der Reis-ul-ulema, der jeweilige Vorsitzende der Islamischen Gemeinschaft in Bosnien, prägt deren Ausrichtung. Der langjährige Reis Mustafa Cerić entfremdete sich von der Türkei. Erst unter seinem Nachfolger Husein Kavazović kam es erneut zu einer Annäherung. Daraufhin konnten Diyanet und damit die Türkei zwar ein Netzwerk von Gemeinschaften auf dem Balkan errichten, doch diesen blieb ihre Eigenständigkeit zu wichtig, um sich türkischem Einfluss ganz unterzuordnen. Die Verbindung von Islam und osmanischem Erbe stößt unter Muslimen auf dem Balkan aber auch auf offenen Widerstand. Gerade in Albanien gibt es zwar eine Affinität zur Türkei, zugleich versteht sich die Nationalbewegung als westlich und antiosmanisch. Skenderbeg ist, wie erwähnt, deshalb ein Held, weil er sich gegen die osmanische Herrschaft gewehrt hat. In den Romanen und Erzählungen des Nationalschriftstellers Kadare sind die Osmanen stets Fremde, die die authentische albanische Nation bedrohen.

Der türkische Einfluss, gerade die Softpower, die von der Wiederherstellung des osmanischen Erbes bis zur Förderung der Islamischen Gemeinschaften reicht, war lange Zeit keine Konkurrenz zur westlichen Perspektive der Region. Im Gegensatz zum radikalen Islam, der von Saudi-Arabien, dem Iran und extremistischen Gruppen gefördert wurde, schien der türkische Islam weitaus kompatibler mit den Traditionen auf dem Balkan. Bis in die späten 2000er Jahre galt die Türkei auch nicht als Konkurrent zur Integration des Balkans in EU und NATO. Als NATO-Mitglied und selbst bestrebt, der EU beizutreten, war sie sogar eher ein Verbündeter. Doch je nationalistischer, autoritärer und auch antiwestlicher Erdoğans Politik wurde, desto stärker hat dies auch die Position der Türkei auf dem Balkan bestimmt. Der sichtbare Wendepunkt waren die Gezi-Proteste 2013 in Istanbul. Was als Protest gegen den Bau eines Einkaufszentrums in einem Park am zentralen Taksim-Platz begann, wuchs schon bald zu Massenprotesten gegen Erdoğans Herrschaft an. Ein breites Spektrum der türkischen Gesellschaft kam gegen das zunehmend autoritäre Gebaren der AKP zusammen. Nach Wochen der Proteste und der Besetzung des Platzes wurde dieser im Juni 2013 mehrmals gewaltsam von der Polizei geräumt. Obwohl Erdoğan bereits vorher selbstherrlich auftrat, waren die Proteste und deren Niederschlagung der endgültige Wendepunkt, von dem an sein Regime zu einem autoritären wurde und die Reformen bei Demokratie und Menschenrechten sowie der besseren Einbeziehung der kurdischen Bevölkerung wieder rückgängig gemacht wurden. Diese Wende in der Türkei sollte auch Auswirkungen auf den Balkan haben.

11

»DIE TÜRKEI IST KOSOVO, KOSOVO IST DIE TÜRKEI.«

Im Oktober 2013 besuchte Recep Tayyip Erdoğan damals noch als türkischer Ministerpräsident Prizren, die zweitgrößte Stadt Kosovos. Im historischen Zentrum stehen Moscheen neben orthodoxen Kirchen. In Prizren war bis in die neunziger Jahre Türkisch die Umgangssprache. Die *taz* betitelte 1999 noch einen Artikel über die Stadt mit: »Prizren spricht türkisch«.[80] Nicht nur die etwa 9000 Türken, sondern auch die meisten Albaner und Serben. Erst die nationale Polarisierung führte dazu, dass sich mittlerweile Albanisch durchgesetzt hat. Die albanische Identität dominiert heute die Stadt. 1878 war in der damals noch osmanischen Stadt die Liga von Prizren gegründet worden, die erste albanische Nationalbewegung. Serben sind heute in der Stadt nur sehr wenige anzutreffen, vielen flohen 1999 nach Kriegsende oder wurden bei den Pogromen 2004 vertrieben.

Auf dem zentralen Platz Prizrens wandte sich Erdoğan an die Bewohner der Stadt und deklarierte: »Die Türkei ist Kosovo, Kosovo ist die Türkei.« Mit diesen Worten wollte er nicht etwa Kosovo für die Türkei beanspruchen und annektieren. Vielmehr ging es ihm darum, die Gemeinsamkeiten zu betonen. Dass Kosovo und die Türkei dieselbe Geschichte haben und zum selben Kulturkreis gehören: »Meine Familie, ich und die Minister meiner Delegation fühlen sich zu Hause hier.«[81] Diese kulturelle Vertrautheit, sichtbar durch die Architektur, das Essen und Traditionen, führte Kosovo und insbesondere Prizren ins Zentrum jener türkischen Einflusssphäre, in der sich Außen- und Innenpolitik vermischen.

Erdoğan adressiert auf dem Balkan aber längst nicht nur Muslime. Obgleich seine Partei und Regierung Religion und die damit verbundene kulturelle Nähe in den Vordergrund stellen, hat dies die Türkei nie davon abgehalten, auch gute Beziehungen zu überwiegend christlichen Staaten zu pflegen. Während Erdoğan rhetorisch immer wieder seine und die Nähe der Türkei zu Kosovo oder Bosnien betonte, baute er zugleich gute Kontakte nach Serbien auf. Die Beziehungen zwischen beiden Ländern waren aber nicht immer leicht. Zum einen unterstützte die Türkei die Unabhängigkeit Kosovos, und mit seiner oben erwähnten Rede machte sich Erdoğan in Serbien nicht gerade beliebt. Immerhin ist es das Leitmotiv serbischer Politik, dass Kosovo das Herz Serbiens sei. Zum anderen unterhielt Erdoğan in Bosnien gute Beziehungen zur Partei der demokratischen Aktion SDA, absolut keine Freunde Serbiens. Diese Beziehung hat sogar eine persönliche Dimension: Erdoğan war eng mit Alija Izetbegović verbunden, dem Parteigründer und bosnischen Präsidenten während des Krieges. Der heutige türkische Staatschef erzählte mal, dass er Izetbegović kurz vor dessen Tod 2003 besucht habe und dieser im Beisein seines Sohnes Erdoğans Hand genommen und ihn gebeten habe, »Bosnien zu beschützen«.[82] Ob die Geschichte wahr ist, wissen wir nicht. Izetbegovićs Sohn, der Zeuge gewesen sein soll, übernahm 2014 die Partei seines Vaters.

Autobahnen – die Lieblingsprojekte von Autokraten

Die Annäherung an Serbien, die bereits zur Zeit des serbischen Präsidenten Boris Tadić 2009 begann, kam über die türkische Vermittlerrolle zustande. Seit 2009 fanden regelmäßige trilaterale Treffen zwischen Bosnien, Serbien und der Türkei statt. Diese Formel erlaubte es der Türkei, nicht nur zu vermitteln und Serbien ein Bekenntnis zum Erhalt Bosniens abzuringen, sondern dazu die eigenen wirtschaftlichen Betätigungsfelder zu stärken. Daraus entstanden lukrative Gelegenheiten für türkische Unternehmen. Es gelang der Türkei, ihre wirtschaftlichen Interessen in Serbien mit ihren ideologischen Interessen in Bosnien in Einklang bringen. Bosnische Beobachter bemerkten mit ironischer Resignation, dass die Türken »bei uns beten und in Serbien Fabriken bauen«.[83] Die Türkei initiierte aber auch den Bau einer Autobahn zwischen Serbien und Bosnien. Solche Mega-Infrastrukturprojekte erfreuen sich gerade unter Autokraten oft großer Beliebtheit. Auf dem Balkan sind Autobahnen die Prestigeprojekte schlechthin. Gelegentlich nur erfüllen sie tatsächliche wirtschaftliche Bedürfnisse. Das jugoslawische Autobahnnetz war rudimentär geblieben. Nach dem Staatszerfall wurde über ein Jahrzehnt gar nichts neu gebaut. Die neuen Bauvorhaben sollen nun Wirtschaft und Tourismus zugleich ankurbeln. Doch manchmal bleibt der Mehrwert zweifelhaft. Stattdessen dienen sie dem Prestige der Präsidenten und Premiers, die sich mit Autobahneröffnungen, am besten klein gestückelt und gut mit Wahlterminen abgestimmt, die Unterstützung der Bevölkerung sichern wollen. Selbstverständlich bieten Autobahnen auch interessante finanzielle Möglichkeiten. Als komplexe Großprojekte ermöglichen sie es regierenden Eliten oder befreundeten Unternehmern, staatliche Gelder abzugreifen und sich gegenseitig Verträge zuzuschanzen.

Die Planung der sogenannten Friedensstraße zwischen Serbien und Bosnien gestaltete sich jedoch schwierig. Nicht wegen der komplexen Geografie – ein Großteil würde durch Gebirge verlaufen – und auch nicht, weil beide Staaten uneinig gewesen wären. Tatsächlich stritten die beiden Entitäten Bosniens darüber, wo die Autobahn verlaufen solle. Der Kompromiss sah letztlich zwei Verbindungen zwischen Belgrad und Sarajevo vor: eine über Tuzla im Norden und eine über Višegrad im Osten, wobei die letzte Strecke noch mehr Nebenrouten haben sollte. Dieser Kompromiss ergab ökonomisch wenig Sinn, war aber, wie so oft in Bosnien, nötig, um überhaupt zu einer Einigung zu kommen. Nachdem über Jahre verschiedene Optionen verhandelt worden waren, einigte man sich 2021 auf die Finanzierung des serbischen Teils der Autobahn mit türkischen Krediten. Finanzierung und Bau des bosnischen Teilstücks wurden 2023 von chinesischen Firmen übernommen, mit einem Kredit der China

Construction Bank. Der wirtschaftliche Wettbewerb der verschiedenen Großmächte auf dem Balkan kann kaum deutlicher aufgezeigt werden.

In Serbien engagierten sich in den Jahren nach dem Beginn der trilateralen Diplomatie zunehmend türkische Unternehmen. Die Türkei entdeckte das Land als Wirtschaftsstandort, und Erdoğan fand in Vučić einen Autokraten, der nach ähnlichen Prinzipien regierte wie er selbst. Man könnte vermuten, dass der Sandžak, jene überwiegend bosniakische Region entlang der Grenze zu Montenegro, der naheliegende Ort für türkische Investitionen in Serbien gewesen wäre. So gut wie jeder Besuch eines türkischen Regierungsvertreters in Serbien führt ihn unter anderem dorthin. Erdoğan selbst besuchte die Region 2017 gemeinsam mit Vučić. Bei dem Besuch gestand Vučić Erdoğan sogar zu, dass dieser in der Region beliebter sei als er. Doch trotz dieser emotionalen Verbindung der Türkei zum Sandžak richtete sich ihr wirtschaftliches Interesse anders aus. Der Sandžak liegt am westlichen Rand Serbiens, schwer zu erreichen und weit ab von den Hauptverkehrsadern. Stattdessen investierten türkische Unternehmen in Südserbien, entlang oder zumindest in der Nähe der Autobahn nach Griechenland sowie der Straßen nach Bulgarien und somit in Richtung Türkei. Obwohl es private türkische Investoren waren, die dort ihre Fabriken eröffneten, waren die Ansiedlungen doch das direkte Ergebnis der Beziehung zwischen Vučić und Erdoğan. Oftmals wurden die Orte für Investitionen mit einen Deal auf höchster Ebene ausgesucht. So suchte Vučić nach einem Investor für Krupanj, eine Kleinstadt in Westserbien, die durch die verheerenden Überschwemmungen von 2014 besonders in Mitleidenschaft gezogen worden war. Vučić signalisierte, dass eine türkische Investition in Krupanj das Verhältnis zu Serbien verbessern würde. Prompt fand sich ein türkisches Unternehmen, das in dem abgelegenen Ort die alte Textilfabrik neu belebte.

Dieses Beispiel zeugt vom politischen Gewicht, das die Wirtschaftsbeziehungen bei der Annäherung beider Staaten besitzen. Der ähnliche Umgang mit der Macht, stark auf den Präsidenten zugeschnitten, erleichterte die wirtschaftlichen Beziehungen. Die Präsidenten vermittelten Investitionen direkt, und dies nicht nur aus wirtschaftlichen Gründen, sondern auch aus politischem Eigeninteresse. Obwohl die Türkei zwar bei Weitem nicht so viel in Serbien investierte wie zahlreiche EU-Staaten, gerade Deutschland, Österreich und Slowenien, wurden doch zahlreiche türkische Firmenniederlassungen von Vučić persönlich mit viel Medienrummel eröffnet.

Personalisierte Macht

Die Personalisierung ihrer internationalen Beziehungen charakterisiert die Türkei unter Erdoğan. Je selbstgefälliger Erdoğan wurde, der in seinem riesigen Präsidentenpalast seine persönliche Macht feiert, umso mehr wurden auch die Beziehungen des Landes und der Person miteinander verwoben. Er baute mit dem albanischen Ministerpräsidenten Edi Rama, dem ehemaligen kosovarischen Präsidenten Hashim Thaçi und dem ehemaligen bosniakischen Mitglied der dreiköpfigen bosnischen Präsidentschaft, Bakir Izetbegović, enge persönliche Freundschaften auf, soweit das in der Politik möglich ist. Neben den ehemaligen Ministerpräsidenten Pakistans und des Libanons, Nawaz Sharif und Saad Hariri, wurden Rama und Izetbegović auch als Trauzeugen 2016 bei der Heirat seiner jüngsten Tochter Sümeyye eingeladen. Damit wurden die beiden symbolisch praktisch in die Familie des türkischen Präsidenten aufgenommen. Die Vermählung mit Selçuk Bayraktar, der als Unternehmer und Technischer Leiter für die Produktion der türkischen Bayraktar-Drohne verantwortlich ist, wurde zu einer quasidynastischen Angelegenheit. Izetbegović wiederum machte Erdoğan zum Trauzeugen bei der Hochzeit seiner Tochter Jasmina in Sarajevo 2021. Diese Hochzeitspolitik ist deutlich strategischer gedacht als Putins Teilnahme an der Eheschließung der österreichischen Außenministerin Karin Kneissl 2018. Es geht um die symbolische Familie, die so entsteht und die zeigt, dass persönliche Kontakte tiefgehender und wichtiger sind als institutionelle. Mit Religion hat das alles übrigens wenig zu tun. Während Izetbegović ein religiös und konservativ geprägtes Milieu repräsentiert, steht Rama für das Gegenteil. Als Vorsitzender der Sozialistischen Partei dominiert er Albanien seit 2013, stellte sich mal als nicht religiös dar, dann wieder als Katholik. Thaçi, der Kosovo zwischen der Unabhängigkeit und seinem erzwungenen Rücktritt 2020 als Ministerpräsident oder Präsident beherrschte, durfte zwar nie Trauzeuge Erdoğans sein, doch auch er pflegte eine enge Beziehung zum türkischen Präsidenten. Auf den häufigen informellen Treffen wurde die Zusammenarbeit zwischen den beiden Staaten geplant, und Thaçi bezeichnet die Türkei gern als Kosovos engsten Verbündeten.[84]

Diese Freundschaft hat auch eine geschäftliche Seite. Wieder ist es eine Autobahn, deren Bau den Beziehungen wirtschaftlichen Schwung verliehen hat. In Kosovo kam zu allen üblichen Gründen für den Bau einer Autobahn noch eine gute Dosis Nationalismus hinzu: Die erste Autobahn Kosovos führt nämlich nicht etwa ins nahe Skopje oder folgt anderen historisch gewachsenen Wegen. Sie führt nach Tirana in Albanien. Die neue Strecke verkürzt die Fahrzeit um viele Stunden, denn vorher führte nur eine kleine Landstraße über die Berge. Das Projekt wurde 2006 einem türkisch-amerikanischen Konsortium zugesprochen, in einem sehr undurchsichtigen Verfahren. Die Weltbank bezeichnete den Prozess als unrechtmäßig, weil es weder Ausschreibung noch Vergabeverfahren gegeben hatte. Dennoch konnten die beiden Firmen Bechtel und Enka die »patriotische Autobahn« bauen, die über zwei Milliarden Euro kostete. Dasselbe Konsortium erhielt später erneut einen Auftrag, dieses Mal tatsächlich für den Bau einer Autobahn von Pristina nach Skopje, obwohl es erneut Berichte über Unregelmäßigkeiten und unvorhergesehene Kosten für den Staat gab. Eines der beteiligen Bauunternehmen, Arena Invest, lieferte Baumaterialien aus Steinbrüchen im Norden Kosovos an. Die Besitzer der Steinbrüche waren enge Partner von Thaçi und seiner Partei. Für die Firma arbeitete auch ein Serbe, Zvonko Veselinović. Dieser wiederum war als einer der »Brückenwächter« bekannt geworden, die in Mitrovica die Brücke über den Fluss, der die Stadt in einen serbisch dominierten Norden und einen albanischen Süden trennt, bewachten und sicherstellten, dass niemand nach Nord-Mitrovica kommt, der unerwünscht ist. Die »Brückenwächter« und Veselinović gehörten zum Dunstkreis serbischer Sicherheitsstrukturen, organisierter Kriminalität und nationalistischer Gruppen, die in den serbisch bewohnten Gemeinden im Norden Kosovos das Sagen hatten und haben. Veselinović fand sich später auf einer amerikanischen schwarzen Liste korrupter Personen wieder. Er errichtete mit Mitstreitern auch immer wieder Barrikaden, um gegen die kosovarische Regierung zu protestieren. Seine Verbindungen nach Serbien und in die Kriminalität waren jedoch kein Hindernis dafür, die Partner Thaçis beim Bau der Autobahn zu unterstützen. Wie so oft verschwinden plötzlich Barrieren für die Zusammenarbeit über nationale Grenzen hinweg, trotz echter oder vorgespielter Feindschaft, wenn es um Profit und politische Vorteile geht.

Erdoğan und Vučić

Anders als die albanischen und serbischen Geschäftspartner in Kosovo täuschten Erdoğan und Vučić keinen Konflikt vor, auch wenn ihre Zusammenarbeit nicht ihrer religiös-ideologischen Weltsicht zu entsprechen scheint. Mit der Nähe zweier Autokraten, die ähnlich herrschen und auf ihre außenpolitische Eigenständigkeit pochen, konnte Erdoğan das scheinbar Unmögliche erreichen: Eine enge Partnerschaft sowohl mit Serbien als auch mit anderen politischen Führern, die untereinander als die großen Widersacher gelten. Im Laufe seiner Präsidentschaft wurden islamische Solidarität und Neo-Osmanismus zwar nicht irrelevant, aber um die Zusammenarbeit unter Autokraten ergänzt. Genauso wie sich Erdoğan mit guten Beziehungen zu China nicht schwertut, trotz der Unterdrückung der turkstämmigen Uiguren in Xinjiang, so sind gute Beziehungen mit Vučić für ihn ebenfalls kein Problem.

Die Kooperation beruht auf zwei Pfeilern: Einerseits weiß man, wie man miteinander ins Geschäft kommt. Wirtschaftliche und politische Zusammenarbeit laufen über den Chef, sei er Präsident oder

Premier. Institutionen und Gesetze sind den Staatslenkern untergeordnet. Mit dieser Umgehung offizieller Strukturen tun sich Demokratien schwer, während sie für Autokraten der Modus Operandi ist. Die zweite Säule ist es, eine ambivalente Position zum Westen einzunehmen. Auf der einen Seite will man nicht alle Brücken abbrechen: Die Türkei ist NATO-Mitglied, und Serbien strebt eine EU-Mitgliedschaft an. Dennoch üben sich beide Länder in antiwestlichen Haltungen, ähnlich wie ein weiterer Seelenverwandter, Ungarns Premier Orbán. Als Erdoğan 2022 die Islamische Gemeinschaft in Bosnien besuchte, erklärte er, dass »der Westen existiert, um Muslime zu spalten und auseinanderzureißen. Sie wollen sie teilen, auseinanderreißen und dann verschlingen.«[85] Orbán würde statt von Muslimen von Christen oder Ungarn reden, Vučić von Serben. Aber die Aussage bliebe die gleiche.

Milorad Dodik, der die Republika Srpska führt, lobte 2021 Erdoğan: »Wir vertrauen mehr auf unsere Zusammenarbeit mit Erdoğan als auf Versuche, uns hier einige gescheiterte Lösungen aufzuzwingen.«[86] Selbst wenn Erdoğan eindeutig als Unterstützer der Bosniaken auftritt, ist er doch ein Vermittler. Freilich einer, der wenig an der Durchsetzung von Rechtsstaatlichkeit und Demokratie interessiert ist. Diese Gratwanderung ermöglichte es der Türkei, Respekt auch unter jenen Autokraten zu erlangen, die wenig Sympathie für die neo-osmanische Politik Erdoğans haben. Dessen Mischung aus autokratischem Gebaren und antiwestlichen Positionen hat somit im Laufe der Jahre mehr Wirkung gezeigt als die Solidarität auf Grundlage einer großen muslimischen Gemeinschaft. Doch zugleich ist Erdoğans zunehmend autoritäre Herrschaft auch die Ursache dafür, dass der türkische Einfluss in den vergangenen Jahren wieder abgenommen hat.

Krise des türkischen Einflusses

Der 16. Juli 2016 sollte ein Wendepunkt nicht nur für die Türkei, sondern auch für deren Einfluss auf dem Balkan werden. Über Nacht hatten Militäreinheiten in Istanbul, Ankara und anderen Städten der

Türkei versucht, Erdoğan durch einen Coup zu entmachten, wie es das türkische Militär bereits dreimal seit Ende des Zweiten Weltkrieges getan hatte. Der Putsch war jedoch stümperhaft organisiert, und Soldaten, die loyal zu Erdoğan standen, gelang es schnell, die Aufständischen zu entwaffnen. Erdoğan selbst konnte sich über FaceTime im Fernsehen zeigen und direkt an die Bevölkerung appellieren. Es folgten Massenproteste in der Nacht gegen die aufständischen Soldaten. Wer genau hinter dem Coup stand, ist bis heute nicht eindeutig geklärt. Für Erdoğan und seine Unterstützer war schnell klar, dass Fethullah Gülen der Drahtzieher war. Der islamische Geistliche und einstige Verbündete Erdoğans verurteilte zwar den Putsch von seinem Wohnsitz in Pennsylvania aus und stritt jegliche Beteiligung ab. Aber das überzeugte die Regierung nicht. Erdoğan bestand darauf, dass Gülen und seine Bewegung die Urheber gewesen seien, und bezeichnete diese fortan als FETÖ, fetullahistische Terrororganisation. Es besteht kein Zweifel, dass die Gülen-Bewegung eine undurchsichtige Organisation ist, die durch ihr einflussreiches Netzwerk gezielt versucht hat, die türkische Gesellschaft und Institutionen zu unterwandern und zu beeinflussen. Binnen kurzer Zeit wurden zahlreiche Pamphlete produziert, die zeigen sollten, wie diese für den Putsch verantwortlich sei und bereits seit Jahren im Geheimen als eine verschwörerische Organisation ihr Unwesen treibe. Dabei erwähnten weder die Regierung noch die von ihr kontrollierten Medien, dass Gülen und Erdoğan noch kurz zuvor eng zusammengearbeitet hatten.

Die Gülen-Bewegung und die AKP waren lange Verbündete gewesen, mit dem gemeinsamen Ziel, die kemalistischen Eliten zurückzudrängen, die über Jahrzehnte die Türkei bestimmt hatten. Diese Allianz trug auch auf dem Balkan ihre Früchte, wo die Gülen-Bewegung ein wichtiger Bestandteil des türkischen Einflusses war. Ihr Netzwerk unterhielt Medien, Bildungs- und andere Einrichtungen auf dem Balkan wie auch in Afrika und Zentralasien. Seit den neunziger Jahren hatte die Bewegung über Stiftungen in Albanien, Bosnien, Mazedonien und Kosovo Schulen und Universitäten eröffnet. Allein in Bosnien kontrollierte sie 15 Schulen und Universitäten.[87] Die privaten

Einrichtungen genossen meist einen guten Ruf und boten ihre Ausbildung auf Englisch an, sodass sie sehr beliebt waren. Viele Schüler und Eltern wusste nicht einmal, dass die Gülen-Bewegung hinter den Schulen stand. Daneben waren sie auch für türkische Schüler und Studenten attraktiv. Gerade Studentinnen, die ein Kopftuch trugen und denen in der Türkei deshalb lange der Universitätsbesuch versagt blieb, besuchten die Universitäten der Gülen-Bewegung auf dem Balkan. Trotz des islamischen Hintergrunds der Bewegung waren die Schulen und Universitäten zwar konservativ, aber nicht religiös geprägt. Es gab daneben auch andere türkische Universitäten in der Region, doch jene der Gülen-Bewegung waren vorherrschend.

Zu Beginn der 2010er Jahre nahmen die Spannungen zwischen AKP und der Gülen-Bewegung zu. Dabei ging es weniger um Inhalte als um Einfluss und einen schwelenden Machtkampf. Zum Bruch kam es 2013, als die Gülen-Bewegung die repressive Reaktion Erdoğans auf die Massenproteste im Gezi-Park in Istanbul kritisierte. Mit dem Putschversuch und der Schuldzuweisung wurde dieser Machtkampf nun offen ausgetragen. Das türkische Regime setzte alles daran, die Bewegung zu zerschlagen und ihre Anhänger zu verhaften. In den Wochen nach dem gescheiterten Putsch wurden Zehntausende verhaftet und alle vermeintlichen und tatsächlichen Organisationen, die unter dem Einfluss der Gülen-Bewegung standen, verboten oder geschlossen, darunter auch zahlreiche private Universitäten. Die autoritäre Wende, die mit der Niederschlagung der Proteste 2013 begann, fand nun ihre Fortsetzung. Als Erdoğan 2014 das Amt des Präsidenten übernahm, zog er bereits in den neu gebauten gigantischen Präsidentenpalast mit über 1000 Zimmern ein. Neben der Unterdrückung von Regimekritikern nahm auch seine Machtkonzentration zu. Diese wurde 2017 durch eine massive Verfassungsänderung abgesegnet, die die Türkei in ein präsidiales System verwandelte.

Der Druck stieg auch in Albanien, Bosnien und anderen Staaten, es der Türkei gleichzutun. In einigen Ländern hatte Erdoğan direkte Verbündete wie die SDA in Bosnien oder Thaçi in Kosovo. In Bosnien erfolgte eine ausgedehnte Medienkampagne gegen Personen und Institutionen, die der Gülen-Bewegung nahestanden. Die Schulen und Universitäten der Kontrolle der Bewegung zu entziehen war jedoch schwierig, da die SDA in einem so kompliziert organisierten Staat wie Bosnien nicht allein entscheiden konnte. Letztlich wurden die Einrichtungen von einer amerikanischen Gruppe aufgekauft, der Global Investment LLC, deren Hintermänner unbekannt blieben. Auf viele wirkte es wie ein Scheingeschäft, um den Einfluss der Gülen-Bewegung doch noch abzusichern.

In Kosovo wurden im März 2018 sechs türkische Staatsbürger verhaftet, die an Schulen der Gülen-Bewegung unterrichtet hatten. Alle sechs wurden kurzerhand und im Bruch mit dem Gesetz an die Türkei ausgeliefert. Nachdem dies bekannt wurde, verurteilten sowohl Premierminister Ramush Haradinaj als auch Präsident Thaçi die Operation. Am Ende musste der Chef des Geheimdiensts, Driton Gashi, zurücktreten und wurde gemeinsam mit zwei weiteren hochrangigen Beamten von der kosovarischen Sonderstaatsanwaltschaft beschuldigt, die sechs illegal verhaftet und türkischen Behörden übergeben zu haben. Im Juli 2023 wurde Gashi dafür in erster Instanz zu vier Jahren und acht Monaten Haft verurteilt. Dass dies ohne politische Rückendeckung geschehen war, ist unwahrscheinlich: Eine parlamentarische Sonderkommission kam 2019 zu dem Schluss, dass es Thaçi gewesen sei, der die Auslieferung ermöglicht habe. Die schnelle Entlassung Gashis und die Untersuchung des Falls haben in der Folge die Beziehungen zur Türkei belastet. Zugleich wäre das Risiko für Kosovo jedoch deutlich größer gewesen, wenn der Fall unter den Teppich gekehrt worden wäre. Während die Türkei meist die Integration der Balkanstaaten in NATO und EU unterstützt, zeigt die illegale Auslieferung, dass Rechtsstaatlichkeit und die Integration in westliche Strukturen in diesem Fall im Konflikt mit türkischen Interessen standen.

Nordmazedonien leistete den türkischen Forderungen, die Gülen-Schulen zu schließen und 86 vermeintliche Anhänger Gülens auszuweisen, nicht Folge. Obwohl dies die Beziehungen belastete, blockierte die Türkei nicht den NATO-Beitritt des Landes. Letztlich war dies ein wichtigeres Ziel für die Türkei, die das Land, auch im Namensstreit mit Griechenland, immer wieder unterstützt hatte. Auf Albanien hingegen übte Erdoğan stärkeren Druck aus. Bei einem Besuch im Januar 2022 drohte er bei einer Rede im albanischen Parlament: »Eine Voraussetzung für unsere Unterstützung und Brüderschaft ist euer Engagement im Kampf gegen FETÖ.«[88] Tatsächlich schloss Albanien in den folgenden Monaten einige Schulen und Kindergärten. Diese Schulen waren bereits vorher Ziel von Hausdurchsuchungen. Andere Schulen, die von derselben Stiftung kontrolliert wurden, mussten bereits 2020 schließen. Die engen persönlichen Beziehungen zwischen Albaniens Premier Rama und Erdoğan halfen sicherlich dabei.

Der unverhohlene Druck, den die Türkei auf Albanien, Kosovo und die anderen Staaten des Westbalkans ausübte, war ein Zeichen der Schwäche. Längst nicht alle Staaten lenkten ein. Das Beispiel Nordmazedonien zeigt, dass die Türkei nicht bereit war, die NATO-Mitgliedschaft als Druckmittel zu nutzen, um nicht noch mehr Einfluss auf das Land zu verlieren. Weiterhin riefen die Drohungen auch Widerstand hervor. Politiker von Bosnien bis Albanien bezeichneten die türkischen Interventionen als kolonialen Druck. Dieser machte viel von dem positiven Image, das sich die Türkei in der Region aufgebaut hatte, wieder zunichte. So lehnte der prominente albanische Abgeordnete und Schriftsteller Ben Blushi die Forderungen mit dem Verweis ab: »Wir sind doch keine türkische Kolonie!«[89] Der Machtkampf zwischen Erdoğan und Gülen bedeutete, dass die Türkei einen Großteil ihrer Energie und viel politisches Kapital auf dem Balkan damit verbrauchte, die Gülen-Bewegung zu vertreiben. Der geschwächte Einfluss der Bewegung schwächte letztlich auch die türkische Präsenz in der Region. Somit wurde die Bedeutung der Türkei auf die Gesellschaften geringer ab jenem Moment, in dem die Herrschaft Erdoğans autoritärer wurde.

Nach über zwei Jahrzehnten Herrschaft Erdoğans ist nicht viel vom Neo-Osmanismus geblieben. Auch das Konzept, keine Probleme in der Nachbarschaft zuzulassen, entpuppte sich als Schimäre. Gerade im Nahen Osten beteiligte sich die Türkei an zahlreichen Konflikten, und die Beziehungen zu den meisten Staaten der Region waren zunehmend von Spannungen geprägt. Das Verhältnis zu Syrien verschlechterte sich während des dortigen Bürgerkrieges, nachdem Erdoğan den Sturz Assads unterstützt hatte. Auch die Friedensbemühungen mit der Arbeiterpartei Kurdistans PKK scheiterten. Immer wieder führte die Türkei Militärinterventionen durch, gerade in den kurdisch besiedelten Regionen Syriens. Die türkische Unterstützung für die Muslimbruderschaft, insbesondere nach dem Arabischen Frühling 2011, führte zu angespannten Beziehungen mit Ägypten und anderen arabischen Staaten. All dies lenkte die Türkei von einem stärkeren Engagement auf dem Balkan ab. Wirtschaftliche Interessen waren oft wichtiger als ideologische Motive. Denn je enger sich die Herrschaft in der Türkei auf die Person Erdoğans reduzierte, umso pragmatischer agierte die Türkei auf dem Balkan und umso stärker hängen heute die Beziehungen von seinen persönlichen politischen Kontakten ab.

12
DUBAI AM BALKAN

Ein Foto, aufgenommen um 2012: Drei Männer auf einer Couch. Mit zwei Weingläsern auf dem Tisch schauen sie entspannt in die Kamera, aber irgendwie passen sie nicht zusammen. Der Mann in der Mitte, mit grüner Jacke, deutet mit beiden Zeigefingern auf die Kamera, der Mann links mit Lederjacke lacht etwas verkrampft. Und der Mann rechts mit Sakko und offenem Hemd lächelt, als hätte er im After-Work-Club nach einem langen Arbeitstag im Büro ein gutes Geschäft gemacht. Tatsächlich dokumentiert das verwackelte Bild eine ungewöhnliche Partnerschaft. Der vermeintliche Geschäftsmann rechts ist Milo Djukanović, zeitweise Präsident, zeitweise Ministerpräsident, zeitweise sogar nur Parteichef, aber von 1991 bis 2020 immer der Chef in Montenegro. Der Mann links mit Schal und Lederjacke ist Aleksandar Vučić, damals noch stellvertretender serbischer Ministerpräsident und seit 2012 der wichtigste Mann im Staat.

Der Mann in der Mitte schließlich ist Mohammed Dahlan, geboren in einem palästinensischen Flüchtlingslager in Gaza. Er arbeitete sich in der Palästinensischen Befreiungsorganisation PLO hoch und leitete nach den Osloer Abkommen mit Israel die palästinensischen Sicherheitskräfte im Gaza-Streifen. Dort setzte er sich energisch gegen die radikal-islamistische Hamas ein. Er baute gute Kontakte in die USA und insbesondere zum CIA auf und stieg in der Hierarchie der Palästinenserbehörde auf, zeitweise galt er sogar als möglicher Nachfolger von Präsident Mahmud Abbas. Dann entglitt ihm jedoch die Kontrolle. Die Hamas gewann die Wahlen 2006 und übernahm 2007 nach einem wochenlangen Kleinkrieg mit der PLO den Gaza-

Streifen. In der Folge zerstörte die Hamas Dahlans Haus und auch seine bisherige Karriere. Mit dem Verlust seiner Machtbasis geriet er auch innerhalb der PLO unter Druck. Er wurde sowohl für die Ermordung von Yassir Arafat verantwortlich gemacht als auch der Korruption angeklagt, sodass er auch die Westbank verlassen musste. In seinem neuen Wohnort, den Vereinigten Arabischen Emiraten, begann seine zweite Karriere. Hier wurde er Berater von Prinz Mohamed bin Zayed Al Nahyan, bekannt als MBZ, der faktische Herrscher über Abu Dhabi. Nach dem Tod seiner Vorgängers 2022 übernahm MBZ die Herrschaft über Abu Dhabi und damit über die Vereinigten Arabischen Emirate. Als sein Berater erhielt Dahlan, in den Worten eines ehemaligen CIA-Agenten, die Rolle, »der Pitbull der Vereinigten Arabischen Emirate« zu sein.[90]

Immer wieder wird Dahlan verdächtigt, bei den verschiedensten Konflikten im Nahen Osten mitgemischt zu haben. Im Bürgerkrieg im Jemen soll er Söldner angeheuert haben. Erdoğan schrieb 2019 1,75 Millionen Dollar für Informationen aus, die zu seiner Verhaftung führen sollten. Die Türkei beschuldigte ihn, sowohl den gescheiterten Putsch der Gülen-Bewegung 2016 unterstützt zu haben, als auch an der Ermordung Jamal Khashoggis, des saudischen Regimekritikers, im saudi-arabischen Konsulat in Istanbul beteiligt gewesen zu sein. Was von diesen vielen Anschuldigungen wahr und was erfunden ist, lässt sich schwer aufklären.

Aufgrund seiner Biografie ist Dahlans Erscheinen in Montenegro und Serbien überraschend, zumal auf jenem Foto mit den wichtigsten Politikern beider Staaten. Sein Weg auf den Balkan ist in der Tat recht undurchsichtig, er brachte ihn zunächst nach Montenegro. Dort begann Dahlan mit seinen Geschäften bereits 2008, kurz nach der Unabhängigkeit, als im Land ein Immobilienboom entlang der Küste ausbrach und jedes Grundstück am Meer zum Verkauf zu stehen schien. Dahlan und einer der Söhne von Abbas gründeten mehrere Firmen in Podgorica, teils unter derselben Adresse. Die Art der Geschäfte bleibt unklar. Die unabhängige montenegrinische Wochenzeitung *Monitor* sieht Dahlan als Partner des ägyptischen Milliardärs Samih Sawiris, der an der Küste, unweit der Bucht von Kotor, das Luxusresort Luštica Bay bauen ließ. Luštica Bay ist ein künstliches mediterranes Küstendorf für Superreiche, mit Jachthafen, Villen und Unterhaltungsprogramm. 2008 soll Dahlan bereits den Kontakt zwischen Djukanović und den Herrschern der Vereinigten Arabischen Emirate hergestellt haben. Die erste Botschaft der Emirate auf dem Balkan wurde 2010 nicht zufällig im kleinsten Land der Region eröffnet. Die genaue Rolle Dahlans ist bis heute ungeklärt. Doch vermutlich war er Mittelsmann zwischen den Emiraten, die nach Partnern für ihre Investitionen suchten, und Machthabern, die bereit waren, hierfür nicht nur den roten Teppich auszurollen, sondern spezielle Verträge und Sonderkonditionen ohne Transparenz und öffentliche Ausschreibung anzubieten. Als Dank bekam er 2010 auf Initiative von Djukanović, der ihn als seinen Freund bezeichnet, den montenegrinischen Pass. Bald darauf folgte auch ein serbischer.

Dahlan ist nicht der einzige dubiose Geschäftsmann oder Politiker, der einen montenegrinischen Pass erhalten hat. Montenegro gehört weiterhin zu jenen Ländern, wie Zypern und Malta, die ihre Staatsbürgerschaft an wohlhabende Investoren vergeben. Seit 2010 konnte man einen montenegrinischen Pass bekommen, wenn man eine halbe Million Euro im Land investiert. Der Preis wurde 2019 noch abgesenkt, und bis Ende 2021 haben über 100 Geschäftsleute, überwiegend aus Russland und China, davon Gebrauch gemacht.[91] Trotz Kritik der EU und von NGOs blieben wechselnde montenegrinische Regierungen bei der Praxis. Auch wenn ein Pass aus Montenegro weniger wert ist als ein zypriotischer oder anderer EU-Pass, so ermöglicht er doch Reisefreiheit in die und innerhalb der EU und befindet sich auf dem Global Passport Index immerhin auf dem 32. von 96 Plätzen.[92] Der bekannteste Neu-Montenegriner neben Dahlan ist Thaksin Shinawatra, der ehemalige thailändische Ministerpräsident und Unternehmer, der 2010 im Land Zuflucht fand und am Beginn der käuflichen Staatsbürgerschaft in Montenegro stand.

Wohlstand mit dem Geld der Emirate

Djukanović und Vučić waren die idealen Partner für Dahlan. Beide kontrollierten ihre Staaten: Djukanović schon über 20 Jahre, Vučić war noch frisch im Amt, aber zeigte, wie schnell er die Macht auf sich konzentrieren konnte. 2013 unterzeichnete er im Namen der serbischen Regierung ein Partnerschaftsabkommen mit den Vereinigten Arabischen Emiraten über zehn Jahre Laufzeit. Es definiert die Zusammenarbeit zwischen beiden Staaten auf zahlreichen Ebenen, vom Immobilienmarkt über die Landwirtschaft bis zur Kooperation in militärischen Fragen. Bei den vorgezogenen Parlamentswahlen 2014 konnte Vučićs Fortschrittspartei ihre Stimmen fast verdoppeln und verfehlte mit 49,96 Prozent nur knapp die absolute Mehrheit. Der Erfolg war auch dem Versprechen von milliardenschweren Investitionen aus den Emiraten geschuldet. Vučić kündigte im Wahlkampf die Übernahme der serbischen Fluglinie JAT durch Etihad Airways, die Fluglinie der Emirate, und das riesige Bauprojekt »Belgrade Waterfront« an. Diese Großinvestitionen schienen eine neue Ära des Wohlstands in Serbien zu versprechen.

In den folgenden Jahren kamen tatsächlich zahlreiche Investitionen aus den Emiraten in Serbien ins Rollen. Wie angekündigt stieg Etihad Airways im Rahmen ihrer europäischen Expansion bei JAT ein. JAT war in die Jahre gekommen. Die stolze Fluglinie Jugoslawiens hatte einst ein riesiges Liniennetz von Sydney bis Los Angeles bedient. Jetzt flog sie mit abgenutzten Flugzeugen noch aus der goldenen Ära in einem dünnen Liniennetz durch Europa und überlebte nur dank millionenschwerer staatlicher Subventionen. Der Einstieg von Etihad 2013 schien die Rettung zu sein. Etihad kaufte sich zu jener Zeit eine Sammlung von angeschlagenen europäischen Fluglinien zusammen, von Air Berlin über Alitalia bis zu Air Lingus. Damit konnten die Emirate schnell ein europäisches Netzwerk zum Schnäppchenpreis erwerben.

Etihad übernahm mit Rückendeckung der serbischen Regierung die Schulden von JAT und 49 Prozent der Fluglinie, die in Air Serbia umbenannt wurde. Das neue Management kam ebenfalls von Etihad. Die genauen Details blieben jedoch geheim, da das Abkommen als Staatsgeheimnis eingestuft wurde. Somit blieb offen, in welcher Höhe staatliche Subventionen weiter in die Fluglinie flossen und welche anderen Verpflichtungen Serbien einging. Zunächst schien die Übernahme Früchte zu tragen, das Unternehmen machte erstmals seit vielen Jahren Gewinn, und die Zahl der Passagiere schnellte in die Höhe. Die schnelle Expansion Etihads in Europa scheiterte jedoch dramatisch. 2017 musste Alitalia Insolvenz anmelden, kurz darauf auch Air Berlin. Das europäische Netzwerk brach zusammen, und so blieb in Europa nur noch Air Serbia unter Kontrolle der Fluglinie. Während der Pandemie reduzierte Etihad den Anteil an Air Serbia auf 18 Prozent, sodass nur wenig von den großen Plänen übrigblieb.

Daneben investierten die Emirate auch in zwei sehr sensible Bereiche, die Landwirtschaft und die Waffenindustrie. Die serbische Waffenindustrie ist bis heute in staatlicher Hand und profitiert von ihrem jugoslawischen Erbe. Trotz NATO-Bombardierung und dem Zerfall des Landes blieb der Sektor bis heute wichtig, beschäftigt über 10 000 Menschen und schreibt Gewinne von mehr als einer halben Milliarde Euro.[93] 2013 und 2014 trafen die Emirate und Serbien verschiedene Abkommen über die Zusammenarbeit, inklusive der Produktion einer Cruise-Missile im Wert von 200 Millionen Euro. Peanuts für die Emirate, aber bedeutend für Serbien.

Im Vergleich mit der Waffenindustrie scheint die Landwirtschaft auf den ersten Blick alles andere als sensibel zu sein. Die Emirate haben jedoch in den 2010ern begonnen, weltweit große landwirtschaftliche Flächen zu kaufen, um die Versorgung mit Lebensmitteln im eigenen Land abzusichern. 85 Prozent aller Lebensmittel, die die fast zehn Millionen Einwohner der Emirate konsumieren, müssen importiert werden. Diese Importabhängigkeit, die sich aufgrund des Klimas kaum entschärfen lässt, macht die Emirate und ihr Entwicklungsmodell verwundbar, gerade in Zeiten globaler Erwärmung und Versorgungsunsicherheit. Seit 2008 sind Unternehmen und staatliche Fonds damit beschäftigt, riesige Flächen aufzukaufen, von Äthiopien und Tansania bis Rumänien und Serbien, um so eine bessere Versorgung für die Emirate zu sichern. Seit 2013 haben Unternehmen auch große Landflächen in Serbien gekauft, gerade in der fruchtbaren Vojvodina im Norden. Auf den ersten Blick scheint es ein gutes Geschäft für beide Seiten zu sein. Die Emirate können ihre Lebensmittelversorgung absichern, und Serbien gewinnt Investoren für seine dahinsiechende Landwirtschaft. Doch es gibt auch Bedenken. Erstens erhöht der Verkauf die Abhängigkeit Serbiens selbst von der Nahrungsmitteleinfuhr, wenn die Produktion der Ländereien unter Kontrolle der Emirate zur Abdeckung der Bedürfnisse in Abu Dhabi und Dubai dienen soll. Zudem stellt sich die Frage, ob erneut undurchsichtige Geschäfte dem Land letztlich Schaden zufügen. Der größte dahingehende Handel war der Verkauf von PKB 2018. PKB stand ursprünglich für das Landwirtschaftliche Kombinat Belgrad, eine riesige Firma, die im sozialistischen Jugoslawien gegründet worden war und an ihrem Höhepunkt über 40 000 Angestellte zählte. Nach dem Ende des Sozialismus stand das K für Konzern. Die Firma mit riesigem Grundbesitz in der Umgebung von Belgrad sollte verkauft werden. Bis 2012 arbeitete sie noch profitabel. Das Verlustgeschäft begann 2013. Der Verdacht kam auf, wie bei vielen Privatisierungen nach 1990, dass das Unternehmen bewusst heruntergewirtschaftet wurde, um es dann verscherbeln zu können. Bezahlt hat das Unternehmen Al Dahra schließlich nur 122 Millionen Euro, es war der einzige Bieter bei der Auktion, obwohl 17 000 Hektar Agrarland und die Liegenschaften allein auf mehr als 200 Millionen Euro Wert geschätzt wurden. Beim Verkauf gab es zahlreiche weitere Unregelmäßigkeiten. Die strategische Zusammenarbeit der serbischen Regierung mit den Emiraten hat auch hier den Rechtsstaat in Serbien weiter ausgehöhlt.

Dubaifizierung an der Sava

Das wichtigste Großprojekt, das mit Geldern aus den Emiraten aus dem Boden gestampft wurde, ist »Belgrade Waterfront«, ein gigantisches Städtebauprojekt in der serbischen Hauptstadt. Als das Projekt

2014 der Öffentlichkeit vorgestellt wurde, waren alle überrascht. Das Modell des riesigen neuen Stadtviertels zeigte keine einzige der charakteristischen Erhebungen der Stadt. Eigentlich ist Belgrad recht hügelig, an der Mündung der Sava in die Donau steigen sanfte Hügel an. Das historische Zentrum erstreckt sich entlang der Erhebung, die die Mündung überblickt. Über der Mündung befinden sich ein Park und die alte Festungsanlage Kalemegdan. Zur Donau hin liegt das historische Quartier Dorćol, das älteste Stadtviertel, einst Standort für zahlreiche Moscheen und die erste Kafana in Europa, ein osmanisches Kaffeehaus. Auf der anderen Seite, hinunter zur Sava, liegt Savamala, wo die moderne Stadt im frühen 20. Jahrhundert entstand, mit Bahnhof, Hafen und den Prunkbauten der Moderne: Banken und Hotels. Dorćol, Kalemegdan und Savama(h)ale sind Namen, die aus osmanischer Zeit stammen. Heute weist jedoch wenig auf diese Vergangenheit hin. Savamala verwahrloste im Laufe der Zeit. Zwischen dem Busbahnhof und Durchgangsstraßen standen heruntergekommene Häuser und improvisierte Hütten. Entlang der Sava rosteten alte Schiffe. Die Eisenbahnanlagen wurden, bis auf wenige Gleise, von Gras und Müll überwuchert. Das sollte sich ändern; mit »Belgrade Waterfront«. In den Worten von Aleksandar Vučić sollte hier, an einem »Treffpunkt für Schlangen, Ratten und Drogenabhängige«,[94] etwas Neues entstehen. Ohne Ausschreibung und Beteiligung der Öffentlichkeit.

Belgrad am Wasser war geboren. Die Planer, die den neuen Stadtteil zuerst in Dubai, dann auf einer Messe in Cannes und erst dann in Belgrad vorstellten, haben das Viertel am Reißbrett entwickelt – und dabei offenbar eher Dubai als Belgrad vor Augen gehabt. Es war der ambitionierteste Plan für Städtebau in Serbien seit den siebziger Jahren. Als das also etwas zu flach geratene Modell enthüllt wurde, stieß es nicht nur auf die unverhohlene Kritik Belgrader Architekten und Städteplaner. Nur wenige glaubten, dass aus dieser Idee Wirklichkeit werden würde. Zu viele unbescheidene Pläne, die sich bald in Rauch aufgelöst hatten, haben die Menschen seit den neunziger Jahren gesehen. Milošević und seine Nachfolger versprachen – wie bereits erwähnt – regelmäßig den Bau einer U-Bahn für die Stadt, neue Stadtviertel und andere Großvorhaben. Es blieb bei leeren Versprechen.

Wie ernst es der Regierung und ihren Partnern vom Golf mit »Belgrade Waterfront« war, wurde jedoch spätestens in der Nacht des 24. April 2016 offensichtlich. In dieser Wahlnacht, mal wieder wurde das Parlament neu gewählt, tauchten maskierte Männer mit Lastern und Baggern ohne Nummernschilder in der Herzegowina-Straße nahe der Sava auf. In der unscheinbaren Straße hinter dem Busbahnhof standen kleine Häuser, fast Hütten, in denen sich Transportunternehmen, Handwerksbetriebe und die Kneipe »Sava ekspres« befanden. Sie standen dem neuen Bauvorhaben im Weg. Wegen unklarer Besitzverhältnisse drohte sich das Projekt zu verspäten, und Serbien wäre seinen Verpflichtungen gegenüber den Partnern aus den Emiraten nicht nachgekommen. Die maskierten Männer rissen die kleinen Häuschen ab und schufen damit vollendete Tatsachen. Dem Bauvorhaben stand nun nichts mehr im Weg. Obwohl die staatlichen Behörden stets abstritten, etwas mit der nächtlichen Aktion zu tun gehabt zu haben, liegt der Verdacht nahe, dass die Aktion von oben angeordnet worden war. Anwohner hatten die Polizei gerufen, die jedoch nicht kam. Strom, Überwachungskameras und Straßenlicht waren abstellt worden. Autos mit provisorischen Nummernschildern fuhren durch die Straßen und Anwohner wurden eingeschüchtert. Der serbische Ombudsman schrieb in seinem Bericht zum Zwischenfall, dass Dutzende maskierter Männer faktisch die Macht über einen Teil Belgrads übernommen und den Zugang blockiert hatten.

Die nächtliche Abrissaktion hinterließ ihre Spuren. Zwar konnte der Bau ungestört beginnen. Und wo die Häuser abgerissen worden waren, befinden sich heute Luxuswohnungen. Zugleich aber entstand eine neue Widerstandsbewegung. Die Protestler von »Ne da(vi)mo Beograd« wurden erst durch die nächtliche Aktion groß. Der Name ist ein Wortspiel, das entweder: »Wir lassen Belgrad nicht ertrinken« oder: »Wir geben Belgrad nicht her« bedeutet. Zum Symbol der Bewegung wurde eine gelbe Quietscheente. Nach den größten Massenprotesten seit dem Sturz Miloševićs erwuchs aus der Bewegung eine kleine grüne Partei, die seit 2022 im serbischen Parlament vertreten ist. Auch wenn den Investoren aus den Emiraten nie vorgeworfen wurde, für die nächtliche Zerstörung eines Straßenzugs verantwortlich zu sein, wird sichtbar, dass ein solches Großbauprojekt in Ländern wie Serbien leichter durchgesetzt werden kann, weil im Zweifelsfall Macht vor Recht steht und der Staat sich nicht lang mit komplizierten Verfahren aufhält.

Um den Bau zu ermöglichen, überschrieb der Staat den nötigen Grund und Boden für 99 Jahre an Eagle Hills. Das Immobilienunternehmen aus den Emiraten gewährt Serbien im Gegenzug einen Kredit, um die alten Eisenbahnanlagen zu verlegen und die Infrastruktur für das neue Viertel zu errichten. Die wichtigsten Aspekte der Übereinkunft wurden durch ein Sondergesetz abgesichert, wichtige Details blieben Geheimsache. Der urbane Masterplan für Belgrad wurde bei dem Vorhaben dagegen ignoriert, während das neue Viertel einen Sonderplan per Regierungsbescheid erhielt, auch wenn dies nach dem Gesetz eigentlich ausgeschlossen ist. Bau und Planung können demnach von Eagle Hills autonom verändert werden, Land und Stadt stehen weitgehend außen vor.

Was entlang der Sava entstand, wurde von einem Geografen als »Dubaifizierung« Belgrads bezeichnet.[95] Gemeint ist damit die Entwicklung einer Stadt durch Immobilienbau, finanziert durch die Partnerschaft zwischen Immobilienunternehmen und einem autoritären Staat, der den Firmen den Weg zum Bau wortwörtlich ebnet. Hierbei entstehen ganze Stadtviertel oder gar Städte, die den örtlichen Kontext gänzlich ignorieren. Sie werden auf dem Reißbrett entworfen und repräsentieren globalen Wohlstand, mit Luxuswohnungen, Einkaufszentren und Restaurants, die weder im Kontext der Stadt stehen, in der sie gebaut werden, noch sich darum bemühen. Dagegen fehlen städtische Einrichtungen wie Schulen, Sportstätten und Kultureinrichtungen. Kurz: alles, was keinen kommerziellen Sinn ergibt. Im Gegenteil, das neue Viertel symbolisiert bewusst die Fantasie einer wohlhabenden Weltstadt, die an einem x-beliebigen Ort stehen könnte und nichts mit der Belgrader Realität zu tun hat. Architekten, Städteplaner oder Unternehmer aus der Stadt, in der ein Megaprojekt entstehen soll, werden nicht einbezogen. Für solche Top-down-Projekte im großen Stil braucht es einen Staat als Partner, der sie durchsetzt und dabei lokale Bedürfnisse und Empfindsamkeiten ignoriert. Eagle Hills entwarf neue Stadtteile auch in Marokko und Bahrein.

Das Angebot richtet sich auch wegen der Kosten höchstens an die serbische Elite, Showstars, Geschäftsleute, Politiker, Investoren aus der Diaspora, wie auch an globale Investoren, für die der Standort selbst kaum von Bedeutung ist. Als Ergebnis stehen oft viele Wohnungen leer und werden von ihren Besitzern nur gelegentlich besucht oder als Feriendomizil vermietet. Mit dem unerwartet großen Zuzug von Russen infolge des russischen Angriffskrieges gegen die Ukraine kam es zu einem Immobilienboom in Belgrad, so auch in »Belgrade Waterfront«. Die teuersten Immobilien in Serbien befinden sich in der Retortenstadt, mit Quadratmeterpreisen bis zu 10 000 Euro.[96] Bei einem Durchschnittslohn Ende 2022 von etwa 650 Euro, müsste ein serbischer Durchschnittsverdiener 15 Monate arbeiten, um dort einen Quadratmeter kaufen zu können.

Die Beziehungen zwischen Serbien und den Emiraten sind zutiefst widersprüchlich. Die Emirate begannen ihr Engagement auf dem Balkan mit humanitärer Unterstützung für Kosovo-Albaner, die während der Krieges 1999 vertrieben wurden. Sie halfen zudem Bosnien beim Wiederaufbau des Landes nach dem Krieg und gehörten 2008 zu den ersten Staaten, die Kosovo anerkannten. Bis zu 1000 Soldaten aus den Emiraten unterstützten die Friedensmission KFOR. Somit spricht eigentlich einiges dagegen, dass Serbien und die Emirate erfolgreich zusammenarbeiten könnten. Und doch: Zwischen 2010 und 2019 waren die Emirate der viertgrößte Investor in Serbien nach der EU, Russland und China. Das zeugt von der Bedeutung des Pragmatismus und der wirtschaftlichen Interessen auf beiden Seiten. Für Vučić symbolisiert »Belgrade Waterfront« Wohlstand und das Modell für einen schnellen Pfad zum Wohlstand, jenseits der EU. Die Ähnlichkeit zu den glitzernden Metropolen am Golf spiegeln Luxus und Reichtum vor, auch wenn diese für die meisten Serben in weiter Ferne bleiben.

Das Geld zwischen den Emiraten und Serbien fließt in beide Richtungen. Dubai hat sich zu einem der Orte entwickelt, an denen Geld dubioser Herkunft ein Zuhause findet, so auch aus Serbien. Kurz bevor Dana Holdings, mit Sitz in Zypern und gegründet von der Karić-Familie, mit Sanktionen wegen Unterstützung für Lukaschenkos Diktatur in Belarus belegt worden ist, wurde die Firma rasch in die Emirate verkauft. Das Geschäft zeigt alle Anzeichen der Geldwäsche, um die Sanktionen zu umgehen. Die Karićs, eine ursprünglich bescheidene Familie aus Kosovo, kamen unter Milošević als Bauunternehmer in Serbien und Russland zu Wohlstand. Während Serbien verarmte, wurden die Karićs reich. Am Ende der neunziger Jahre gehörte ihnen eine Bank, ein Fernsehsender, ein Mobilfunknetz, eine Privatuniversität und die kitschigste Villa im Belgrader Prominenten- und Diplomatenviertel Dedinje. Nachdem der Druck in Serbien gestiegen war, verlegte das Familienoberhaupt Bogoljub Karić seinen Schwerpunkt nach Belarus, wo er zum Baumeister Lukaschenkos aufstieg und aufgrund der guten Kontakte zum Diktator riesige Immobilienprojekte verfolgen konnte.

Auch serbische Geschäftsleute, die erst nach Ende der Milošević-Ära ihr Geld machten, suchten enge Kontakte nach Dubai. Dazu gehört zum Beispiel Wladimir Delić, ein umstrittener serbischer Geschäftsmann, der 2004 eine Firma günstig erstanden hatte, die Eisenbahnwagen herstellt. Er ließ sich später ebenfalls in Dubai nieder. Die Privatisierung des Unternehmens wurde von Siniša Mali begleitet, einem jungen Manager in der zuständigen staatlichen Privatisierungsagentur. Jahre später führte er die Verhandlungen über den Verkauf von JAT und wurde Belgrader Bürgermeister, unter dem das Projekt »Belgrade Waterfront« aufgesetzt wurde. Heute, 2023, ist er, der zwischenzeitlich wegen seiner plagiierten Doktorarbeit und des Besitzes zahlreicher Ferienwohnungen in Bulgarien in die Schlagzeilen kam, serbischer Finanzminister.

13
»WARUM KOMMEN IMMER MEHR ARABER?«

Diese Frage stellten zahlreiche bosnische Fernsehsender, Zeitungen und Politiker 2016, mal verwundert, mal besorgt. Auf einmal schienen Tausende »Araber« nach Bosnien zu kommen. Die Menschen waren verunsichert: Sollten sie die wohlhabenden Besucher willkommen heißen? Oder stellten sie eine Bedrohung dar?[97] Für den bosnisch-serbischen Politiker Milorad Dodik war klar, dass die »300 000 bis 500 000 […] aus der arabischen Welt« zur Islamisierung Bosniens beitragen würden.[98] Doch auch viele Bosniaken, selbst meist Muslime, sahen die Entwicklung mit gemischten Gefühlen. In dem Bild, das sie von den Immigranten hatten, vermischten sich verschiedene bosnische und europäische Ängste und Hoffnungen.

Neben den wohlhabenden Arabern, die die bosnische Wirtschaft ankurbeln könnten, wie in Serbien und Montenegro, gab es auch die radikalen Araber, die während des Krieges als Kämpfer ins Land gekommen waren. Außerdem jagte zu dem Zeitpunkt, als die arabischen Touristen Bosnien entdeckten, die zunächst ISIS (Islamischer Staat im Irak und Syrien), heute nur IS genannte Terrormiliz mit ihrer Brutalität den Menschen weltweit Angst ein. Zur selben Zeit flohen zudem Hunderttausende Syrer und andere Staatsbürger aus dem Nahen Osten über die Türkei nach Europa.

Die Gleichzeitigkeit dieser sehr unterschiedlichen Verbindungen und Begegnungen zwischen Bosnien und dem Nahen Osten schuf Verunsicherung und spiegelte die europäischen Vorurteile und Sorgen auf besondere Art wider. In Bosnien, wie auch in den anderen Staaten des Balkans, auch unter der muslimischen Bevölkerung, werden Araber oft als eine amorphe Gruppe wahrgenommen, ohne Differenzierung nach Herkunftsland und Vielfalt. Diese Unkenntnis stärkt die Angst, obwohl es eine lange Geschichte der Beziehungen gibt. Das Osmanische Reich war über Jahrhunderte der gemeinsame Staat, unter dem die Bewohner Bosniens mit arabischen Völkern zusammenlebten. Während des Kalten Krieges waren die Beziehungen Jugoslawiens zu zahlreichen arabischen Staaten eng. Viele Libyer, Syrer und Iraker studierten in Jugoslawien, wie auch umgekehrt. Muslimische Geistliche vom Balkan wurden an den großen islamischen Universitäten wie Al-Azhar in Ägypten ausgebildet oder nahmen an der Haj nach Mekka teil.

Während des Bosnienkrieges kamen Tausende Muslime aus Afghanistan, Algerien und anderen Ländern der islamischen Welt nach Bosnien. Einige wollten ihren Glaubensgenossen in Anbetracht der Vertreibung und Gewalt Hilfe leisten. Einige kamen auch, um zu kämpfen, aus Überzeugung und Solidarität oder aus Abenteuerlust und Gewaltbereitschaft. Einige hatten gerade noch den Erfolg gegen die sowjetische Besetzung in Afghanistan gefeiert. Für Bosnien und die bosnische Armee waren diese Freiwilligen allerdings nur begrenzt hilfreich. Die Kriegsregierung unter der Führung Alija Izetbegovićs war bemüht, sich als weltoffen und tolerant zu zeigen. Nicht zuletzt, um den Gegensatz zur bosnisch-serbischen Armee zu unterstreichen, die Angehörige anderer Religionen vertrieb und ermordete. Karadžić, der selbsternannte Präsident der Republika Srpska und Kriegsverbrecher, aber auch die Führung der bosnischen Kroaten porträtierte Muslime oft als Türken, als fremd, orientalisch und Bedrohung nicht nur für sie, sondern für ganz Europa. Nationalistische Intellektuelle in Serbien schwadronierten von einer »grüne Transversale«, einer islamischen Achse, die aus dem Nahen Osten bis nach Bosnien reiche.

Die westliche Unterstützung blieb fragil, und die bosnische Führung musste die berechtigte Sorge haben, dass Hilfe aus der islamischen Welt sie in den Vorstellungen vieler Europäer weiter von Europa entfernen würde. Zudem mangelte es der bosnischen Armee nicht an Soldaten. Was sie brauchte, um sich zu verteidigen, waren Waffen. Sie organisierte und kontrollierte die Freiwilligen aus der islamischen Welt in der Einheit El Mudschahid. In dieser Einheit kämpften wahrscheinlich um die 2000 Soldaten, sowohl ausländische Freiwillige als auch bosnische Soldaten. Mit ihren gewaltbereiten und oft radikalisierten Freiwilligen wurde sie für Kriegsverbrechen an Kroaten und Serben berüchtigt. Auch die Beziehungen zur muslimischen Bevölkerung waren oft spannungsgeladen. Die meisten bosnischen Muslime hielten nicht viel von einer strengen Auslegung des Islams und hatten keine Probleme mit Rakija, dem selbstgebrannten Schnaps, und Schweinefleisch. Die angereisten selbsternannten Verteidiger des Islams waren oft enttäuscht von der sehr entspannten Auslegung des Islam, der sie in Bosnien begegneten. Jedenfalls fand über El Mudschahid erstmals salafistisches Gedankengut nach Bosnien, sei es über die Freiwilligen selbst, über Prediger und Schulen sowie über die Gelder, die mit ihnen ins Land kamen. Viele Freiwillige zogen nach Kriegsende weiter, in den nächsten Krieg. Zudem legte der Friedensvertrag fest, dass sie das Land zu verlassen haben. Dennoch ließen sich um die 200 ehemaligen Kämpfer in Bosnien nieder und erhielten die Staatsbürgerschaft, meist weil sie bosnische Frauen geheiratet hatten. Einige der ehemaligen Soldaten fielen später durch terroristische Anschläge auf. Nasser bin Ali al-Ansi, der sich selbst als Drahtzieher des Angriffs auf die Redaktion von *Charlie Hebdo* in Paris bezeichnete und hochrangiger Führer von Al-Qaida auf der arabischen Halbinsel war, begann seine jihadistische Karriere in Bosnien. Anders als er schlossen sich die wenigsten Bosnien-Kämpfer radikalen Gruppen an. Die insgesamt nur geringe Präsenz arabischer Kämpfer in Bosnien wäre deshalb sicherlich in Vergessenheit geraten, wenn nicht der globale »Krieg gegen den Terror« nach 2001 die Aufmerksamkeit auf islamische Kämpfer gelenkt hätte. Wie erwähnt drängte die US-Regierung die bosnischen Behörden, einige von ihnen den amerikanischen Behörden zu übergeben, woraufhin sie jahrelang ohne Prozess in Guantanamo gefangen gehalten wurden, wie im Kapitel 6 erwähnt.

Humanitäre Hilfe floss insbesondere aus Saudi-Arabien nach Bosnien. In der Kriegsnot war sie sehr willkommen, doch war oft nicht ersichtlich, ob sie nicht auch eine bestimmte religiöse Agenda im Land fördern sollte. Denn auch nach dem Krieg setzte Saudi-Arabien die Unterstützung fort, in erster Linie durch den Bau von Moscheen und Schulen sowie mit Stipendien zur Ausbildung in Saudi-Arabien. Die größte Moschee auf dem Balkan wurde 2000 in einem Vorort Sarajevos eingeweiht. In der König-Fahd-Moschee, die eine Schule und eine Bibliothek umfasst, haben 4000 Gläubige Platz. Wenngleich der offizielle saudische Islam sehr konservativ und kaum im Einklang mit dem in Bosnien praktizierten stand, war dieser Einfluss allein noch keine Quelle möglicher Radikalisierung. Der staatliche Konservatismus hatte wenig mit den radikalen Gruppen zu tun, die sich in der Folge in Bosnien meist selbst organisierten und aus den Städten zurückzogen. Auch wenn sich die salafistische Tradition ähnelte, lehnten die Gruppen jeden staatlich organisierten Islam ab. Einige der religiösen Studenten kamen jedoch bei ihren Aufenthalten in Saudi-Arabien mit salafistischen Gruppen in Kontakt und brachten deren Ideen mit nach Bosnien. Gemeinsam mit einigen der in Bosnien verbliebenen Kämpfer wurden sie zum Kern radikaler Netzwerke.

In Bosnien entstanden so nach Kriegsende kleine salafistische Gruppen, die einen puritanischen und radikalen Islam ausübten, der im Widerspruch zum offiziellen der Islamischen Gemeinschaft stand. Somit blieben sie außerhalb des religiösen Mainstreams und der Institutionen in Bosnien. Stattdessen bauten sie eigenständige Gemeinden auf, meist abgeschieden von der bosnischen Gesellschaft, um ungestört ihren radikalen Glauben auszuüben. Die internationale Aufmerksamkeit richtete sich auf diese »Salafisten-Dörfer«, als der IS um Kämpfer warb und auch in Bosnien und anderen Staaten auf dem Balkan Zuspruch erhielt. Das berüchtigtste Dorf war Gornja Maoča im Norden des Landes. Der Ort in den Bergen zwischen Tuzla und Brčko war ursprünglich überwiegend serbisch bewohnt. Nach dem Krieg siedelten sich in dem weitgehend verlassenen Dorf Salafisten an, weil es abgelegen war. So wuchs es zum wichtigsten Zentrum für Salafisten an, die hier ihr Leben abseits vom Einfluss des Staates organisieren konnten. Radikalisierung bedeutet zunächst nur die Isolation vom Mainstream, längst noch keine Gewaltbereitschaft. Auch hatte diese Radikalisierung auf dem Land nichts mit islamischen Staaten zu tun, sondern war meist das Ergebnis lokaler radikaler Netzwerke, die aber wiederum gute Verbindungen in die arabische Welt wie auch in die Diaspora, unter anderem nach Wien, hatten. In Bosnien erfuhren diese Gruppen erstmals Aufmerksamkeit, als 2011 der 23-jährige Mevlid Jasarević eine halbe Stunde lang über 100-mal auf die amerikanische Botschaft in Sarajevo schoss und dabei einen Wachmann verletzte. Jasarević konnte verhaftet werden und wurde zu 18 Jahren Haft verurteilt. Er selbst stammte aus dem Sandžak in Serbien und hatte unter anderem in Wien gewohnt, bevor er einige Zeit in Gornja Maoča verbracht hatte und von dort nach Sarajevo gefahren war.

Zur größten Bedrohung aus europäischer Perspektive wurden die Tausenden Freiwilligen aus Europa, Nordafrika und dem Nahen Osten, die sich per Flugzeug und Bus zum sogenannten Islamischen Staat nach Syrien und in den Irak durchschlugen, um sich ihm anzuschließen. In den Schlagzeilen westlicher Medien wurde oft die hohe Zahl der IS-Kämpfer aus dem Balkan betont. So titelte die *Welt* 2015: »Balkan wird zum Einfallstor für IS-Terrormiliz.«[99] Der Sender *ntv* berichtete über den Balkan als »Drehscheibe« für den Islamischen Staat.[100] Tatsächlich schlossen sich etwa 255 Bürger aus Kosovo, 240 aus Bosnien und 135 aus Nordmazedonien der Terrormiliz an. Einige Hundert Bosnier schlossen sich auch der Al-Nusra-Front in Syrien an. Obwohl dies sicher keine vernachlässigbaren Zahlen sind, ist ihr Anteil, gemessen an der muslimischen Bevölkerung, weitaus geringer als in vielen westeuropäischen Staaten. Der IS konnte im Verhältnis zu den potenziellen Unterstützern viel mehr Anhänger in Belgien und

Frankreich rekrutieren als auf dem Balkan.[101] Anders als in Westeuropa bilden Muslime in Bosnien, Albanien oder in Kosovo keine Minderheit und haben ein Selbstbewusstsein, das nicht durch Diskriminierung und Marginalisierung geprägt ist. Die Radikalisierung fand oftmals erst durch die Diaspora in der EU statt und die Videos, die radikale Prediger dort aufnahmen.

Während die radikalen Netzwerke in Bosnien auf die Kriegsjahre zurückgehen, gibt es keine vergleichbare Entwicklung in Kosovo oder Albanien. Die Kosovo-Befreiungsarmee war nationalistisch und säkular geprägt und nicht auf Unterstützung durch islamische Kämpfer angewiesen. Da die NATO und westliche Staaten außerdem relativ schnell eingriffen, verschleppte sich der Krieg in Kosovo nicht wie jener in Bosnien. Diese Kombination ließ zunächst wenig Raum für radikale Kämpfer oder Prediger. Dieser öffnete sich erst später, als verschiedene Staaten und ihre religiösen Einrichtungen um Einfluss auf dem Balkan buhlten.

Sommerfrische Bosnien – Urlaub von konservativen islamischen Traditionen

Die Touristen aus den Golfstaaten, die in den bosnischen Bergen und Seen nach sommerlicher Abkühlung suchen, haben mit den radikalen Salafisten in Gornja Maoča nichts gemein. Für sie bietet Bosnien vielmehr die Gelegenheit, sich im Urlaub mal nicht an konservative islamische Traditionen halten zu müssen. Trotzdem sind die Gründe sowohl für die erwünschte touristische Entwicklung als auch für die Radikalisierungsbewegung eng miteinander verflochten: Die Jahre der Unsicherheit und Bürgerkriege, die auf den Arabischen Frühling 2011 folgten, boten nicht nur einen fruchtbaren Boden für den Islamischen Staat, sie machten auch beliebte Destinationen für arabische Touristen aus dem Golf weniger sicher. Auf der Suche nach neuen Zielen entdeckten sie Bosnien.

Touristen haben schon oft über ungewöhnliche Wege auf den Balkan gefunden. Tausende Koreaner besuchten Kroatien, nachdem in

TV-Shows wie *The Romantic* oder *Battle Trip* ein Millionenpublikum die Schönheit des Landes entdeckte. Viele Niederländer bereisen seit Jahrzehnten den Ohrid-See in Nordmazedonien, weil die dort spielenden Geschichten des bekannten niederländischen Schriftstellers A. den Doolaard Schullektüre waren. Kürzlich entdeckten schließlich Amerikaner Dubrovnik und Klis in Dalmatien, wo völlig losgelöst vom eigentlichen historischen Kontext Game-of-Thrones-Touren angeboten werden. Auf diese Weise konnte ein Kroate vielleicht durch eine Busladung voller koreanischer Touristen in einem kleinen Dorf überrascht werden oder durch Amerikaner genervt, die in Dubrovnik den aus der Serie bekannten »Walk of Shame« suchten, doch lösten diese Touristen nicht die gleichen Irritationen aus, wie jene aus der Golfregion.

Die Verunsicherung begründet sich aus dem strikteren Islam, der damit verbunden wird. Es entstanden zahlreiche Einkaufszentren und Hotels in Sarajevo, oft mit Geldern aus der Türkei oder der Golfregion finanziert, die weder Alkohol ausschenkten noch Schweinefleisch verkauften. Viele fühlten sich fremd zwischen dieser Mischung aus oft unerreichbarem Luxus und restriktivem Islam, der so gar nicht der Praxis in Bosnien entsprach. Viele Bewohner Sarajevos sehen in Luxustempeln ohne Alkohol, Halal-Metzgern und verschleierten Touristen aus der arabischen Welt eine Bedrohung, die anders geartet ist als jene, die europäische Rechtspopulisten heraufbeschwören. Diese sehen in der Zuwanderung aus der islamischen Welt eine Gefahr, haben aber mit wohlhabenden Touristen kaum ein Problem. Die arabischen Touristen in Bosnien sind zwar weniger wohlhabend. Die Sorge erwächst jedoch gerade aus der Nähe, die sich dadurch ergibt, dass die große Mehrheit der Einwohner Sarajevos ebenfalls Muslime sind. Viele befürchten, dass der entspannte Umgang mit dem Islam unter Druck geraten könnte. Interessanterweise kommen im Gegenteil viele Touristen aus der arabischen Welt nach Bosnien, um die strikten Einschränkungen ihrer Heimat hinter sich zu lassen. So profitiert neben den Casinos auch die Prostitution vom neuen Tourismusboom. Die freie Verfügbarkeit von Alkohol, jenseits der alkoholfreien Hotels und Shoppingzentren, ist insofern auch kein Nachteil.

Österreichische Bergorte wie Zell am See sind schon länger attraktive Ziele für arabische Touristen, die versuchen, vor der Hitze in die grünen und kühlen Berge Europas zu fliehen. Während Österreich jedoch eine Destination für wohlhabendere Touristen ist, wurde Bosnien nicht zuletzt deshalb attraktiv, weil es auch für den Mittelstand bezahlbar war. 2022 kamen insgesamt etwa 100 000 Gäste aus allen Golfstaaten nach Bosnien, immerhin fast zwölf Prozent aller Touristen, vergleichbar mit der Zahl der serbischen und kroatischen Urlauber. In Ilidža, einem Vorort Sarajevos, beliebt wegen der Nähe zum Flughafen und der Quelle des Flusses Bosna, kann man nun Schilder auf Arabisch entdecken, Metzger bieten Halal-Fleisch an, und Immobilienmakler versuchen Häuser mittels arabischsprachiger Werbetafeln zu verkaufen.

Der Tourismusboom löste einen Bauboom aus. Dutzende Firmen boten Immobilien für arabische Touristen an, und etliche Bauprojekte von großen Urlaubssiedlungen in den Bergen um Ilidža wurden aus der Taufe gehoben. Oft Großprojekte mit sogenannten Gated Communitys, also Wohngebiete, die nur für Anwohner zugänglich sind und sich in diesem Fall ausschließlich an arabische Investoren richten. Neue Siedlungen mit Ferienhäusern tragen so klangvolle Namen wie Sarajevo Resort Osenik, Tarčin Forest Resort, Orchid Resort, Country Side Resort, Poljine Hills und Ilidža Pearl Resort. Schlagartig stieg der Preis für Bauland in diesen eher dünn besiedelten Bergregionen um ein Mehrfaches. In die Freude über schnelle Profite mischten sich Sorgen vor den Umwälzungen, die solche Großprojekte bedeuten. Obwohl es die Gesetze Staatsbürgern aus den Golfstaaten nicht erlauben, Land zu erwerben, entwickelten Investoren Tricks. So konnten die Interessenten die Häuser und Land für 99 Jahre pachten. Wenn viel Geld und Großprojekte locken, werden Bauprojekte in Rekordgeschwindigkeit genehmigt – und die sonst hohen Hürden der bosnischen Bürokratie sind auch kein Problem mehr.

Für viele Bosnier wurden »die Araber« zu einer Bedrohung. Weder, weil es so viele waren – Dodiks Fantasiezahlen von bis zu einer halben Million waren weit gefehlt – noch, weil sie versuchten, politischen oder religiösen Einfluss zu nehmen, sondern weil die bereits fragile Identität vieler Bosniaken als europäische Muslime im Krieg und in der Nachkriegszeit infrage gestellt wurde. Gerade weil kroatische und serbische Nationalisten die Muslime Bosniens als uneuropäisch beschrieben und behaupteten, Europa vor dem Islam schützen zu wollen, bedrohten die Muslime aus der arabischen Welt die eigene Existenz. Radikale Islamisten, so klein ihre Zahl auch war, sowie die arabischen Touristen stellten die schwierige Position vieler Muslime in Bosnien somit erneut auf die Probe.

Fast zur selben Zeit, als Touristen aus den Emiraten und anderen Golfstaaten begannen, nach Bosnien zu reisen, trafen Bosnier, Albaner und andere Bewohner des Balkans auf eine ganz andere Gruppe von Muslimen. Diese kamen nicht mit dem Flugzeug, sondern meist zu Fuß, nachdem sie ihre lange und gefährliche Reise in kleinen Booten über die Ägäis von der Türkei nach Griechenland geführt hatte. Ihre Flucht beruhte auf den gleichen Ursachen, die den Aufstieg des Islamischen Staates ermöglicht und die Touristen in Richtung Bosnien gelenkt hatten: Der Bürgerkrieg in Syrien hatte zur Flucht von Millionen Syrern geführt. Die meisten fanden Unterkunft in der Türkei und im Libanon. Ein kleiner Teil, gefolgt von anderen Migranten aus Afghanistan, dem Iran und anderen Staaten des Nahen Ostens, suchten eine Bleibe in Westeuropa. Ab dem Sommer 2015 brachen Hunderttausende auf, um durch Griechenland, Nordmazedonien und Serbien nach Ungarn oder Kroatien zu gelangen. Je mehr die EU-Staaten ihre Außengrenzen verbarrikadierten, desto mehr Flüchtlinge und Migranten blieben auf dem Balkan förmlich hängen, oft unmenschlich in Lagern im Nirgendwo untergebracht. Zu Beginn zeichnete sich die Bevölkerung, auch von eigener Fluchterfahrung geprägt, durch große Solidarität aus. Doch es entstanden auch Spannungen. Etwa darüber, dass die Flüchtlinge scheinbar leicht die Grenzen zur EU überwanden, die die Bevölkerung auf dem Balkan daran erinnerten, dass sie selbst noch außerhalb der EU lebte. Auch bestand ein offensichtlicher Kontrast zwischen den offiziellen islamischen Strukturen und dem Islam der Migranten. Die Schließung der Grenzen durch die EU und der Wandel der Sichtweise innerhalb der EU, weg von humanitärer Unterstützung von Flüchtlingen und hin zum Migranten als Sicherheitsrisiko, spiegelte sich auf dem Balkan alsbald wider. 2018 fanden zahlreiche Proteste gegen Migranten in Bihać statt. Bihać war die letzte Stadt im Nordosten Bosniens vor der Grenze nach Kroatien, wo besondere viele Migranten gestrandet waren.

Seit 2015 finden sich auf dem Balkan, und insbesondere in Bosnien, verschiedene Verbindungen in die islamische Welt. Von Touristen, die nach Sommerfrische suchten, über radikalisierte Jugendliche, die sich dem IS anschlossen, bis zu den Migranten, die sich auf dem Weg nach Westeuropa befanden. Drei Gruppen, die kaum aufeinandertreffen, jedoch durch die gleichen Dynamiken miteinander verbunden sind. Für die muslimischen Bevölkerungen auf dem Balkan waren diese Dynamiken verunsichernd, weil sie ihre Position als europäische Muslime infrage stellten. Als der IS vorerst zusammenbrach, stellte sich die Frage nach der Rückkehr eigener Staatsbürger, die sich dem IS angeschlossen hatten. Während die EU-Staaten zögerten, führten die meisten Balkanstaaten Dutzende ihrer Staatsbürger zurück. Währenddessen kamen und kommen die Flüchtlinge und die Touristen weiterhin nach Bosnien. Exklusive Ferienanlagen werden genauso ausgebaut wie die Flüchtlingslager. Das Lager in Lipa musste 2021 neu errichtet werden, nachdem das alte durch ein Feuer zerstört worden war. Lipa befindet sich im Nirgendwo. 25 Kilometer von Bihać entfernt, ohne eine einzige Siedlung in der Nähe. Hinter dem nächsten Berg liegt Kroatien.

14
DIE AUTOBAHN INS NIRGENDWO

Boljare ist ein kleiner Weiler im Sandžak, der überwiegend islamisch geprägten gebirgigen Gegend entlang der Grenze zwischen Serbien und Montenegro. Gäbe es nicht den ambitionierten Plan, eine Autobahn durch Montenegro zu bauen, von der Adria bis zur serbischen Grenze, würden kaum mehr als die 33 Einwohner selbst von dieser Siedlung wissen. Doch nun ist Boljare – in einem Atemzug genannt mit Bar, der Stadt am anderen Ende der geplanten Autobahn – in aller Munde in Montenegro. Geplant wird die Verbindung seit 1986. Tito war sechs Jahre tot und ein Zerfall Jugoslawiens noch kaum vorstellbar. Damals sollte eine Autobahn von der Küste nach Belgrad gebaut werden. Zehn Jahre zuvor war die Eisenbahnlinie auf derselben Strecke eröffnet worden.

Wer James Bond in »Casino Royale« im eleganten Hochgeschwindigkeitszug zu den Casinos in Montenegro reisen sieht, könnte meinen, diese Fahrt sei bequem. Tatsächlich rief die Szene in Kinos auf dem Balkan Gelächter hervor. Der Zug benötigt mindestens zwölf Stunden, um die 476 Kilometer von Belgrad zur Adriaküste zu überwinden. Eine Autofahrt ist noch beschwerlicher. Mit einer Fahrtzeit von über acht Stunden auf meist kurvigen Landstraßen gleicht die Reise ans Meer zu den Spielbanken einem russischen Roulette. Nach dem Zerfall Jugoslawiens, als Montenegro bis 2006 weiter einen gemeinsamen Staat mit Serbien bildete, wurde die Adriaküste zum wichtigsten Ziel für Serben im Sommerurlaub. Eine Autobahn schien Sinn zu ergeben, ihr Bau war in den durch Krieg und Sanktionen geprägten Neunzigern aber unvorstellbar. Nach der Unabhängigkeit

Montenegros wurde die Idee wieder aktuell. Doch für die montenegrinische Regierung ging es nun nicht mehr ausschließlich um eine Anbindung an Belgrad. Betuchte Touristen aus Russland und andere Besucher, die mit dem Flugzeug anreisten, waren nun lieber gesehen als die weniger wohlhabenden Serben, die mit Autos, vollgestopft mit Gemüse, Fleisch und Schnaps, anreisten.

Die Küstengegenden profitierten vom neuen Touristenboom. Jacht-Marinas und Luxushotels pflastern heute die Küste zu, gerade zwischen der kroatischen Grenze bei Igalo und Bar. Doch im Norden des Landes tat sich weniger. Zwar gab es dort schon in jugoslawischen Zeiten Skiorte, die nun aber einen Dornröschenschlaf hielten. Die Unterentwicklung hatte auch politische Konsequenzen. Die orthodoxen Bewohner der bergigen Landstriche entlang der Grenze zu Serbien sahen sich zunehmend als Serben statt als Montenegriner. Dort war auch der Widerstand gegen die Unabhängigkeit beim Referendum 2006 am größten. Das Gefühl, von der Unabhängigkeit kaum zu profitieren, verstärkte die Entfremdung vom Staat. Somit wurde der Autobahnbau auch zum Politikum. Sie war das Lieblingsprojekt von Milo Djukanović. Aus wirtschaftlicher Sicht ergab das Vorhaben jedoch keinen Sinn. Insgesamt drei Machbarkeitsstudien von verschiedenen westlichen Beraterfirmen kamen zu diesem Schluss – und alle drei blieben über Jahre geheim. Zwei Versuche, den Bau den Studien zum Trotz zu forcieren, scheiterten. Erst zog sich ein kroatisches Konsortium um die Firma Konstruktor von dem Vorhaben zurück, als die Finanzierung nicht gesichert war. Und dann sprang auch ein griechisch-israelisches Konsortium ab. Das Projekt schien zum Scheitern verurteilt, da große Finanzinstitute kein Interesse hatten, den Bau zu finanzieren, das Risiko war einfach zu groß. Dann tauchte China auf. Im September 2011 unterzeichnete die Regierung ein Abkommen mit der Export-Import Bank von China (EXIM), einem staatlichen Kreditinstitut, das darauf spezialisiert ist, Infrastrukturprojekte zu finanzieren. Anfang 2014 erging ein Kredit in Höhe von fast einer Milliarde Dollar, um das erste Teilstück der Autobahn zu finanzieren. Die etwas mehr als 40 Kilometer führen nördlich von Podgorica bis zur Kleinstadt Kolašin und sind die komplexesten und teuersten der gesamten geplanten Autobahn. 36 Brücken und 19 Tunnels machen zusammen über die Hälfte der Strecke aus. Damit war diese Autobahn nicht nur die erste für den Kleinstaat Montenegro, sondern die damals teuerste in ganz Europa mit Kosten von über 20 Millionen Euro pro Kilometer.

Chinesisch-montenegrinische Geschäfte

Wie bei vielen chinesisch finanzierten Infrastrukturprojekten war vertraglich vorgeschrieben, dass die Bauarbeiten von chinesischen Unternehmen durchgeführt werden. Hier war es China Road and Bridge Corporation (CRBC), die weltweit große Infrastrukturprojekte verantwortet, von Ringstraßen in Addis Abeba bis hin zum Karakorum Highway in Pakistan und der Autobahnbrücke zur kroatischen Halbinsel Pelješac. Das Unternehmen wurde von der Mehrwertsteuer befreit und mit zahlreichen weiteren Steuerprivilegien ausgestattet. Gemäß Vertrag musste die CRBC mindestens 30 Prozent ihrer Aufträge an einheimische Unternehmen vergeben. Die meisten erhielt BEMAX, ein Bauunternehmen, das erst kurz vorher aus dem Nichts aufgetaucht war und der damaligen Regierungspartei nahestand. Wie bei vielen derartigen Verträgen blieben große Teile geheim. Da keine öffentliche Ausschreibung stattgefunden hatte und der Bau im Paket mit dem Kredit vereinbart worden war, blieb lange Zeit offen, wie die Bedingungen für den Bau aussahen. Um die Umwelt jedenfalls schien sich das Unternehmen wenig zu scheren. Das Projekt führt entlang des Flusses Tara, dessen Canyon seit 1980 als UNESCO-Welterbe geführt wird. Beim Bau wurden das Flussbett beschädigt und Abwasser in den Bergfluss gekippt, mit schweren Folgen für das Ökosystem. Die Kooperation eines chinesischen Unternehmens und des montenegrinischen Staates, der dem Bauprojekt politische und rechtliche Legitimität verlieh, ermöglichte es.

Schon bald wurde deutlich, dass der Staat offenbar über den Tisch gezogen worden war. Zunächst verlangte die CRBC noch vor der Fertigstellung zusätzliche 115 Millionen Euro, da im ursprünglichen Vertrag Wasser- und Elektrizitätsversorgung nicht vorgesehen waren, sodass die Gesamtkosten auf über eine Milliarde Euro anwuchsen. Somit machten die Staatschulden Montenegros durch den Kredit 90,5 Prozent des Bruttosozialprodukts aus.[102] Erst im November 2021 veröffentlichte die neue montenegrinische Regierung die drei bis dato geheimen Machbarkeitsstudien im Vorfeld des Autobahnbaus. Es war eine deutliche Spitze gegen die Vorgängerregierung. Nach den Parlamentswahlen im Sommer 2020 hatte Djukanovićs DPS erstmals die Mehrheit im Parlament verloren. Sie war seit 30 Jahren an der Macht gewesen. Wenn man bedenkt, dass sie die Nachfolgepartei der Kommunisten ist, die ab 1945 herrschten, waren es sogar 75 Jahre. Die Nachfolgeregierung blieb instabil und zerstritten, war jedoch bemüht, sich von ihren Vorgängern zu distanzieren. Deshalb veröffentlichte sie die Studien. Die dritte Machbarkeitsstudie war 2012 zu dem Schluss gekommen, dass »das geringe aktuelle Verkehrsaufkommen und die schwachen Wirtschaftsprognosen bedeuten, dass die wirtschaftlichen Vorteile der vorgeschlagenen Route keine angemessene Rendite für die Investition bieten«.[103] Alle Studien schienen zu bestätigen, was viele vermuteten: Die Baukosten waren in ihnen deutlich niedriger angesetzt worden, als später im Vertrag mit der CRBC vorgesehen.[104]

Hatte China versucht, Montenegro mit dem Kredit in die Schuldenfalle zu locken? Eigentlich sollte doch jeder Geldgeber die Zahlungsunfähigkeit des Schuldners fürchten. Was eine Bank beunruhigt, kann auf internationaler Ebene eine andere Dynamik entwickeln. Nachdem die Volksrepublik damit begonnen hatte, zunehmend aggressiv als Kreditgeber, gerade im globalen Süden, aufzutreten, um Infrastrukturprojekte zu finanzieren, ist die Sorge vor der Schuldenfalle aufgekommen. Sie beschreibt die Abhängigkeit, in die ein Land gerät, wenn es seine Schulden nicht mehr bezahlen kann. Zu hohe Ausstände, gekoppelt an Projekte von dubioser Qualität, können zu solchen Abhängigkeiten führen. Als bestes Beispiel dafür gilt der Hafen von Hambantota in Sri Lanka, der ebenfalls von der EXIM-Bank finanziert wurde. Als Sri Lanka in Zahlungsschwierigkeiten geriet, überschrieb es einer staatlichen chinesischen Firma eine 99-jährige Konzession, den Hafen zu verwalten. Die Vorstellung, dass China andere Länder absichtlich in die Schuldenfalle führt oder besser: verführt, ist umstritten. Zugleich liegt es auf der Hand, dass Schulden Abhängigkeiten schaffen. Natürlich kann ein Land sich für zahlungsunfähig erklären und weigern, die Schulden zurückzuzahlen. Doch das wäre für die weiteren Beziehungen mit hohen Risiken verbunden. Die umfangreichen Kredite, die China im Verlauf des letzten Jahrzehnts für Infrastrukturprojekte vergeben hat, haben dazu geführt, dass tatsächlich zahlreiche Länder hohe Schulden bei chinesischen Banken haben. Sie müssen nun oft umfinanzieren, da sie die ursprünglichen Bedingungen nicht einhalten können. Hinzu kommt, dass die Zinsen und Bedingungen oft weitaus undurchsichtiger und nachteiliger sind als jene des Internationalen Währungsfonds.

Anfang 2021 musste Montenegro mit der Rückzahlung der Kredite beginnen. Als es der neuen Regierung schwerfiel, die erste Rate aufzutreiben, spekulierten Medien und die Öffentlichkeit, dass China wertvolles Land vom Staat einfordern könne. Der junge stellvertretende Ministerpräsident Dritan Abazović von der grün-liberalen Partei URA appellierte vor dem Europäischen Parlament: »Bitte helfen Sie uns, dieses Geld zurückzuzahlen, dieses Darlehen durch ein Darlehen einer europäischen Bank zu ersetzen, eine Zusammenarbeit mit einem europäischen Finanzinstitut einzugehen und den chinesischen Einfluss zu beenden.«[105] Mit dieser Bitte blitzte Abazović jedoch ab. Obwohl die Kommission einräumte, dass China durch die Schulden einen großen Einfluss auf Montenegro erhält, lehnte die EU jede Unterstützung ab. Die Sorge war wohl zu groß, Regierungen auf dem Balkan und anderswo dazu zu ermutigen, mehr chinesische Schulden aufzunehmen, und wenn es schwierig wird, bei der EU um Hilfe zu ersuchen.

Es bestand in Montenegro nun die Befürchtung, dass China nach dem Vorbild in Sri Lanka den Hafen von Bar für sich verlangen könnte. Bar verfügt über den wichtigsten Hafen des Landes, der potenziell aufgrund der neuen Autobahn auch zum wichtigsten Güterhafen für Serbien werden könnte. Diese Sorge entbehrte jedoch jeglicher rechtlichen Grundlage. Die Zahlungsunfähigkeit versetzt China juristisch nicht in die Lage, sich den Hafen oder andere Objekte unter den Nagel zu reißen. Wie so oft wurden auch hier berechtigte Sorgen über den negativen Einfluss von externen Mächten übertrieben dargestellt, um sie als Instrument im innenpolitischen und globalen Wettbewerb zu nutzen. Letztlich gelang es der neuen Regierung mit einer komplexen Finanzkonstruktion zwar auch, das Geld für die erste Rate aufzutreiben und mithilfe von Banken in der EU und den Vereinigten Staaten die Zinsen von zwei auf 0,88 Prozent zu senken.[106] Die Schulden bleiben jedoch erdrückend hoch und schweben wie ein Damoklesschwert über dem kleinen Land. Und natürlich bergen sie die Möglichkeit, Einfluss auszuüben. Ein Land, das auf den guten Willen eines anderen angewiesen ist, ist verwundbar. Wenn es um eine Abstimmung in den Vereinten Nationen über Menschenrechtsverletzungen in Xinjiang oder Hongkong, um Taiwan oder andere Fragen geht, könnte ein verschuldetes Land China einen Dienst erweisen wollen. Noch schwerer wiegt, dass die asiatische Großmacht über solche Kredite unrentable Prestigeprojekte von Balkans Autokraten wie Djukanović finanziert. Die Vergabe ohne Ausschreibung und mit staatlicher Geheimhaltung lädt zum Missbrauch ein, da vieles intransparent bleibt.

Es wird noch viele Jahre dauern, bis man auf der ersten montenegrinischen Autobahn von Belgrad an die Adria fahren kann: Von der gut 500 Kilometer langen Strecke fehlen noch über 100 Kilometer. Am 13. Juli 2022, am Nationalfeiertag und mit Feuerwerk, eröffneten Djukanović als Staatspräsident und Dritan Abazović als Ministerpräsident das 40 Kilometer lange erste Teilstück der Autobahn von Smokovac nach Mateševo, also von Podgorica bis in die 40 Kilometer entfernte Gemeinde Kolašin. Während Abazović ein gutes Jahr früher noch verzweifelt an die europäische Hilfsbereitschaft appelliert hatte, um chinesischer Abhängigkeit zu entkommen, lobte er nun das Projekt als »Anfang der dauerhaften Verbindung Montenegros mit der Welt«.[107]

Chinas Infrastrukturboom auf dem Balkan

Zahlreiche Eisenbahn- und Straßenprojekte wurden im letzten Jahrzehnt mit chinesischen Krediten und meist auch von chinesischen Firmen auf dem Balkan umgesetzt. Wenn anderswo auch die Sorge vor der Schuldenfalle geringer war als in Montenegro, so sind die chinesischen Bauprojekte fast immer von Kontroversen begleitet. Die chinesische Präsenz auf dem Balkan fußt auf der globalen Belt and Road Initiative (BRI). Die BRI ist Chinas Plan, die Infrastruktur in Asien, Europa und Afrika zu verbessern, mit der Absicht, sich selbst besser auf Land und See mit dem Rest der Welt zu verbinden. Auch wenn die Initiative nicht nur den Ausbau der Infrastruktur zwischen Fernost und Europa unterstützt, so steht diese »neue Seidenstraße« im Vordergrund. Sie soll über verschiedene See- und Landrouten die Wirtschaftsbeziehungen zwischen China und Europa verstärken. Über den Balkan führen gleich zwei der sechs Routen: die Landroute über Zentralasien und die Türkei und die Seeroute über das Mittelmeer. In dieser Sichtweise ist der Balkan eine wichtige Transitregion auf dem Weg in die EU. Für China ist die Region aber nicht nur Durchgangsgebiet. Einerseits ist die BRI eine Initiative, die auch den ärmeren Westen der Volksrepublik wirtschaftlich entwickeln soll, und aus dieser Perspektive ist der Balkan das europäische Gegenstück hierzu. Andererseits ist es leicht, in der Region Verbündete zu finden. Die Bedeutung von Krediten und Infrastrukturprojekten ist hier weitaus höher als in der EU selbst.

Mittel- und Südosteuropa sollten über die sogenannten China-Mittel-Ost-Europa-Gipfel eingebunden werden. Das Format trug auch die symbolischen Namen 14+1, dann 16+1 und kurz auch 17+1. Diese Rechenaufgabe unterstreicht, dass es eben nicht einfach um 15, 17 oder 18 gleichberechtigte Staaten geht, die daran teilnehmen. Es geht immer um China *plus* die anderen Staaten. Alle Balkanländer, außer Kosovo, das von China nicht anerkannt wird, nehmen zwar teil, doch gibt es immer wieder kritische Stimmen zu den Gipfeln und der ungleichen Zusammenarbeit. 2021 verließ Litauen das Forum, gefolgt

2022 von den anderen beiden baltischen Staaten. EU-Kommissionspräsidentin Ursula von der Leyen betonte in ihrer Rede zur Lage der Union im September 2020, dass »der Westbalkan ein Teil Europas [sei], und nicht nur ein Zwischenhalt auf der Seidenstraße«.[108] Der anwachsende Antagonismus zwischen der EU und China und dessen selbstbewussteres Auftreten erschweren die Zusammenarbeit, gerade aus Sicht der EU-Mitglieder. China hingegen positionierte sich nicht gegen die EU, sondern arbeitete punktuell auch mit ihr zusammen. Beispielsweise beim Bau der Pelješac-Brücke in Kroatien, die durch chinesische Firmen gebaut und zu 85 Prozent von der EU finanziert wurde. Die Chinese Road and Bridge Corporation (CRBC) hatte 2018 die Ausschreibung für das Projekt gewonnen. Diese Kombination aus EU-Finanzierung und chinesischem Bauunternehmen stellt jedoch eine Ausnahme dar.

In allen anderen Fällen wurden Bauprojekte sowohl durch chinesische Kredite finanziert als auch von chinesischen Unternehmen durchgeführt. So auch in Nordmazedonien. Hier fädelte Gruevski, von 2006 bis 2016 Ministerpräsident, einen Autobahndeal mit China ein. Es ging um die Verbindung nach Ohrid, das mazedonische Urlaubsziel schlechthin. Die Sommerhitze des Balkans wird auf fast 700 Metern am Ohridsee erträglich. Die Stadt selbst hat nur knapp 40 000 Einwohner, wächst jedoch im Sommer zu einer, für mazedonische Verhältnisse, Großstadt an. Die Straße nach Ohrid liegt nicht nur auf der europäischen Verkehrsachse von Varna am Schwarzen Meer in Bulgarien nach Durrës an der albanischen Adria, sondern auch an der antiken römischen Via Egnatia von Konstantinopel nach Rom. Gleichwohl gab es auf der Strecke nicht ausreichend Verkehrsbewegungen, um für eine europäische Finanzierung infrage zu kommen. Die bestehende Autobahn erstreckt sich von Skopje durch die fruchtbaren Täler Westmazedoniens bis nach Kičevo. Doch hier beginnen die Berge und erschweren den weiteren Bau. Wie in Montenegro sprang auch hier China ein.

Der Bau begann 2014. Die EXIM-Bank finanzierte einen Kredit über ursprünglich 411 Millionen Euro. Gruevski verhandelte mit chinesischen Unternehmen über den Bau und entschied sich für Sinohydro, eine Firma mit fragwürdigem Ruf. Das Bauunternehmen wurde von der Afrikanischen Entwicklungsbank wegen Betrugs bei einem Bauprojekt in Uganda auf eine schwarze Liste gesetzt. Trotz dieser Vorgeschichte und höheren Kosten konnte sich Sinohydro gegen andere chinesische Konkurrenten durchsetzen. Erst 2015 wurde klar, warum. Ab Januar 2015 veröffentlichte der damalige Oppositionschef Zoran Zaev Tonaufnahmen des mazedonischen Geheimdiensts, die ihm zugespielt worden waren. Sie offenbarten das undemokratische und korrupte Verhalten der Regierung, auch in Bezug auf den Autobahnbau. Später beschuldigte die Sonderstaatsanwaltschaft mehrere Regierungsmitglieder, von dem Projekt 155 Millionen für persönliche Zwecke abgezweigt zu haben. Weiterhin war der Bau schlampig geplant und verhandelt worden, sodass 186 Millionen Euro zusätzliche Kosten für den Staat entstanden waren. Dies wurde deutlich, als Zaev 2017 nach Massenprotesten und vorgezogenen Neuwahlen an die Macht gelangte und die Pläne neu verhandelte. Wie schon in Montenegro bedeutete die Kombination aus intransparenter Vergabe, fehlender öffentlicher Ausschreibung und korrupten lokalen Regierungen, dass die Chancen für Missbrauch so groß waren wie die Margen. Das Nachsehen hat am Ende immer die Bevölkerung.

Während es sich bei den Projekten in Montenegro und Nordmazedonien um Prestigeprojekte der Regierungschefs handelte, gibt es durchaus Infrastrukturvorhaben auf dem Balkan, die im direkten Interesse Chinas sind. Im März 2022 saßen Viktor Orbán und Aleksandar Vučić gemeinsam in einem Zug. Während dieser durch den neuen Bahnhof von Belgrad fährt, winkt Vučić eifrig von seinem Sitzplatz aus ins Leere, der Bahnsteig ist fast leer, niemand reagiert. Orbán winkt zögerlich mit, blickt jedoch irritiert auf seinen Gastgeber, der wirkt, als stünden jubelnde Menschenmassen vor ihm.[109] Diese Szene wurde viel auf den sozialen Medien in Serbien geteilt: der Präsident, der ins Nichts winkt. Tatsächlich sollte die Zugfahrt der serbischen und ungarischen Machthaber die neue serbisch-ungarische Freundschaft feiern – die »Made in China« ist. Orbán und Vučić waren, trotz ihrer diktatorischen Reflexe, einander nicht von Anfang an zugetan. Als Orbán die gemeinsame Grenze 2015 durch einen vier Meter hohen Zaun mit Stacheldraht verbarrikadierte, kommentierte Vučić vor dem Europarat: »Wir haben uns gelegentlich europäischer verhalten als einige Mitgliedstaaten.« Obwohl er es nicht aussprach, meinte er unmissverständlich seinen nördlichen Nachbarn. Doch als die EU zunehmend selbst die Grenzen schloss und immer mehr Migranten in Serbien strandeten, kamen sich Orbán und Vučić näher. Im Geiste verwandt, verbunden durch autoritäre Herrschaft und gute Beziehungen zu Russland, florierten die Beziehungen.

Zu einem wichtigen gemeinsamen Vorhaben stieg die Eisenbahnlinie zwischen Belgrad und Budapest auf. Die Strecke ist zugleich für China ein wichtiges Infrastrukturprojekt. Die Route, einst vom Orient-Express befahren, war in die Jahre gekommen. Wie auf so vielen Verbindungen auf dem Balkan dauerte die Fahrt jedes Jahr etwas länger. In den neunziger Jahren erschwerten Sanktionen den Zugverkehr, 1999 zerstörten NATO-Bomben Eisenbahnbrücken. Obwohl diese schnell durch Provisorien ersetzt wurden, erlahmte der Zugverkehr. Mangels Instandhaltung mussten die Züge immer langsamer fahren, um nicht zu entgleisen, sodass die Fahrt, größtenteils durch die sehr flache pannonische Tiefebene, immer länger dauerte. 1981 brauchten die drei täglichen Züge noch etwa sechs Stunden für die 375 Kilometer. 35 Jahre später, 2016, dauerte die Fahrt acht Stunden und 20 Minuten. Mit langen Wartezeiten auf beiden Seiten der Grenze, als seien Sanktionen oder der Kalte Krieg noch im Gange. Der Grund für das große Interesse an der Strecke hat jedoch nichts mit Komfort oder Nostalgie für den Orient-Express zu tun. Er liegt Hunderte Kilometer südlich an der Mittelmeerküste: Piräus. 2016 hatte die chinesische Reederei Cosco den Hafen mehrheitlich übernommen. Ausgelöst durch die Schuldenkrise wurde Griechenland durch die Troika der Europäische Kommission, des Internationalen Währungsfonds und der Europäischen Zentralbank gezwungen, große Teile seiner Infrastruktur zu verkaufen. Der wichtigste griechische Hafen fiel dabei an China. Cosco modernisierte den Hafen mit dem Ziel, ihn zu einem der wichtigsten Umschlagplätze für chinesische Güter in Europa zu machen. Zuvor war der Hafen, trotz seiner strategisch guten Lage nahe am Suezkanal, stark vernachlässigt worden. Piere waren nicht fertig gebaut worden, Streiks und politische Einflussnahme machten den Anlegeplatz unrentabel. Durch die Investitionen des chinesischen Besitzers wurde Piräus binnen weniger Jahre zu einem der zehn wichtigsten Häfen Europas.[110] Entscheidend für den Erfolg ist jedoch der schnelle Weitertransport der Güter vom Hafen in die Märkte in Mitteleuropa. So rückte auf einmal die lange vernachlässigte Eisenbahnlinie von Athen nach Norden in den Vordergrund. Der Startschuss zu ihrer Sanierung fiel 2013, als Orbán, der serbische Ministerpräsident Ivica Dačić und der chinesische Premier Li Keqiang bekannt gaben, dass die Strecke Budapest-Belgrad mit chinesischen Geldern ausgebaut werden würde. Die Bauarbeiten auf serbischer Seite begannen 2017. Nach dem bekannten Modell finanziert China den Bau mit Krediten, und durchgeführt wird er von chinesischen Unternehmen. Der Abschnitt von Belgrad nach Novi Sad wurde mit der Zugfahrt eröffnet, bei der Vučić freudestrahlend ins Nichts winkte.

Chinesische Firmen und wie sie arbeiten

Nachdem in den 2000ern westliche Unternehmen bei Investitionen in neue Produktionsstätten sowie bei der Privatisierung dominierten, stiegen im vergangenen Jahrzehnt immer mehr chinesische Firmen ein. Linglong ist vielleicht weniger bekannt als Michelin oder Goodyear, gehört aber zu den größten Reifenherstellern der Welt. Bis vor kurzem dominierte die Firma jedoch nur den Markt in China und eröffnete ihre erste Fabrik im Ausland nicht in Europa, sondern 2014 in Thailand. Ihre zweite ausländische Fabrik entstand jedoch in Zrenjanin, einer schmucken Stadt in der Vojvodina. Wegen der vielen Minderheiten trägt die Stadt viele Namen, die ihr die ungarische, rumänische, slowakische und deutsche Bevölkerung gaben. 2020 kam eine neue, überraschende Minderheit hinzu: Vietnamesen.

Linglong erhielt von Serbien 95 Hektar, etwa 200 Fußballfelder, besten landwirtschaftlichen Grund und Subventionen in Höhe von 85 Millionen Euro, um dort eine riesige Reifenfabrik aus dem Boden zu stampfen. Eine Prüfung der Umweltverträglichkeit des Baus wurde nicht verlangt, und so begann man 2019 damit. Die Arbeiter dafür waren keine Serben, sondern kamen aus Vietnam, wo sie über verschiedene Subfirmen angeworben und angestellt worden waren. 500 Menschen wurden in einer Schlafhalle mit zwei Toiletten untergebracht. Ihre Pässe wurden ihnen abgenommen, und ihnen wurde ein Arbeitsvertrag auf Englisch vorgelegt, obwohl nur ein Einziger der Arbeiter Englisch überhaupt verstand. Sie mussten unbezahlte Überstunden machen und fielen nicht unter das lokale Arbeitsrecht. Als Journalisten und Aktivisten davon erfuhren und versuchten, die Arbeiter zu sprechen, wurden sie von einem der chinesischen Manager der Fabrik abgefangen, der die Journalisten bedrohte und mit einem Auto verfolgte. Die Staatsanwältin schenkte dem Manager mehr Glauben als den Journalisten. Während NGOs die Situation als Menschenhandel bezeichneten, wies die Regierung, für die der Fabrikbau Chefsache war, alle Vorwürfe von sich. Der damalige Minister für Bauwesen, selbst wohlhabender Sohn einer Unternehmerfamilie, Tomislav Momirović, bezeichnete die Fabrik als die »am besten überwachte Baustelle Serbiens«.[111] Die Botschaft war deutlich: Die Fabrik hat volle Rückendeckung von höchster Stelle. Enthüllungen über Menschenhandel und Ausbeutung dürfen dem Projekt keinen Strich durch die Rechnung machen.

Es war nicht der erste Fall, bei dem die Arbeitsbedingungen chinesischer Firmen in die Schlagzeilen gerieten. Zumindest in die Schlagzeilen der wenigen regimekritischen Medien, die es in Serbien noch gibt. Die Kupferminen im ostserbischen Bor wurden 2018 von der chinesischen Zijin Mining Group übernommen. In der Kleinstadt wird seit dem frühen 20. Jahrhundert Kupfer gefördert. Einer der ersten Minenbesitzer war der Donauschwabe Georg Weifert, oder wie er in Serbien bekannt wurde: Djordje Vajfert, der mit der Brauerei seines Vaters reich wurde und die Mine in Bor, neben anderen, aufkaufte. Später wurde er Gouverneur der Nationalbank des Königreichs Serbien und ziert heute die 1000-Dinar-Scheine. Die Mine florierte auch unter kommunistischer Herrschaft, nun verstaatlicht, und machte aus Bor eine Stadt, in der fast jeder von der Mine lebte. Wie viele staatliche Betriebe fuhr das Unternehmen jedoch Verluste ein. Nach mehreren gescheiterten Privatisierungsversuchen fand sich 2018 ein neuer Partner: das chinesische Unternehmen Zijin Mining. Der größte Förderer von Gold, Kupfer und Zink in China übernahm 68 Prozent, die Schulden und versprach, mehr als eine Milliarde Euro zu investieren sowie die bestehenden Arbeitsplätze und somit die Zukunft der Stadt zu sichern. Zusätzlich kamen zahlreiche Arbeiter aus China nach Bor. Mindestens 900 wurden angeheuert. Nach einem Abkommen mit Serbien arbeiten sie nach chinesischen, nicht nach serbischen Gesetzen. Offiziell dauert ihr Aufenthalt fünf Jahre, aber kaum einer der Arbeiter wird auch so lange in Serbien bleiben, aufgrund der meist schwierigen Arbeitsbedingungen. Die chinesischen Arbeiter leben und arbeiten quasi in einer eigenen chinesischen Realität – in Serbien. Ähnlich wie in Zrenjanin waren sie auch hier unter unmenschlichen Bedingungen und ohne ihre Pässe untergebracht. Das Fabrikgelände durften sie ohne Erlaubnis nicht verlassen, viele mussten zwölf Stunden am Tag arbeiten. Erneut protestieren NGOs, denen die chinesischen Arbeiter schilderten, dass »wir keine Freiheit haben, wir sind wie Gefangene«. Konsequenzen gab es keine.[112] Die Einwohner von Bor haben kaum Kontakt zu den Chinesen, die in Containern zusammenpfercht wohnen. Aber die Luft, besser gesagt, das beim Abbau entstehende Schwefeldioxid atmen alle ein. Während die Bewohner anderer Städte auf dem Balkan im Winter unter verschmutzter Luft leiden, weil sie in ihren Öfen alles verbrennen, was sie sich leisten können, von Autoreifen bis hin zu Müll, vergiftet in Bor der Bergbau die Luft. Grenzwerte werden oft und teils dramatisch überschritten. Auch hier aber: keine Konsequenzen. Die Umweltverschmutzung der Luft und der Landschaft um Bor begann nicht erst mit den chinesischen Besitzern. Allerdings hat sich die Lage trotz Verkauf und der Investitionen auch nicht verbessert.

Zrenjanin und Bor zeigen auf, was passiert, wenn Investitionen um jeden Preis zum Selbstzweck werden. Für Vučić und seine Regierung handelte es sich um Prestigeprojekte. Und das durchaus nicht zu Unrecht, denn Regionen wie Bor oder Zrenjanin waren wie viele Regionen an der Peripherie im Niedergang begriffen. Es bedarf dort selbstverständlich finanzkräftiger Partner. Aber die »eiserne Freundschaft mit China«, wie es chinesische und serbische Amtsträger gern formulieren, bedeutet längst mehr als nur eine Geldquelle. Das Prestige des Regimes sowie möglicherweise sogar die Wertschöpfung und Rentabilität der Investition hängen mittlerweile so sehr von guten Beziehungen zur Volksrepublik ab, dass Arbeitsbedingungen und Umweltschutz zweitrangig sind. Den Protest serbischer NGOs und weniger unabhängiger Medien kann man leicht ignorieren. Genauso wie die chinesischen Firmen serbische Gesetze und Regeln ignorieren dürfen, als agierten sie nicht in Serbien, sondern Tausende Kilometer entfernt in China.

Im Laufe des vergangenen Jahrzehnts haben chinesische Unternehmen Fabriken, Minen und Werke auf dem gesamten Balkan aufgekauft, insbesondere in Serbien. Dabei haben sie vor allem in schmutzige Industrie investiert, wie das Stahlwerk in Smederevo, die Minen in Bor und Majdanpek oder das Reifenwerk in Zrenjanin. Serbien ist auch deshalb attraktiv, weil man sich nicht an EU-Umweltauflagen halten muss und offenbar auch selten an die serbischen Regeln. In den Städten liegt die Luftverschmutzung überall weit über den zulässigen Werten. In Zrenjanin kann man seit 2004 das Trinkwasser nicht mehr nutzen, es ist gesundheitsschädlich. Die Reifenfabrik droht diesen Ausnahmezustand in der Stadt zu verlängern. Lokaler Widerstand ist oft schwierig, da diese Fabriken oft die einzigen wichtigen Arbeitgeber für die örtliche Bevölkerung sind und die Angst, die Existenzgrundlage zu verlieren, gegenüber dem Umweltschaden überwiegt. Wie lebensbedrohlich die Lage ist, zeigen jedoch Studien in Bor, wo die Lebenserwartung zehn Jahre unter dem serbischen Durchschnitt liegt und ein Viertel der Bevölkerung unter Krankheiten leidet, die direkt mit der Mine zusammenhängen.[113]

China konnte den Oberhäuptern des Balkans ein attraktives Angebot machen. Mit leichten Krediten für prestigeträchtige Projekte gelang der Einstieg. Indem chinesische Bauunternehmen die Vorhaben durchführten, konnten die chinesische Wirtschaft gefördert und Überkapazitäten in der Bauindustrie ins Ausland verlagert werden. Die Großprojekte füllten die Lücke, die westliche Geldgeber hinterlassen hatten. Djukanović rechtfertigte den chinesischen Kredit für den Autobahnbau so: »China hat das gemacht, was die europäischen Institutionen nicht gemacht haben [...] Zuvor haben wir in Montenegro etwa zehn oder 15 Jahre lang versucht, durch Gespräche mit europäischen Institutionen ein günstiges finanzielles Arrangement zu erzielen für den Bau der Autobahn.« Natürlich erwähnt er nicht, dass die westlichen Banken und Unternehmen an der Rentabilität zweifelten. Der Bedarf, die Infrastruktur der Region zu verbessern, von den Eisenbahnverbindungen hin zu den Straßennetzwerken, ist unbestritten. Doch nach der Wirtschaftskrise wurden das westliche Geld knapper und die Vorgaben komplexer. Selbst Initiativen wie der Berliner Prozess, den Bundeskanzlerin Angela Merkel 2014 mit dem Ziel initiierte, die regionale Zusammenarbeit, auch im Bereich der Infrastruktur, zu verbessern, konnte dem chinesischen Angebot kaum die Stirn bieten.

15
»DANKE, BRUDER ŠI!«

Der Blick von Xi Jingping traf jeden, der im ersten Pandemiejahr 2020 über die vielbefahrene Branko-Brücke von Neu-Belgrad in die Altstadt fuhr. Das Porträt des Präsidenten und Generalsekretärs der Kommunistischen Partei Chinas prangte nicht an der Botschaft oder einer Vertretung des Landes, sondern auf einer Werbetafel, auf der ansonsten für Schokolade, Luxusuhren oder andere Konsumgüter getrommelt wird. Nun wurde China beworben, oder besser gesagt: Es wurde China gedankt. Der Dank an »Bruder Ši« kam vom Boulevardblatt *Informer*, das eigentlich eher für seine prorussische Linie bekannt ist. Putin in Matrosenuniform war eines der wiederkehrenden Motive auf der Titelseite. Am loyalsten aber waren und sind das Blatt und sein pöbelnder Herausgeber Dragan J. Vučićević dem serbischen Präsidenten ergeben. Somit kam der prominente Dank an Xi auch wenig überraschend.

Zu Beginn der Coronapandemie hatte die EU im März 2020 die Ausfuhr medizinischer Güter blockiert, auch in den Westbalkan. Die Blockade, die in der Region große Sorge vor Engpässen hervorrief, wurde von der Volksrepublik geschickt genutzt, um sich als Alternative anzubieten. Vučić nahm das Angebot an. Er bezeichnete die europäische Solidarität als »Märchen auf dem Papier« und betonte, er habe »dem Einzigen geschrieben, der hilft, und das ist China«.[114] Mitte März begrüßte der Präsident persönlich ein chinesisches Flugzeug mit Masken und anderen medizinischen Hilfsmitteln zur Pandemiebekämpfung. Ironischerweise war der Flug von der EU finanziert worden. Zugleich beschwor

Vučić auf Instagram das Bündnis mit China als »eiserne Freundschaft«.[115]

In der Frühphase der Pandemie waren Chinesen auf dem Balkan wie anderswo eher Zielscheibe von Misstrauen und Xenophobie gewesen. Doch die COVID-19-Diplomatie Chinas war in der Lage, den Ruf des Landes dramatisch zu verbessern. Vor der Pandemie war es den meisten Bewohnern des Balkans eher fremd geblieben. Es gab zwar die Infrastrukturprojekte und Firmen, aber in der Öffentlichkeit war China wenig präsent. Die Lieferung von Masken und anderem medizinischen Material brachten so viele Sympathiepunkte ein, wie die EU sich solche zugleich verscherzte. Diese Charmeoffensive setzte sich mit der Impfpolitik fort. Serbien schloss Verträge mit etlichen Impfstofflieferanten, sodass die ersten Impfstoffe früh im Land eintrafen, während andere Balkanstaaten auf die EU und die COVAX-Initiative der Weltgesundheitsorganisation setzten. Serbische Bürger konnten sich dadurch ihren Impfstoff nach geopolitischer Präferenz aussuchen. Die prowestliche Opposition ließ sich mit den Vakzinen von AstraZeneca oder Pfizer impfen, der prorussische Parlamentspräsident Ivica Dačić demonstrativ mit Sputnik V, und Präsident Vučić fuhr ins Dorf Rudna Glava, um sich dort mit dem chinesischen Impfstoff der Firma Sinopharm impfen zu lassen. Die meisten verabreichten Impfungen kamen jedenfalls aus China. Aufgrund des reichen Angebots an Impfstoffen und zugleich einer hohen Impfskepsis öffnete Serbien die Impfzentren für Bürger der Nachbarstaaten und begründete einen Impftourismus nach Serbien. Vučić kopierte die chinesische Impfdiplomatie im Kleinen und polierte den Ruf Serbiens in der Region auf.

Chinesische Charmeoffensive

Während Russland und die Türkei auf historische Vertrautheit und jahrhundertealte Kontakte mit dem Balkan zurückgreifen können, gab es kaum historische oder kulturelle Verbindungen zu China. Das Bündnis mit Albanien unter Mao und Hoxha war längst vergessen und eher eine peinliche Episode für den Staatskapitalismus der chinesischen Kommunisten. Die gegenseitige Fremdheit hatte wiederum den Vorteil, dass China zumindest keine historischen Ängste oder Vorurteile hervorrief. Einen gemeinsamen Bezugspunkt gab es dennoch: einen Film.

»Valter brani Sarajevo« (Walter verteidigt Sarajevo, 1972) ist einer der bekanntesten Filme aus der jugoslawischen Zeit. Er gehört zum beliebten Genre der Partisanenfilme, doch zeigt er nicht die üblichen Schlachten, sondern dreht sich um die deutsche Besetzung Sarajevos im Zweiten Weltkrieg und den kommunistischen Widerstand. Er endet mit einer denkwürdigen Szene auf den Bergen über der Stadt. Dort erklärt SS-Standartenführer von Dietrich mit ruhiger Stimme: »Seit ich in Sarajevo bin, suche ich Walter und finde ihn nicht. Jetzt, wo ich gehen muss, weiß ich, wer er ist.« Empört fragt der ihn begleitende Gestapo-Offizier: »Sie wissen, wer Walter ist? Sagen Sie mir sofort seinen Namen!« Woraufhin jener mit einer Geste seiner Hand antwortet: »Ich werde ihn Ihnen zeigen. Sehen Sie auf diese Stadt. Das ist Walter.« Valter, der ominöse Gegner der Deutschen, war im realen Leben Wladimir Perić, Sekretär der Kommunistischen Partei Sarajevos. Doch der Film macht aus ganz Sarajevo eine Stadt des Widerstands. Die bosnische Reggae-Ska-Gruppe Dubioza Kolektiv träumt in einem ihrer Lieder von Valter, der zurückkehrt und mit allen heutigen Nationalisten im Lande kurzen Prozess macht.

Der Film hat auf den ersten Blick gar nichts mit China zu tun. Während der Kulturrevolution war er jedoch einer der wenigen ausländischen Filme, die überhaupt gezeigt werden durften. Der Film und sein Hauptdarsteller Velimir Bata Živojinović[116] wurden Kult in China. Sogar eine beliebte Biermarke nannte sich Valter und schmückte ihr Etikett mit Živojinović samt Maschinengewehr. Als Xi Serbien besuchte, wurde die Titelmelodie des Films beim Staatsbankett gespielt, woraufhin Xi erklärte, dass »Filme wie ›Walter verteidigt Sarajevo‹ in China einst sehr beliebt waren. Sie haben den Patriotismus der Menschen wachgerufen und die Jugendzeit unserer Generation begleitet.«[117] Wie Xi betonte, war Valter ein Symbol der siebziger Jahre.

Längst gab es Gelegenheit, andere kulturelle Einflüsse zu absorbieren, sodass der Kult um den Film in den Bereich der Nostalgie gehört, jedoch immer wieder für politische und touristische Zwecke herhalten muss. Obwohl Jugoslawien und China andere kommunistische Wege beschritten, stellte der Film die Grundlage für eine positive Wahrnehmung dar. Die Ästhetik des jugoslawischen Partisanenfilms inspirierte zahlreiche chinesische Regisseure. Für Jugoslawien und die Nachfolgestaaten bot er später eine Gelegenheit, die eigene Bedeutung im bevölkerungsreichsten Land der Welt zu feiern. Tausende chinesischer Touristen folgten den Fußstapfen Valters in Sarajevo, wo ein eigenes Museum für den Film eröffnet wurde.

Wie auch anderswo auf der Welt richtete China in den Balkanländern Konfuzius-Institute an Universitäten ein, die neben ihren Sprach- und Kochkursen oft auch ein Auge auf Aktivitäten der Universität warfen, die nicht im Einklang mit chinesischer Politik standen. Der direkte Einfluss über derartige Zentren und Kontakte ist jedoch im Vergleich zum Einfluss Russlands und der Türkei eher gering. Auch die Einflussnahme auf die Medienberichterstattung zu China ist nicht sehr ausgeprägt, obgleich es über Kooperationsabkommen und Austauschprogramme versucht, diese zu steuern. Die trotzdem überwiegend positive und oft auch völlig unkritische Berichterstattung über China und chinesische Projekte ist meist das Ergebnis der Medienkontrolle durch die Regierungen in der Region selbst.

Das chinesische Kulturzentrum in Belgrad, das erste auf dem Balkan, wurde 2021 am Standort der ehemaligen chinesischen Botschaft eingeweiht, die 1999 von der amerikanischen Luftwaffe bombardiert worden war. Die zerstörte Botschaft symbolisierte die Annäherung zwischen Serbien und China und die gemeinsame antiwestliche Haltung. Die Volksrepublik lehnt, wie Russland, die Unabhängigkeit Kosovos ab. Obwohl serbische Regierungen in erster Linie auf Russland setzten, um Kosovos Mitgliedschaft bei den Vereinten Nationen zu verhindern, entwickelte sich China zum zweiten wichtigen Verbündeten. Und es war eigentlich sogar zuverlässiger. Putin verglich Kosovo immer wieder mit den russisch besetzten Gebieten in Georgien und der Ukraine und signalisierte, dass er Kosovo anerkennen würde, wenn der Westen seine gewaltsamen Grenzänderungen akzeptierte. China hingegen lehnt die Unabhängigkeit kategorisch ab. Der Grund liegt auf der Hand: Es will verhindern, dass Taiwan als eigenständig angesehen wird. Somit ist die chinesische Position weniger verhandelbar als jene Russlands.

Dass China mit seiner Unterstützung für die serbische Position auch Rückendeckung für die eigene Politik erhält, zeigte das Lob von Marko Djurić, einem engen Weggefährten Vučićs, für die chinesische Minderheitenpolitik. Damals noch als Leiter des serbischen Regierungsbüros für »Kosovo und Metohija« pries Djurić das chinesische Modell für den Umgang mit Minderheiten, insbesondere in Xinjiang. Nach seinem Besuch dort 2019 bemerkte er, »dass das Niveau des Schutzes der Minderheitenrechte in Xinjiang etwas ist, um das viele Länder in meinem Teil der Welt China beneiden könnten«. Während über eine Million Uiguren in chinesische »Umerziehungslager« gezwungen werden, beschrieb Djurić chinesische Deradikalisierungsversuche als Erfolg.[118] Natürlich freuten sich chinesische Medien über dieses Lob. Für Kosovo und Minderheiten in Serbien deutet es an, welche Art von Minderheitenschutz manchen hochrangigen Politikern in Serbien vorschwebt.

Man muss kein Teil der serbischen Regierung sein, um Fan Chinas zu werden. Der ehemalige Präsident, Boris Tadić, seit seiner Abwahl 2012 Oppositionspolitiker, pries das Land ebenfalls in höchsten Tönen. Für die Zeitschrift *China Today* schrieb er eine Lobeshymne auf das chinesische Modell und verstieg sich dazu, dass »China uns daran erinnert, dass wir einen neuen Marxismus benötigen«. Tadić war zuvor kaum als Marxist aufgefallen, aber im Angesicht Chinas wird selbst ein Demokrat zum Kommunisten. Entscheidend aber ist die implizite Unterstützung für den chinesischen Weg. Tadić argumentierte in seinem Artikel, dass jedes Land seinen eigenen Weg zur Modernisierung gehen solle und das »chinesische Modell einen Weg für andere Länder aufzeigt, die ihre Entwicklung beschleunigen und ihre Unabhängigkeit bewahren wollen«.[119] Kurz, die asiatische Großmacht gibt den Weg vor, wie man sich unabhängig vom Westen – und von Demokratie und Pluralismus – modernisieren kann. Für einen Oppositionspolitiker eine durchaus gewagte These. Obwohl es töricht erscheinen mag, sich aus der Opposition heraus für ein autoritäres System auszusprechen, wenn doch der amtierende Präsident selbst diesen Weg längst einschlägt, so war er längst nicht der Einzige. Auch der ehemalige Außenminister unter Tadić, Vuk Jeremić, unterhält gute Beziehungen nach China. Jeremić, der mehr für seine kompromisslose Haltung gegenüber Kosovo bekannt wurde als für seine westliche Ausbildung in Cambridge und Harvard, gründete, nachdem sein Mentor Tadić 2012 die Macht verloren hatte, eine eigene konservative Partei, die eine der zahlreichen Parteien der fragmentierten serbischen Opposition wurde. Nebenbei gründete er den Think-Tank Center for International Relations and Sustainable Development (CIRSD). Jeremić nutzte seine Kontakte, die er als Vorsitzender der UN-Generalversammlung geknüpft hatte. Sein Think-Tank pflegte gute Kontakte nach China und nahm oft auch eine sehr positive Sichtweise auf China ein.

Letztlich zeugen die Positionen Tadićs und Jeremićs davon, dass die guten serbisch-chinesischen Beziehungen mit den ersten Infrastrukturprojekten schon vor dem Aufstieg Vučićs begannen, der die Kontakte nur übernommen und ausgebaut hat. Das erste dieser Großprojekte war eine Brücke über die Donau nördlich von Belgrad. Sie war bereits 2009 mit einem chinesischen Kredit geplant worden, mit Kosten von über 250 Millionen Euro. Fertiggestellt wurde sie jedoch erst 2014, als Jeremić und Tadić längst die Macht verloren hatten. Vučić und der chinesische Ministerpräsident eröffneten die Brücke gemeinsam. China konnte also bereits ab 2009 in Serbien agieren, gefördert durch die Regierung, die sich nach der Unabhängigkeit Kosovos vom Westen abgewandt und nach neuen Partnern gesucht hatte. Die prochinesischen Positionen von Jeremić und Tadić auch nach ihrem Machtverlust zeugen nur davon, dass China nicht allein beim Regime, sondern auch bei Teilen der Opposition ein gern gesehener Partner ist und somit sehr tiefe Wurzeln in Serbien schlagen konnte.

Chinesische Überwachungssysteme in Serbien

Dass Teile der Opposition mit Sympathie auf China schauen, hilft wiederum dabei, die Überwachungsmöglichkeiten des serbischen Regimes zu verbessern. Über 1100 Kameras der chinesischen Unternehmen Huawei und Hikvision mit Gesichtserkennung wurden in den vergangenen Jahren in Belgrad vom Innenministerium installiert. Die Unternehmen sind nach chinesischem Gesetz dazu verpflichtet, alle Daten, wenn angefordert, den chinesischen Geheimdiensten zur Verfügung zu stellen. Ob das auch Daten betrifft, die in Serbien gesammelt werden, ist nicht erwiesen, da nur wenige Details aus dem Abkommen zwischen dem serbischen Innenministerium und den Unternehmen bekannt sind. *Radio Free Europe* berichtete jedenfalls, dass die Einführung von Überwachungskameras auf eine Fahrerflucht in Belgrad 2014 zurückgeht. Der Täter hatte Luka Jovanović, einen jungen Mann, auf einer der Brücken zwischen Neu-Belgrad und dem Zentrum überfahren und getötet. Anschließend war er nach China geflohen, konnte dort jedoch binnen weniger Tage ausfindig gemacht werden – dank des dortigen dichten Netzwerks an Überwachungssystemen. Diese Erfahrung leitete vermutlich die Zusammenarbeit ein, die dazu führte, dass in serbischen Städten Tausende Kameras errichtet wurden.[120]

Neben dem möglichen Informationsfluss nach China stellt sich auch die Frage, wie und wofür dieses Hightech-Überwachungssystem von der serbischen Regierung eingesetzt wird. Ende 2021 erhielten Dutzende Aktivisten plötzlich Strafzettel für Verkehrsbehinderungen und ähnliche Vergehen. Sie hatten bei Massenprotesten in zahlreichen serbischen Städten gegen den geplanten Bau einer Lithiummine Straßen blockiert. Die einzige Art, wie die serbischen Behörden an ihre persönlichen Daten gekommen sein konnten, ist die Gesichtserkennung, obwohl dies nach geltendem Gesetz verboten war. Der Verdacht liegt nahe, dass die chinesischen Überwachungskameras zu diesem Zweck genutzt wurden, wie auch bei Protesten in Hongkong. Aktivisten hatten beobachtet, wie Polizisten in Zivil die Demonstranten gefilmt hatten. Obwohl nicht eindeutig nachgewiesen werden konnte, dass Gesichtserkennungssoftware eingesetzt wurde, besteht zumindest die Sorge, dass die intransparente Zusammenarbeit mit China diese Art der Überwachung ermöglicht. Mit den Kameras und dem damit verbundenen System könnte die Regierung ihre Bürger nach chinesischem Vorbild ausspähen. Dies widerspricht nicht nur den serbischen Gesetzen, sondern auch den EU-Standards, denen sich Serbien verpflichtet hat. Nicht nur serbische NGOs, wie die Share Foundation, sondern auch die Europäische Union zeigten sich über die Überwachungssysteme besorgt. Ein neues Gesetz über innere Angelegenheiten, dessen Entwurf erstmals Ende 2021 vorgelegt worden war, hätte Massenüberwachung im großen Stil ermöglicht. Doch zweimal innerhalb eines Jahres zwischen Ende 2021 und Ende 2022 wurde der Gesetzesentwurf nach massiven Protesten zurückgezogen. Der Oppositionsabgeordnete und Jurist Aleksandar Olenik bezeichnete das Gesetz als eine Kopie ähnlicher Gesetze in Belarus und Russland.[121] Der Entwurf wurde zwar zurückgenommen, zeigt aber die grundsätzliche Absicht der Regierung, die Technologie zur Überwachung auch einzusetzen.

Der chinesische Einfluss geht längst über Investitionen in Firmen, verlockende Kredite und Infrastrukturprojekte hinaus. In Serbien hat sich eine enge Partnerschaft mit der Vučić-Regierung etabliert, die auf die Unterstützung in der Kosovofrage aufbaut und mit der Idee des chinesischen Modells für wirtschaftliche Entwicklung, mit starker staatlicher Steuerung ohne demokratische Kontrolle kokettiert. In den anderen Staaten des Balkans gilt dieses klar antiwestliche Konzept als weitaus weniger attraktiv.

Die Impfdiplomatie hat jedoch dazu geführt, dass China auch in den anderen Ländern, die chinesischen Impfstoff erhalten haben, wie Albanien und Nordmazedonien, ein positiveres Image bekam. Die enge Beziehung zwischen Albanien und China unter Hoxha und Mao hat zwar außer einem Albanien-Zentrum an der Universität Beijing nur wenige Spuren hinterlassen, doch versuchte China, daran anzuknüpfen. Beim zweiten Treffen aller Staaten, die an der erwähnten

»Belt and Road Initiative« beteiligt waren, rief der albanische Diplomat Hajdar Muneka die Vergangenheit in Erinnerung: »Während ich an ein altes Sprichwort des Vorsitzenden Mao erinnere – ›Albanien ist ein Leuchtturm an der Adria‹ –, frage ich mich, warum unser Land kein Leuchtturm der neuen Seidenstraße werden kann.«[122] Muneka verkörpert die Verbindung persönlich. Er hatte in den siebziger Jahren in Beijing studiert und wurde 1997 dort albanischer Botschafter.

2016 investierten verschiedene chinesische Unternehmen in fünf Großprojekte in Albanien. Eine chinesische Firma übernahm beispielsweise den Flughafen von Tirana. Doch anders als in Serbien florierte diese Zusammenarbeit nicht. 2020 bereits kaufte eine albanische Firma den Flughafen. Auch ein geplanter Jachthafen mit chinesischen Partnern in Shëngjin, einem beliebten Ausflugsziel mit chinesisch klingendem Namen für Touristen aus Kosovo im Norden Albaniens, wurde nicht realisiert. Für China liegt Albanien strategisch nicht günstig genug, und andererseits blickt Albanien sehr stark nach Westen.

16
DIE SYMBIOSE DER AUTOKRATEN

Vučićs Vorgänger und Mitbegründer der Serbischen Fortschrittspartei, Tomislav Nikolić, war etwas unbeholfen im Umgang mit ausländischen Gästen. Als er den chinesischen Ministerpräsidenten Li Keqiang 2014 in Belgrad empfing, erzählte er ihm von den Prophezeiungen der Tarabićs, zweier Bauern aus dem serbsichen Dorf Kremna. Sie hatten Ende des 19. Jahrhunderts angeblich dem örtlichen Priester ihre Vorhersagen diktiert. Nikolić erzählte: »Vor 200 Jahren war ein Mann bei uns, und er war ein Prophet, und er hatte noch nie von China gehört, aber er sagte, dass Menschen aus dem Osten kommen werden, gelbe Menschen, und sie werden die Welt beherrschen, und sie werden Wasser trinken aus dem Fluss Morava. Es ist ein serbischer Fluss.«[123] Viele Serben schämten sich für die Worte von den »gelben Menschen« für ihren Präsidenten.

Sprachen lernen mit Präsident Vučić

Während Nikolić seine Karriere als Totengräber begann und seinen Universitätsabschluss in politischem Marketing kurz vor seiner Wahl zum Präsidenten im Alter von 60 Jahren mit einem Plagiat seines Parteiprogramms erhielt, lobte sich sein Nachfolger Vučić stets selbst, angeblich der beste Student seiner Generation an der juristischen Fakultät in Belgrad gewesen zu sein. Fixer Bestandteil seiner fortdauernden Selbstoptimierung sind seitdem Sprachkurse. Bereits zu Beginn seiner Amtszeit 2013, damals noch als stellvertretender Ministerpräsident, kündigte er an, dass er Englisch, Französisch, Russisch und Deutsch lernen würde. Er plante damals, bereits im kommenden Jahr bei Besuchen in Berlin nur noch Deutsch zu sprechen.[124] Ergebnisse dieses Plans sind nicht bekannt. Anlässlich seines Besuchs in Moskau im September 2017 betonte das serbische Staatsfernsehen, dass Vučić bei allen Terminen ausschließlich auf Russisch gesprochen habe und dafür von Walentina Matwijenko, der Vorsitzenden des Föderationsrates, gelobt worden sei. Allerdings mit den nur halb überzeugenden Worten: »Ich wünschte, ich könnte so gut Serbisch reden wie Sie Russisch.« 2019 besuchte einer der vielen Fernsehsender unter Vučićs Kontrolle »exklusiv« sein Büro. Ganz zufällig entdeckte der Reporter Notizblöcke und Lehrbücher. Vučić erklärte dem beeindruckten Journalisten, dass dies seine russischen Lernmaterialien seien und er Unterricht bei einer Mitarbeiterin der russischen Botschaft nehme, »in den frühen Morgenstunden, wenn noch niemand im Büro ist«.[125]

Neben Russisch, Englisch, Französisch und Deutsch trat später auch Chinesisch auf den Plan. Mit einer einminütigen Rede in radebrechendem Chinesisch nahm er die Einladung zum 17+1-Gipfel der mittel- und osteuropäischen Staatschefs und Chinas an: »Hiermit möchte ich meinen Besuch in China im April sowie das Vergnügen und die Freude bestätigen, dass Präsident Xi Ende nächsten Jahres Serbien besuchen wird. Ich möchte Präsident Xi für seine Führung sowie dem chinesischen Volk für seine Freundschaft und seine immer häufigeren Besuche in Serbien danken. China ist einer unserer größten Partner, und wir werden alles tun, damit Sie sich wie zu Hause fühlen.«[126] Aus beidem wurde übrigens nichts, denn als er seine Rede hielt, im Dezember 2019, verbreitete sich gerade ein neuartiger Virus in der Volksrepublik, der alle Gipfeltreffen zu Videokonferenzen degradierte. Bei einem dieser Meetings zum 100. Geburtstag der KP Chinas im Juli 2021 sprach Vučić dann doch lieber auf Serbisch und beschwor die Partei und die serbisch-chinesische Freundschaft – vor »einer Milliarde Zuschauern«, wie das serbische Boulevardblatt *Informer* angab.[127] Der vorläufige Höhepunkt in Bezug auf das Sprechen der chinesischen Sprache in Serbien war die

Parlamentsrede eines eher unbekannten und jungen Abgeordneten von Vučićs Partei: Luka Kebara sprach im April 2021 im Parlament auf Chinesisch.[128] Da jedoch im serbischen Parlament keine Übersetzung aus dem Chinesischen angeboten wurde, blieb der Inhalt, so er verständlich war, den anderen Abgeordneten unbekannt. Ganz wichtig war es ihm jedoch zu erklären, wie man den Namen Vučić auf Chinesisch ausspricht, nämlich wie die Zahlen fünf, sieben, sieben: Wuqiqi.

Auch Deutsch gehört wie gesagt zum Fremdsprachenprogramm von Vučić. Im Oktober 2020, während der Coronapandemie, sah man den Präsidenten an seinem Schreibtisch sitzen wie ein braver Schüler, die Hände gefaltet, mit einem aufgeschlagenen Lehrbuch und zwei Notizheften. Es handelt sich um ein Video auf seinem Instagram-Account. Man hört erst die Stimme von Angela Merkel. Und dann sagt Vučić: »Alle in Europa hören mit Aufmerksamkeit auf Angela Merkel, und ich natürlich auch. Doch dieses Mal nutze ich die Gelegenheit, und das ist wohl einmalig, aus eigenem Interesse. Ich lerne nämlich Deutsch. Und ich habe einige wichtige Ausdrücke gelernt, die mit dem Kampf gegen Corona in Zusammenhang stehen. Deshalb kann ich allen Anfängern wie mir empfehlen, ihre Worte und Ausdrücke zu lernen, um zu verstehen, welche neuen Begriffe es in der deutschen Sprache gibt.« Er beendete seine Durchsage auf Deutsch: »Vielen Dank für Ihre Aufmerksamkeit.«[129] Vučićs Inszenierungen haben eher wenig damit zu tun, diese Sprachen wirklich zu erlernen. Einerseits drückt er damit durchaus sein Bemühen aus, Serbien auf dem internationalen Parkett würdig zu vertreten und andere Staatsmänner und -frauen von Weltrang zu beeindrucken. Andererseits gibt er damit zu verstehen, woher der geopolitische Wind für Serbien weht.

Wie Autokraten auf dem Balkan von Diktaturen profitieren

Vučić Vorvorgänger Boris Tadić verkündete bereits 2009 die vier Säulen serbischer Außenpolitik: gute Beziehungen zur EU, den USA, China und Russland.[130] Die von den USA und den meisten EU-Staaten unterstützte Unabhängigkeit Kosovos spornte Tadić an, sich von einem überwiegend prowestlichen Kurs zu verabschieden und im Westen stattdessen nur einen von mehreren Partnern zu sehen. Diese außenpolitische Ambivalenz wurde von Vučić perfektioniert. Während die russische Unterstützung für Serbiens Position in der Kosovofrage sicher ein zentraler Grund dafür ist, wäre es doch vereinfacht, die serbische Außenpolitik darauf zu reduzieren.

Vučić hat mit China, Russland und der EU beziehungsweise einzelnen Mitgliedstaaten gezielt gute Beziehungen aufgebaut sowie mit der Türkei und den Vereinigten Arabischen Emiraten. Er war durchaus erfolgreich darum bemüht, eine zu große Abhängigkeit von einem Land beziehungsweise von der EU zu vermeiden. Der Versuch Jugoslawiens, zwischen Ost und West zu lavieren und durch die Gründung der Blockfreien und die spätere Arbeit dieser Bewegung, einen eigenen Platz in der internationalen Politik zu reklamieren, findet in dieser Politik ihre Fortsetzung. Während sich jedoch die Blockfreien und Jugoslawien darauf beriefen, antikoloniale Befreiungsbewegungen zu vertreten und sich gegen das Diktat der Großmächte zu richten, sind die heutigen vier Säulen von Ideologien vollkommen unabhängig. Bei dieser Politik pragmatischer Partnerschaften, auf der Suche nach dem nächstbesten Deal, geht es sogar gerade darum, Werten zu entgehen. Während die EU-Integration neben der Übernahme des Rechts der Union auch Werte umfasst, ist eine Partnerschaft auf Distanz ganz unabhängig von Demokratie und Rechtsstaat möglich. Mehr noch: Die autokratischen Regime in China, Russland, der Türkei und den Arabischen Emiraten kommen mit Autokraten besser aus. Beim Einfädeln von Geschäften auf höchster Ebene können das öffentliche Interesse und rechtliche Hürden schlicht ignoriert werden. Genehmigungen werden schnell erteilt, komplizierte Ausschreibungen und Umweltschutzvorgaben bestehen höchstens auf dem Papier. Die sicherheitspolitische Orientierung steht auf der einen Seite der Medaille, die wirtschaftlichen und anderen Interessen auf der anderen Seite. Serbien unter Präsident Vučić ist das einzige Land des Balkans, das diese Ambivalenz bewusst pflegt.

Das heißt jedoch längst noch nicht, dass es für Russland, China und weitere Mächte auf dem Balkan keinen Platz außerhalb Serbiens gäbe. Auch wenn die anderen Regierungen keine ähnlich ausgeprägte außenpolitische Ambivalenz wie Serbien propagieren, agieren sie doch oft flexibel. In Bosnien und Montenegro beispielsweise verläuft eine Spaltung mitten durch die Gesellschaft und die politischen Parteien. Montenegro ist zwar institutionell stark in westliche Strukturen eingebunden, doch gibt es starke antiwestliche Kräfte. Die proserbischen Parteien suchen nicht nur Anlehnung an Serbien, sondern auch an Russland, und pflegen eine offen antiwestliche Linie. Diese Parteien sind zwar nicht mehrheitsfähig, sprechen jedoch bis zu ein Drittel der Bevölkerung an. Die prowestlichen Kräfte sind stark fragmentiert, auch wegen der langjährigen Herrschaft von Djukanović. Er und seine Partei haben kontinuierlich Führungsanspruch über alle prowestlichen Kräfte erhoben und bringen diese Orientierung bis heute durch ihre autoritäre Herrschaft in Misskredit. So etwa geschehen bei dem vermeintlichen Putschversuch 2016, als Russland als Schreckgespenst genutzt wurde, um Kritiker zu diskreditieren und die Gesellschaft weiter zu polarisieren. Djukanović hat, trotz prowestlicher Haltung in politischen Fragen, auch immer wieder Kredite und Gelder aus China, Russland und den Emiraten angenommen, da diese meist leichter und bedingungsloser fließen als jene aus dem Westen. Dabei entstanden große Abhängigkeiten, wie die vom russischen Oligarchen Oleg Deripaska, der mit dem Aluminiumwerk zum wichtigsten Arbeitgeber im Land nach dem Staat wurde. Hinzu kam später die Abhängigkeit von China durch den Kredit für den Autobahnbau. Diese wirtschaftlichen Bindungen haben immer auch eine politische Dimension, gerade wenn es um Gelder aus Diktaturen geht.

Die Spaltung in Bosnien bedeutet auch eine unterschiedliche geopolitische Präferenz und Ausrichtung. Die bosniakische und kroatische Bevölkerung befürwortet überwiegend eine Integration in NATO und EU, während die Einstellung der serbischen Bevölkerung jener in Serbien ähnelt und insbesondere die NATO ablehnt. Aufgrund des komplexen politischen Systems ist Bosniens Position blockiert. Die

Republika Srpska und insbesondere Milorad Dodik pflegen gute Beziehungen zu Putin, auch als bewusste Provokation. Für die bosniakischen Parteien, insbesondere die lange dominante SDA, waren die Türkei und insbesondere Erdoğan gern gesehene Partner. So wie die bosnischen Serben mit Serbien und die bosnischen Kroaten mit Kroatien jeweils einen Bezugsstaat außerhalb Bosniens haben, so spielt die Türkei eine ähnliche, wenn auch distanziertere Rolle für die Bosniaken.

Die Verbrüderung mit Autokratien folgt nicht immer der Logik kultureller oder religiöser Nähe. Oft überwiegen wirtschaftliche oder kurzfristige geopolitische Interessen. Die Türkei fördert zwar die Erhaltung osmanischer Moscheen, und Erdoğan suchte stets die Nähe zur muslimischen Bevölkerung des Balkans, aber die Investitionen fließen hauptsächlich nach Serbien und Nordmazedonien. Die Emirate erkennen Kosovo zwar an, aber bauen trotzdem Megaprojekte in Serbien und Montenegro. Die kulturelle Verbundenheit ist oft nur ein Feigenblatt und längst nicht das entscheidende Kriterium für Engagement in der Region.

Russland hat es, anders als die Türkei und die Emirate, nicht geschafft, nachhaltige Unterstützung jenseits der serbischen Bevölkerung und Eliten für sich zu gewinnen. Es gibt durchaus Momente, in denen etwa die HDZ BiH, die dominante Partei der Kroaten in Bosnien, auf russische Unterstützung setzt, um ihre Interessen zu verteidigen. Und in Nordmazedonien passte es der konservativen Opposition, dass Russland das Abkommen mit Griechenland hintertreiben wollte. In beiden Fällen hat Russland zeitweilige Verbündete, aber kann sich auf diese gemeinsamen Interessen nicht verlassen. Die punktuelle Zusammenarbeit zeigt andererseits, dass Russland selbst oft pragmatisch mit ideologisch unterschiedlichsten Gruppen zusammenarbeitet oder diese unterstützt, um antiwestliche Positionen zu fördern. Auf breite Unterstützung kann Russland nur unter einer Mehrheit der serbischen Bevölkerung des Balkans bauen. Das hat allerdings auch Auswirkungen auf drei weitere der sechs Westbalkanstaaten. Die Serben Montenegros, Bosniens und Kosovos schauen nicht nur auf den serbischen Präsidenten, der durch Parteien, Medien und Kirche gezielt Einfluss auf sie nimmt, sondern eben auch auf Putin. Von Nord-Mitrovica bis Banja Luka sind Putin-Porträts öffentlich sichtbarer als das Konterfei von Vučić. Es wäre irreführend, diese Sympathie als Ausdruck kultureller Vertrautheit zu interpretieren. Nicht nur reden weitaus weniger Serben Russisch als Englisch, Russland und dessen Bewohner sind zudem vielen Serben völlig unbekannt. Die erste zeitgenössische und kollektive Erfahrung mit Russen ist jene mit den russischen Bürgern, die nach Februar 2022 nach Serbien geflohen sind. Die Enttäuschung ist groß: Für serbische Russland-Fans erfüllen diese Russen nicht ihre Vorstellungen, positionieren sich möglicherweise sogar gegen Putin und den Krieg. Zudem bedeutet ihr Zuzug höhere Mietpreise. Die negative Stimmung gegen diese Russen steigt rasant an. Putins Russland und Serbien, das ist eine Freundschaft auf Distanz, die bei größerer Nähe kaum standhält.

China ist für Serbien längst zu einem Ersatz-Russland geworden. Es bietet Unterstützung in Bezug auf Kosovo, verfügt über mehr Kapital für Investitionen und erhöht als aufsteigende Großmacht auch Serbiens weltpolitisches Gewicht. Immerhin zählen Serben und Chinesen zusammen mehr als 1,4 Milliarden Köpfe, nicht nur angebliche 300 Millionen Russen und Serben. Da China ohne ideologische Vorbehalte Kredite vergibt, stellt es auch kein Problem dar, dass es überall auf dem Balkan Kontakte knüpft. Selbst in Kosovo, das es zwar nicht anerkennt, zu dem es aber trotzdem Beziehungen pflegt, haben chinesische Firmen sich angeboten, die Kohlekraftwerke zu übernehmen. Dass diese Neutralität jedoch nur scheinbar ist und trotzdem politische Gegenleistungen gefordert werden, zeigt das Beispiel Litauen. Als das baltische Land seinen Kontakt zu Taiwan verstärkte und die Vertretung Taiwans ein Büro in Litauen eröffnete, geriet das Verhältnis mit China in eine Krise. Die Volksrepublik übte massiv Druck aus, was letztlich, wie erwähnt, dazu führte, dass Litauen und in der Folge auch die anderen baltischen Staaten aus dem 17+1-Forum ausstiegen.

Warum der Balkan für Großmächte heute interessant ist

Für China, Russland, die Türkei und die Emirate ist der Balkan attraktiv. Hier bieten Autokraten und schwache Staaten Zutritt in eine Region, die von der EU umschlossen ist. Es ist dieses Loch innerhalb der EU, das den Balkan für andere Mächte so interessant macht. Mitten in der EU gelegen, aber ohne deren Regeln und mit nur wenig EU-Handhabe können andere Mächte ihren Einfluss sehr viel leichter durchsetzen als in EU-Mitgliedstaaten – obwohl das dort längst auch nicht unmöglich ist, wie Ungarn immer wieder zeigt. Der Spielraum auf dem Balkan ist groß.

Russlands Motivation ist natürlich eine andere als Chinas. Putin sieht sich im Wettkampf mit dem Westen, und gerade die Idee der europäischen Integration als freiwillige Zusammenarbeit von Demokratien ist ein bedrohlicher Gegenentwurf zum russischen Autoritarismus und Imperialismus. Es ist keine Überraschung, dass die russische Intervention in der Ukraine 2014 begann. Damals ging es nicht um die NATO, sondern um ein Assoziierungsabkommen mit der EU. Die Idee, dass die Ukraine sich als demokratisches Land der EU annähert, schien eine existenzielle Bedrohung für die Herrschaft Putins darzustellen. Der Machthaber im Kreml kann weder eine benachbarte Demokratie, die für Russen ein Beispiel sein könnte, ertragen noch ein Land, das sich dem Einfluss Russlands entzieht. Der westliche Balkan war nie Teil der russischen Einflusssphäre, sodass es Putin weniger darum ging, die Region unter russischen Einfluss zu bringen, als dem Westen hier Schaden zuzufügen. So wie sich der Westen aus Putins Sicht in seinen Machtbereich einmischt, so kann er der EU und der NATO auch auf dem Balkan Hindernisse in den Weg stellen. Gerade als in der Region auch die Schwächen des Westens zum Vorschein kamen, konnte Russland ohne großen Aufwand viele Menschen erreichen. Ziel war und ist weniger, einen eigenen russischen Einfluss zu sichern, als jenen des Westens zu untergraben und Projekte wie die NATO-Erweiterung zum Scheitern zu bringen.

Chinas Engagement auf dem Balkan verfolgt andere Ziele. Für die Volksrepublik bildet der Balkan den Vorhof zur EU, wo es leichter fällt, Einfluss zu nehmen als in der EU selbst. Obwohl die EU und China verstärkt antagonistische Positionen vertreten, war China zumindest bisher kein Gegner der EU-Integration der Balkanstaaten. Natürlich hat in der Praxis der Geldfluss in dubiose Infrastrukturprojekte und schmutzige Industrien nicht gerade dabei geholfen, den Westbalkan näher an die EU zu führen. Aber das ist eher ein Nebenprodukt als Ziel chinesischer Politik.

Die Türkei hingegen hat unter Erdoğan immer die NATO-Mitgliedschaft der Region unterstützt und strebte selbst lange Jahre die EU-Mitgliedschaft an. Somit war die Türkei im Prinzip kein Gegner der Verankerung der Länder in europäischen Strukturen. Doch die zunehmend antiwestlichen und undemokratischen Positionen Erdoğans haben dazu geführt, dass die Türkei, insbesondere nach dem gescheiterten Putsch 2016, eher zu einem Störfaktor geworden ist, der die Westintegration zu unterlaufen droht.

Die Emirate schließlich verfolgen keine besonderen politischen Ziele auf dem Balkan. Eine Art der Zusammenarbeit, bei der die Abwicklung von Geschäften ohne Umwege, Prozeduren und Rechtsstaat bevorzugt wird, hat letztlich dazu geführt, dass viel Geld auf den Balkan geflossen ist, das als »Corrosive Capital«, zersetzendes Kapital, bezeichnet wird. Es zersetzt den Rechtsstaat, weil die Geldgeber kein Interesse an Korruptionsbekämpfung und Rechtsschutz haben. Stattdessen geht es um den politischen Draht zu Machthabern, die Geschäfte einfädeln und ihnen privilegierte Bedingungen zusichern. Dieser autokratische Kapitalismus schwächt Staat und Institutionen und entfremdet auf diese Weise die Länder von der EU.

Die Diktaturen, die sich auf dem Balkan engagieren, sprechen sich nicht ab. Und es gibt auch keine Verschwörung gegen die EU, aber es besteht trotzdem eine illiberale Internationale: Autokraten von Orbán über Erdoğan und von Xi bis Putin bevorzugen eine internationale Politik ohne ein ethisch-moralisches Wertegerüst. China rühmt sich sogar, sich nicht um die Regierungsform seiner Partner zu kümmern.

Diese vermeintliche Neutralität fördert aber letztlich Autokraten, die keinen Druck von chinesischen Geldgebern fürchten müssen. Beziehungen ohne Werte verlangen nur Vorzugsbedingungen – und gegebenenfalls Loyalität. In diesem Zuge forderte Erdoğan, dass Anhänger der Gülen-Bewegung aus Albanien und Kosovo ausgeliefert werden, und China wünscht sich keine Kritik an seiner Unterdrückungspolitik. Viktor Orbán, obwohl er ein EU-Mitgliedsland regiert, ist längst auch einer dieser Machthaber geworden, der Autokraten auf dem Balkan fördert. Er finanziert Medien, bietet Nikola Gruevski politisches Asyl und unterstützt Milorad Dodik und Aleksandar Vučić.

Auch westliche Unternehmen erfreuen sich guter Kontakte zu Regierenden auf dem Balkan und der so ermöglichten Umgehung komplizierter Genehmigungen und Verfahren. Kroatiens ehemaliger Premier Ivo Sanader wurde wegen Korruption in Zusammenhang mit österreichischen und ungarischen Unternehmen verurteilt. Am kontroversen Autobahnbau in Kosovo und Albanien war ein amerikanisches Unternehmen beteiligt. Deutsche Unternehmen verfügen über einen direkten Draht zu Vučićs Büro, um ohne bürokratische Umwege investieren zu können. Nachdem COVID-19 die Verwundbarkeit globaler Lieferketten sichtbar gemacht hat und Nearshoring – die Verlagerung wirtschaftlicher Aktivitäten ins nahe oder politisch genehme Ausland – zu einem beliebten Vorgehen wurde, hat sich die Attraktivität des Balkans erhöht. Hier locken niedrige Löhne, kaum Schutz der Arbeitskräfte, die manchmal mit Windeln arbeiten müssen, weil Toilettenpausen nicht vorgesehen sind, sowie niedrige Umweltstandards und der kurze Weg zu nötigen Genehmigungen. Das macht die Länder attraktiv, aber führt sie zugleich in eine Falle.

Der Einfluss der Autokraten Putin, Xi, Erdoğan und bin Zayed auf dem Balkan rührt nicht daher, dass sie sich der Region aufgezwungen haben. Sie wurden eingeladen. Die mächtigen Männer des Balkans haben ihnen die Türen geöffnet. Autobahnen und Fabriken, Luxus-Stadtviertel und Ölunternehmen – Milliarden sind in den letzten

15 Jahren auf den Balkan geflossen, vieles davon ohne echte Kontrolle und versteckt hinter geheimen Absprachen, Briefkastenfirmen und verschachtelten Verträgen. Das Geld und die Projekte haben die Autokraten auf dem Balkan gestärkt, statt der Bevölkerung zugutezukommen. Trotz der Nähe zur EU und einer Beitrittsperspektive sind die Länder des Balkans nicht demokratischer und nicht weniger korrupt geworden. Stattdessen stagniert die Lage oder hat sich, von wenigen Ausnahmen abgesehen, verschlechtert. Autokraten wie Vučić, Djukanović, Dodik oder Gruevski zündeln immer wieder. Die kleinen Feuer, die sie legen, sind für ihren Machtanspruch überlebenswichtig. Manche von ihnen sind dabei zugleich sehr gute Feuerwehrmänner, die die eigenen Brände für die Augen des Westens löschen. Sie präsentieren sich damit als die besonnenen Manager der Krisen, die sie selbst hervorriefen.

Ihre hausgemachten Krisen sind zudem hilfreich, weil sie die Bevölkerung in einem dauernden Ausnahmezustand halten. Die drohenden Kriege, die Provokationen, die vermeintlichen Verräter, all das schafft ein Klima der Verunsicherung. Die zumeist inszenierten Krisen vergiften das gesellschaftliche Klima. Nationalistisches Pathos überwiegt dann in der Rhetorik gegenüber Pragmatismus und der Annäherung an benachbarte Staaten und Völker. Die Erinnerung an den Krieg bleibt dadurch eine offene Wunde und erschwert eine selbstkritische Reflexion. Russland, China, die Türkei oder die Emirate sind dabei willkommene Partner. Sie bieten bereitwillig Kapital für Projekte, ideologische Unterstützung und eine Alternative zur EU.

Widerstand, Migration oder Anpassung

In seinem gleichnamigen Klassiker von 1970 beschreibt der amerikanische Sozialwissenschaftler Albert O. Hirschman die Optionen für Bürger, mit ihrer Unzufriedenheit gegenüber dem Staat oder der Regierung umzugehen: »Exit, Voice, and Loyalty«, also Abwanderung, Widerspruch und Loyalität.[131] Genau das sind die Optionen, die der Bevölkerung des Balkans zur Verfügung stehen. Viele werden Teil des

Systems, sie werden, wie die Staaten, von den Autokraten gekapert. Entweder: indem sie einen Job bekommen, wenn sie Parteimitglied werden, und dann von der Gunst der Partei abhängig sind. Oder: indem sie von dem System, das viel Geld in die Länder spült, direkt profitieren. Weitere wichtige Faktoren sind das nationalistische Klima und die Dauerkrise, die ihnen Angst machen.

Die Option neben der Loyalität ist der Widerspruch, der Protest. Es gibt immer wieder große Protestbewegungen in allen Ländern. Von der Farbenrevolution gegen den mazedonischen Autokraten Gruevski über die zahlreichen Protestwellen in Serbien gegen Vučić bis hin zum Massenaufstand in Bosnien 2014. Es gibt eine starke Protestkultur auf dem Balkan. Gerade gegen die Zerstörung der Umwelt gehen immer wieder Tausende auf die Straßen. Der Bau von Wasserkraftwerken in Bosnien, Albanien oder Kosovo haben viele, auch auf dem Land, zu Protesten bewegt. Die Frauen von Kruščica, einem kleinen Ort in Bosnien, blockierten für 500 Tage eine Brücke, um den Bau eines Wasserkraftwerks zu verhindern. Und im serbischen Dorf Rakita fanden sich ebenfalls Hunderte Aktivisten ein, um ein illegal gebautes Wasserkraftwerk zu zerstören. Obwohl diese Proteste oft auf lokaler Ebene Erfolg haben, bleiben sie doch ein Kampf gegen Windmühlen. Umweltzerstörung ist meist Teil des Herrschaftsmodells, und die Machtstrukturen aufzubrechen ist schwer geworden.

2021 brachen, wie erwähnt, in Serbien Massenproteste gegen den Bau einer Lithiummine im Westen des Landes aus. Lithium ist ein wichtiger Bestandteil von Batterien für Elektroautos und Handys und versprach für Serbien eine wichtige Einnahmequelle zu werden und zur »grünen Wende« in der EU beizutragen. Somit erfuhr das Projekt Unterstützung durch die EU. Doch die Bevölkerung misstraute dem Vorhaben. Die Mine sollte vom multinationalen Unternehmen Rio Tinto betrieben werden. Die Firma war jedoch umstritten, sie geriet immer wieder in die Schlagzeilen wegen Unfällen in ihrem weltumspannenden Netzwerk von Minen. Die fehlende Transparenz im Abkommen zwischen der Regierung und dem Unternehmen und das allgemeine Misstrauen in den Staat schürten die Sorge der Bevölkerung noch. Die Proteste fußten auf der Angst vor Enteignung, vor der Zerstörung weiter Landstriche und vor der Vergiftung des Grundwassers. Obwohl die Regierung versuchte, jeden Widerspruch zu unterdrücken, wirkten die Proteste. Als sie drohten, sich sogar noch auszubreiten und zu einer ernsthaften politischen Gefahr zu werden, insbesondere in Hinblick auf die Parlaments- und Präsidentschaftswahlen im April 2022, ordnete Vučić an, das Projekt zumindest offiziell zu stoppen. Später bezeichnete er sich dafür als den »dümmsten Präsidenten der Welt«. Seine Regierung hält offensichtlich an dem Plan fest und bekommt dafür westliche Unterstützung. Gewappnet wie sie sind – mit Rückendeckung aus der EU und den USA, Projekten aus China und Geld aus den Emiraten – ist es schwer, die Autokraten auf dem Balkan infrage zu stellen.

Wenn Widerstand keine Früchte trägt, oder zumindest nicht ausreichend, bleibt noch der Exit, die Abwanderung. Die Bevölkerung der Staaten stimmt schon längst mit den Füßen ab – und mit der Zunge: Jedes Jahr veröffentlicht die Sprachlernplattform Duolingo, mit der letztlich doch mehr Menschen auch in Serbien Sprachen lernen als mit ihrem Präsidenten, welche Fremdsprachen wo am beliebtesten sind. Im ehemaligen Jugoslawien dominiert seit Jahren Deutsch, im Jahr 2022 war nur in Montenegro Englisch beliebter. Die zweitbeliebtesten Sprachen waren Spanisch und Französisch, nicht aber Englisch, und schon gar nicht Russisch, Chinesisch oder Türkisch. Der Grund ist naheliegend: Es handelt sich um Sprachen, die ihnen den Weg in die EU eröffnen. Mit der Idee, etwas zu lernen, um das Land zu verlassen, spielte eine serbische Reklame. Auf großen Plakatwänden in Belgrad stand vor einigen Jahren die provokative Frage: »Was willst du hier? Studiere bei Megatrend fertig und verschwinde!« Im Hintergrund war die Silhouette Londons zu erkennen. Megatrend, so heißt eine der vielen dubiosen Privatuniversitäten auf dem Balkan, die akademische Titel oft recht großzügig vergeben. Megatrend hat den Ruf, die Kaderschmiede der Sozialistischen Partei zu sein. Ihr Gründer, Besitzer und Rektor Mića Jovanović hat selbst einen seiner eigenen Doktortitel, vorsichtig ausgedrückt, erfunden. Die besagte

Kampagne, die offen junge Menschen dazu aufforderte auszuwandern, stieß manchen bitter auf. Allerding verfügt die Privatuni international über wenig Renommee, ihre Abschlüsse sind nicht sonderlich viel Wert.

Hunderttausende Serben, Bosnier, Albaner und anderer Bürger der Balkanstaaten sind dem Ratschlag bereits gefolgt und ausgewandert. Jedes Jahr verlassen Zehntausende die Region. 2020 lebten fast vier Millionen Bürger der Westbalkanstaaten im Ausland, meist in der EU. Das macht ein Viertel der verbliebenen Bevölkerung in der Region aus, in Albanien und Bosnien sogar jeweils fast die Hälfte.[132] Längst sind so viel junge und gut ausgebildete Menschen abgewandert, dass offene Arbeitsplätze nicht mehr besetzt werden können. Die Anwesenheit vietnamesischer und chinesischer Arbeiter in chinesischen Minen und Fabriken auf dem Balkan ist daher weder Zu- noch Einzelfall. Die Region erlebt neben der Emigration von Arbeitskräften in die EU zunehmend eine Immigration aus China, Vietnam, Sri Lanka und anderen Staaten, um die Lücken im Arbeitsmarkt zu schließen.

Migration vom Balkan aus ist nichts Neues. Im späten 19. Jahrhundert brachen Millionen auf, um in den USA, Argentinien oder anderswo in Übersee ein neues Leben zu beginnen. Ab den sechziger Jahren des 20. Jahrhunderts waren es dann die sogenannten Gastarbeiter, die aus Jugoslawien nach Deutschland oder Österreich gingen. Heute ist die Dynamik eine andere: Es sind nicht mehr die Armen aus ländlichen Regionen, die das Land verlassen, es sind oft gut ausgebildete Menschen mit einem Job. Neben besseren Gehältern und mehr Möglichkeiten sind der Wunsch nach Sicherheit bei der Lebensplanung und das Misstrauen in den eigenen Staat und seine Institutionen zu wichtigen Beweggründen geworden auszuwandern. Für diese Menschen stellt sich zudem kaum die Frage, wohin es sie zieht: Keiner von ihnen geht nach Moskau, Beijing oder Istanbul. Ihr Ziel ist Wien, Zürich, Rom, Athen oder Frankfurt am Main. Nachdem die Bürger seit 20 Jahren darauf warteten, dass ihre Länder der EU beitreten, sich die Aussichten darauf aber nicht verbesserten, gehen sie nun stattdessen selbst in die EU.

Der Balkan ist deshalb zum Spielball globaler Mächte geworden, weil es Europa nicht gelungen ist, die Region nach Ende der Jugoslawienkriege in der EU zu verankern. Die größte Bedrohung ist nicht der Einfluss Russlands, Chinas oder anderer Diktaturen, sondern die Schwäche der EU und der Demokratien in den Ländern selbst. Das bedeutet nicht, dass die Region wie ein Pulverfass zu explodieren droht. Die Kombination aus nationalistischer Erinnerung an die Kriege, aus Revisionismus, Autokraten und schwachen Staaten, aus der Abhängigkeit von Diktaturen und dem schrumpfenden Glauben an eine Zukunft in der EU wirkt destabilisierend. Wenn die EU hier, wo sie mehr Einfluss hat als in jeder anderen Region der Welt, nicht in der Lage ist, beim Aufbau und Erhalt von Demokratie und Stabilität zu helfen, dann wirft die Entwicklung der Region einen dunklen Schatten auf die EU selbst.

AUSBLICK: ZEITENWENDE AUF DEM BALKAN?

Die russische Aggression gegen die Ukraine ist in vielerlei Hinsicht eine entscheidende geopolitische Zäsur auf dem europäischen Kontinent. Zwar führt Russland bereits seit 2014 einen Krieg gegen die Ukraine, wie 2008 gegen Georgien. Doch das Ausmaß und die unverhüllte Art des Angriffs verliehen dem Krieg nach dem 24. Februar 2022 eine neue Dimension. Einige westliche Kommentatoren beschrieben den Krieg mit Begriffen, die den Eindruck erweckten, Europa habe seit 1945 keinen Krieg mehr erlebt. Sie ignorierten dabei nicht nur die früheren Kriege Russlands, sondern auch zahlreiche andere Kriege im Kaukasus und im ehemaligen Jugoslawien zwischen 1991 und 2001. Nur drei Tage nach Beginn des russischen Einmarschs bezeichnete Bundeskanzler Olaf Scholz die Ereignisse zutreffend als Zeitenwende, als historischen Wendepunkt. Doch bedeutete nicht schon der Krieg auf dem Balkan eine solche Zeitenwende?

Auf den ersten Blick deutet wenig darauf hin, dass sich seit Februar 2022 viel bewegt hat. Die regional unterschiedlichen Positionen gegenüber Russland haben sich nicht wesentlich verändert. Nirgendwo in Europa ist die Unterstützung für Russland so groß wie in einigen Ländern des Balkans. Es verfügt dort über eine breite politische und soziale Basis.

Einige wenige extreme Gruppen auf dem gesamten Kontinent unterstützen den russischen Angriffskrieg direkt. Eine bunte Mischung aus links- und rechtsextremen Parteien sowie vermeintlichen Freunden Russlands und verirrten Anhängern einer bedingungslosen

Friedenspolitik unterstützen ebenfalls Putins Krieg. Heraus kommen abstrakte Aufrufe wie das »Manifest für den Frieden«, initiiert von Alice Schwarzer und Sahra Wagenknecht, die mit der Forderung nach einem Ende der Waffenlieferungen und des Krieges den imperialen Plänen Putins entgegenkommen.

Auf dem westlichen Balkan finden sich hochrangige Politiker, Medien und auch Bürger, die offen für Putin, Russland und seine Politik Partei ergreifen. Selbst der Krieg hat kaum Änderungen herbeigeführt. Diese Unterstützung geht jedoch weitgehend von Serben aus, unabhängig davon, ob sie in Montenegro, Serbien oder Bosnien und Herzegowina leben. Derartige prorussische Ansichten sind in anderen Bevölkerungsgruppen selten, einschließlich derjenigen, die aufgrund ihrer orthodoxen Religion einen Bezugspunkt nach Russland haben könnten wie beispielsweise in Nordmazedonien. Die serbisch-russische Freundschaft, die auch oder gerade während des Krieges auf Titelseiten und Kundgebungen gefeiert wird, beruht letztlich jedoch auf einer »erfundenen Tradition«, die erst in den vergangenen zwei Jahrzehnten entstanden ist. Die symbolische Bedeutung ist wichtiger als die reale Substanz.[133]

Betrachtet man die geopolitischen Orientierungen auf dem westlichen Balkan, kann man keine erkennbare Verschiebung infolge des Krieges feststellen. Prorussische Politiker haben ihre Position unbeeinflusst vom Krieg beibehalten. Milorad Dodik, Ivica Dačić, Andrija Mandić und Aleksandar Vulin, um nur einige Beispiele zu nennen, haben sich nicht von Russland und Putin distanziert. Im Gegenteil, sie haben weiterhin die Nähe zu Russland gesucht, trotz oder wegen des brutalen Angriffskrieges, um ihre eigene Position festigen. Vučić versuchte, die geopolitische Ambivalenz, die er so perfektioniert hat, fortzuführen. Dies beinhaltet auch, sich vorsichtig von Putin zu distanzieren, als ihm westliche Unterstützung für einen Kompromiss mit Kosovo angeboten wurde.

Die anderen geopolitischen Akteure auf dem Balkan haben diese Ambivalenz eher gefördert. Erdoğan versuchte, sich trotz NATO-Mitgliedschaft der Türkei als Vermittler zwischen Putin und dem Westen zu positionieren. China hingegen probierte den Spagat, den Angriff selbst nicht gutzuheißen, aber zugleich Russland zu unterstützen. Für die verbliebene Großmacht in Asien bedeutet der Krieg in erster Linie, dass Russland zum Juniorpartner wird, um sich gemeinsam gegen den Westen in Stellung zu bringen. Und auch die Emirate sind bemüht, ihre guten Wirtschaftsbeziehungen mit Russland zu erhalten. Serbien passt mit seiner ambivalenten Haltung und dem wertefreien Opportunismus gut in die Gruppe der Autokratien, die alle auch wichtige wirtschaftliche Partner Serbiens sind.

Die meisten Staaten auf dem Balkan jedoch haben Russland und den Krieg verurteilt und sich den Sanktionen angeschlossen. Hauptsächlich aus Überzeugung, zuweilen auch, um die eigene prowestliche Haltung zu unterstreichen. Dieses »Virtue Signalling«, also das Zurschaustellen der eigenen moralischen Werte, ist ein weitverbreitetes Phänomen.

In Kosovo, Bosnien und Kroatien werden dafür die Parallelen zwischen Serbien und Russland unterstrichen. So wie sich Serbien reflexhaft auf die Seite Russlands stellt, so erkennen sich Eliten und Gesellschaften der Nachbarstaaten im Schicksal der Ukraine wieder. Die enge Zusammenarbeit zwischen Serbien und Russland bestätigt diese Perspektive und verleitet dazu, Russland hinter jeder Krise auf dem Balkan zu verorten. Es ist natürlich leicht, in jeder Bedrohung ein russisches Komplott zu vermuten, da der serbische Nationalismus so einfach zu einem Bestandteil globaler geopolitischer Konflikte uminterpretiert werden kann, ohne sich länger mit tiefer gehenden Analysen aufzuhalten.

Zwar hat der Krieg kaum die pro- oder antirussischen Haltungen auf dem Balkan verändert. Zu sehr sind diese nichts anderes als Synonyme für die Unterstützung oder Ablehnung des Westens. Russland hat jedoch fraglos an Gewicht in der Region eingebüßt. Nicht weil es Verbündete verloren hat, sondern weil es kaum mehr unbemerkt Einfluss nehmen kann und zu viele Ressourcen in der Ukraine gebunden hat. Zudem war Russland bereits vor dem Krieg in erster Linie ein Akteur auf symbolischer Ebene, der anders als China, die Emirate oder die Türkei kaum wirtschaftliche Bedeutung hatte, mit Ausnahme des Energiesektors in einigen Ländern. Der Krieg hat die Karten auf dem Balkan nicht neu gemischt.

Als Reaktion auf den russischen Angriff haben allerdings die EU und die Vereinigten Staaten versucht, die regionale Sicherheit zu gewährleisten, um zu verhindern, dass Russland ein Ablenkungsmanöver startet und regionale Sicherheitsstrukturen stören kann. Eine wichtige Geste war die Verstärkung der EUFOR-Mission Althea in Bosnien unmittelbar nach Beginn des russischen Angriffs. Die Mission wurde von 600 auf 1100 Soldaten vor Ort aufgestockt, um zu signalisieren, dass jeder Versuch, Bosnien zu destabilisieren, nicht akzeptiert wird. Außerdem verlängerte der UN-Sicherheitsrat die Mission. Die russische Unterstützung für das Mandat war zunächst eine Überraschung. Als jedoch deutlich wurde, dass die USA und die EU auch ohne UN-Mandat ihre militärische Präsenz aufrechterhalten würden, stimmte Russland zu, um nicht weiter isoliert zu werden.

Die zweite größere Veränderung trat mit der Ausweitung und Verstärkung der euro-atlantischen Integration in Europa ein. Ein Aspekt war die Erweiterung der NATO durch die Beitrittsanträge Finnlands und Schwedens. Dies hatte zwar keine direkten Auswirkungen auf den Balkan, verringerte aber die Zahl der neutralen Länder in Europa und unterstrich die Attraktivität einer NATO-Mitgliedschaft. In Europa bestehen als neutrale Länder nun nur noch Malta, Irland, Österreich, Serbien und die Schweiz. Bosnien und Kosovo sind zwar formal nicht neutral, aber auch noch nicht NATO-Mitglied. Der Antrag der Ukraine auf EU-Mitgliedschaft, gefolgt von der Republik Moldau und Georgien, und die Verleihung des Kandidatenstatus an die beiden erstgenannten Länder auf dem EU-Gipfel in Brüssel im Juni 2022 signalisierten ebenfalls, dass die europäische Integration nicht haltmachen würde. Die raschen, wenn auch eher symbolischen Fortschritte der beiden Länder standen in scharfem Kontrast zur Stagnation in den westlichen Balkanländern. Dies führte dazu, dass die EU einer Erweiterung größeres politisches Gewicht beimisst, weshalb sie einige, wenn auch meist symbolische Schritte unternahm, wie etwa die Gewährung des Kandidatenstatus für Bosnien Ende 2022.

Auch hat die EU, gemeinsam mit den USA einen erneuten Anlauf unternommen, den Konflikt zwischen Serbien und Kosovo zu entschärfen. Die Idee einer Normalisierung zwischen beiden Staaten, basierend auf dem Modell des deutsch-deutschen Grundlagenvertrags von 1972, steht zwar schon über 15 Jahre im Raum, wurde jedoch erst Anfang 2023 mit Nachdruck verfolgt. Die Motivation für die EU und die USA ist klar: Zunächst soll die Dauerkrise entschärft werden, sodass Spannungen zwischen beiden Staaten nicht mehr drohen, zu einem Krieg zu eskalieren. Weiterhin würde eine Normalisierung, so die Sicht der EU-Vermittler, den Einfluss Russlands auf Serbien reduzieren. Wenn sich Serbien von Russland abwendet, werden Putin Möglichkeiten genommen, auf dem Balkan zu zündeln. Welche Anreize die EU bietet, wurde im März 2023 deutlich, als der Ausbau der Eisenbahnstrecke zwischen Belgrad und Niš von der EU mit 610 Millionen Euro unterstützt wurde. Im Gegensatz zum chinesischen Kredit für die Strecke zwischen Belgrad und Novi Sad muss diese Unterstützung nicht zurückgezahlt werden.

Dass Russland versucht, eine Normalisierung der Beziehungen zwischen Serbien und Kosovo zu verhindern, ist kaum eine Überraschung. Neben deutlichen Drohungen von russischer Seite hat der russische Botschafter in Serbien Aleksandr Botsan-Chartschenko klargemacht, dass der Status unter »anderen geopolitischen Umständen« gelöst werden solle.[134] Also nach Ende des Konflikts zwischen Russland und dem Westen und inklusive einer Neuordnung der europäischen Sicherheitsstruktur. Für Russland ist ein ungelöster Konflikt um Kosovo natürlich von Interesse, da diese Situation nicht nur den Einfluss auf Serbien aufrechterhält, sondern auch in zukünftigen Gesprächen mit dem Westen eine Trumpfkarte ist.

Die geopolitische Dringlichkeit, den Konflikt zwischen Serbien und Kosovo zu lösen, birgt Risiken. Eine Normalisierung ist noch keine Anerkennung – ein Schritt, den Vučić stets abgelehnt hat – und reduziert längst noch nicht den russischen Einfluss in Serbien. Dieser speist sich, wie in diesem Buch diskutiert, daraus, dass Präsidenten und Premiers Russland, China und andere richtiggehend dazu einladen.

Die EU hat trotz einer Wende bei den Waffenlieferungen und der weiteren Unterstützung für die Ukraine noch keine strukturelle Antwort darauf gefunden, wie die Länder des westlichen Balkans und die drei Bewerber aus Osteuropa glaubwürdig und schnell in die Union geführt werden können. Die Proteste von Ukrainern 2014 auf dem Maidan und von Georgiern im März 2023, bei denen die EU-Fahne ein zentrales Symbol für Demokratie war, zeigen, dass sich die Menschen nach wie vor eine demokratische Zukunft in der EU wünschen.

Auf dem Balkan ist diese Zukunft nur noch schwer zu erkennen. Das liegt nicht daran, dass die Bevölkerung die EU ablehnt. Das tut sie nicht. Dennoch hat die Europäische Union nicht mehr den Ruf, für die eigene demokratische Zukunft der Länder zu stehen. Zu oft haben EU-Politiker Autokraten auf dem Balkan hofiert, keine kritischen Worte gefunden, als diese angebracht gewesen wären, und eigene Interessen bei Migration und Terrorismus über die Rechtsstaatlichkeit und Demokratie gestellt.

Massendemonstrationen in Belgrad, die größten, seitdem Vučić an der Macht ist, begannen im Mai 2023 nach einem Amoklauf in einer Belgrader Schule. Die Protestierenden forderten Medienfreiheit und ein Ende der Gewaltverherrlichung in den regimetreuen Medien. Doch sie bekamen nur verhaltene Rückendeckung aus der EU. Zu wichtig scheint Vučić als Partner für den Westen zu sein, sowohl für eine Konfliktlösung im Kosovo, als auch um den Einfluss Russlands auf dem Balkan einzudämmen.

Die Unruhen in Kosovo, die ebenfalls im Mai 2023 im Norden des Landes ausbrachen, zeigten das Gewaltpotenzial des ungelösten Konflikts mit Serbien. Die kosovarische Regierung von Albin Kurti wollte mithilfe der Sonderpolizei vier neue Bürgermeister in den überwiegend serbisch bewohnten Gemeinden im Norden in ihre Ämter bringen. Keiner von ihnen war ein Serbe und gewählt wurden sie von ein paar Hundert Wahlberechtigten, die die Lokalwahlen im April 2023 nicht boykottiert hatten. Obwohl die EU und die USA die Wahlen unterstützt hatten, waren sie nun gegen die Amtseinsetzung. Bürgermeister und Polizisten wurden von einer aufgebrachten Menge empfangen, und schon bald kam es zu Übergriffen. Dutzende KFOR-Soldaten wurden verletzt, als sie versuchten, sich zwischen die Polizei und die Demonstranten zu stellen. Erstmals seit fast zwei Jahrzehnten wurden so viele internationale Soldaten verletzt, und die Gewaltspirale schien außer Kontrolle zu geraten.

Albin Kurti wurde scharf von europäischen und amerikanischen Vermittlern dafür zurechtgewiesen, auch das ein Präzedenzfall. Bei aller berechtigter Missbilligung des konfrontativen Alleingangs war die fehlende Kritik an Serbien auffällig. Die gewalttätigen Demonstranten waren offensichtlich Teil jener kriminellen Unterwelt im Norden Kosovos, die eng mit serbischen Sicherheitsstrukturen verwoben ist. Vučić kam die Eskalation sehr gelegen. Die Normalisierung der Beziehung zwischen Serbien und dem Kosovo ist erneut in weite Ferne gerückt, und er konnte sich wieder als Stabilitätsfaktor präsentieren. Offensichtlich war es der EU und den USA wichtiger, ihn nicht zu verprellen, um ihn langsam von Putin wegzulocken. Es ist jedoch ein doppeltes Spiel, bei dem Europa an Glaubwürdigkeit verliert.

Die Eskalationsspirale drehte sich auch in Bosnien. Hier entschied das Parlament der Republika Srpska auf Geheiß von Präsident Milorad Dodik, dass die Entscheidungen des Verfassungsgerichtshofes nicht mehr umgesetzt werden. Der Hohe Repräsentant, derzeitig der deutsche CSU-Politiker Christian Schmidt, der die Aufgabe hat, den Friedensvertrag von Dayton zu wahren und somit auch die Verfassung, hat diese Entscheidung für ungültig erklärt, doch sein Beschluss wurde in Banja Luka einfach ignoriert. Dodik pflegt unterdessen seine guten Kontakte zum Kreml und auch zu Viktor Orbán. Der ungarische Außenminister Péter Szijjártó unterstützte offen Dodik im Machtkampf mit dem Hohen Repräsentanten.

Weder kann die EU in Bosnien, wie auch auf dem Balkan insgesamt, mit einer Stimme sprechen, noch ist sie in der Lage, die Saboteure der Friedensordnung in ihre Schranken zu weisen. Im Gegenteil, das Paktieren mit Russland oder China erweiterte den Verhandlungsspielraum, und jene, die nur auf die EU setzen, haben das Nachsehen.

Die ausgerufene Zeitenwende europäischer Politik verlangt eine Rückbesinnung auf die Werte, die der EU zugrunde liegen. Die Betonung der Geopolitik verleitet dazu, die internationale Politik nur als Wettbewerb von Großmächten zu sehen, die im Eigeninteresse handeln. Dabei wird vergessen, dass die EU, anders als Russland, China und die USA, den Staaten und Bürgern des Balkans gleichberechtigte Beteiligung am europäischen Projekt anbietet. Dieses Angebot wirkt jedoch nur attraktiv, wenn es auch real ist.

ANHANG

Anmerkungen

1 Helena Ivanov/Marlene Laruelle: Why Still Pro-Russia? Making Sense of Hungary's and Serbia's Pro-Russian Stance, in: The Henry Jackson Society, 31.1.2023.
2 Vgl. Robert Kaplan: Die Geister des Balkans, Düsseldorf/Wien 1994.
3 Fürst Bismarcks Gesammelte Reden, Band I, Berlin 1895, S. 359–360.
4 Vgl. Maria Todorova: Die Erfindung des Balkans: Europas bequemes Vorurteil, Darmstadt 2006.
5 Zitiert nach Christophe Châtelot: En Afrique, le nouveau »partenariat« proposé par Emmanuel Macron mis à l'épreuve par la crise en RDC, Le Monde, 6.3.2023, https://www.lemonde.fr/afrique/article/2023/03/06/en-afrique-le-nouveau-partenariat-propose-par-emmanuel-macron-mis-a-l-epreuve-par-la-crise-en-rdc_6164267_3212.html.
6 Slavoj Žižek: Geographical limit between Balkan and Central Europe, YouTube, https://www.youtube.com/watch?v=bwDrHqNZ9lo.
7 Archiv des britischen Außenministeriums, National Archive, FO608/16, 24.1.1919, 559, Situation in Western Balkans, Report of Mayor Temperley to Lieut. Gen. T. Bridges.
8 Alle ehemaligen jugoslawischen Republiken erlebten die Kriege, direkt oder indirekt, während Albanien einen kurzen Bürgerkrieg nach dem Kollaps staatlicher Institutionen 1997 erfuhr.
9 Aromunisch ist die Sprache der kleinen walachischen Minderheit, insbesondere in Nordmazedonien und Serbien. Ladino ist die romanische Sprache der Sephardim und war bis zum Holocaust weitverbreitet.
10 Otto von Bismarck: Gesammelte Werke, Neue Friedrichsruher Ausgabe, Abteilung III: 1871–1898, Schriften Band 3, Paderborn 2008, S. 345.
11 Der beste knappe historische Abriss über diese Periode findet sich in: Mark Mazower: Der Balkan, Berlin 2007.
12 Leo Trotzki: Die Balkankriege 1912–13, Essen 1996, S. 300–301.
13 Zitiert nach Dorothea Gräfin Razumovsky: Titos Erbe, Freiburg/Würzburg 1978, S. 61.
14 Josip Broz Tito: Belgrader Konferenz. Reden des Präsidenten, Belgrad 1961, S. 12.
15 Yugoslavia: Approaching Crisis? Special National Intelligence Estimate, Secret, 31.1.1983, https://www.cia.gov/readingroom/docs/CIA-RDP86T00302R000801270010-6.pdf.
16 Lea Ypi: Frei. Erwachsenwerden am Ende der Geschichte, Frankfurt am Main 2022, S. 96.
17 Vgl. Tvrtko Jakovina: Budimir Lončar Od Preka do vrha svijeta, Belgrad 2020, S. 452–455.

18 Zum Krieg in Jugoslawien empfehle ich Nobert Mappes-Niediek: Krieg in Europa. Der Zerfall Jugoslawiens und der überforderte Kontinent, Berlin 2022.

19 Zitiert nach Norman Kempster/Carol J. Williams: Yugoslav Unity Eludes Baker in Belgrade, in: Los Angeles Times, 22.6.1991.

20 Vgl. Josip Glaurdić: The Hour of Europe: Western Powers and the Breakup of Yugoslavia, New Haven 2011.

21 Vgl. Samuel P. Huntington: Kampf der Kulturen. Die Neugestaltung der Weltpolitik im 21. Jahrhundert, München/Wien 1996.

22 Offiziell gab es noch die Bundesrepublik Jugoslawien, bestehend aus Serbien und Montenegro. Montenegro verfolgte seit 1997 eine eigenständige Linie und erklärte sich für neutral.

23 Vgl. Savez – organizovani otpor NATO zločincama & Miting podrške Savezu Jugoslavije, Rusije i Belorusije, in: Politika, 13.4.1999.

24 Zitiert nach Mark Tran: »I'm not going to start Third World War for you«, Jackson told Clark, in: The Guardian, 2.8.1999, https://www.theguardian.com/world/1999/aug/02/balkans3.

25 Zitiert nach Julija Petrovskaja/Sonja Gočanin: »Balkanska međa« za rasprave i svađe, in: Radio Slobodna Evropa, 23.4.2019, https://www.slobodnaevropa.org/a/balkanska-medja-film/29896618.html.

26 Zitiert nach Oskar Wegge: Chaos, Ratlosigkeit und Angst vor Präzedenzwirkungen. Chinas Haltung im Kosovo-Konflikt, China Aktuell, März 1999, S. 264, https://hasp.ub.uni-heidelberg.de/journals/chakt/article/view/11579.

27 Gipfeltreffen EU – westliche Balkanstaaten, Thessaloniki, 21.6.2003, https://ec.europa.eu/commission/presscorner/detail/de/PRES_03_163.

28 Zitiert nach Igor Ilic: Croatia's PM Sanader resigns, quits politics, in: Reuters, 1.7.2009.

29 Zitiert nach N. L.: Dodik pretio biračima »Ko glasa za opoziciju, izbacićemo ga s posla«, in: Blic, 28.9.2018, https://www.blic.rs/vesti/politika/dodik-pretio-biracima-ko-glasa-za-opoziciju-izbacicemo-ga-s-posla/bpy715b.

30 Vgl. Video des Auftritts von Sebastian Kurz, https://www.youtube.com/watch?v=f_-vsk6JP-I.

31 »Švaba« ist der umgangssprachliche Begriff für Deutsche. Vgl. »Zove me ›moj divlji Srbin‹, a ja njega ›moj Švabo‹«: Vučić ispričao kako deli komplimente sa savetnikom iz Nemačke Video, in: nova.rs, 23.2.2023, https://nova.rs/vesti/politika/zove-me-moj-divlji-srbin-a-ja-njega-moj-svabo-vucic-ispricao-kako-deli-komplimente-sa-savetnikom-iz-nemacke-video/.

32 Donald Tusk: Remarks by President Donald Tusk after his meeting with President Aleksandar Vučić of Serbia, European Council, 25.4.2018, https://

www.consilium.europa.eu/en/press/press-releases/2018/04/25/remarks-by-president-donald-tusk-after-his-meeting-with-president-aleksandar-vucic-of-serbia/.

33 Zitiert nach B. B.: Rama: For years we have been waiting for the »bride« from Brussels, but she never came, slobodenpečat.mk, 4.7.2022, https://www.slobodenpecat.mk/en/rama-so-godini-ja-chekame-nevestata-od-brisel-no-taa-nikogash-ne-dojde/.

34 Vgl. Eurostat: Western Balkan countries trade with main partners, 2021, https://ec.europa.eu/eurostat/statistics-explained/index.php?title=File:Western_Balkan_countries_trade_with_main_partners,_2021.png.

35 Zitiert nach Dean B. Pineles: Donald Trump Should Call a Serbia-Kosovo Summit, in: Balkan Insight, 16.8.2019, https://balkaninsight.com/2019/08/16/donald-trump-should-call-a-serbia-kosovo-summit/.

36 Vgl. Putin apology to Serbia over Russian spokeswoman Zakharova, in: BBC, 11.9.2020, https://www.bbc.com/news/world-europe-54120382.

37 Zitiert nach Die Morina: Trump Falsely Claims He Ended a »400-Year« War Between Kosovo and Serbia, in: Exit News, 28.10.2020, https://exit.al/en/trump-falsely-claims-he-ended-a-400-year-war-between-kosovo-and-serbia/.

38 MUP: Ministar Vulin: Odnosi Srbije i Ruske Federacije na najvišem nivou, 3.12.2021, http://www.mup.gov.rs/wps/poc/!ut/p/wcm/oid:e641c901-47fa-479c-ade8-8e6c7ca5f608?locale=sr-Latn-RS.

39 Vgl. Z. Miladinović: Srpska policija od Rusije traži tehniku za praćenje »sumnjivih lica« da bi se suprotstavila »masovnim neredima«, in: Danas, 9.12.2021, https://www.danas.rs/vesti/drustvo/srpska-policija-od-rusije-trazi-tehniku-za-pracenje-sumnjivih-lica-da-bi-se-suprotstavila-masovnim-neredima/.

40 Vgl. NIS: Quarterly Report for Third Quarter of 2021, https://ir.nis.rs/fileadmin/template/nis/pdf/Reporting/BusinessReports/English/QR_Q3_2021_eng_final_with_signature.pdf.

41 Zitiert nach Serbia's Defense Chief Crows About Russian Military Allies, in: Voice of America, 24.6.2019, https://www.voanews.com/a/europe_serbias-defense-chief-crows-about-russian-military-allies/6170538.html.

42 Zitiert nach Putin ispred hrama: Hvala na prijateljstvu, in: Radio Slobodna Evropa, 17.1.2019, https://www.slobodnaevropa.org/a/29715796.html.

43 Vgl. Video der Parade unter: Svečani defile povodom Dana Republike, RTRS. 9.1.2023, https://www.youtube.com/watch?v=rZQksVsrJDA.

44 Zitiert nach Armina Galijaš: »Putin empfing mich nach Mitternacht«. Russische Soft Power in der Republika Srpska, in: Südosteuropa Mitteilungen 62, 5–6, 2022, S. 61.

45 Vgl. Adelheid Wölfl: Sberbank fordert Milliarde Euro von kroatischem Konzern Agrokor, in: Der Standard, 21.9.2017, https://www.derstandard.at/story/2000064413369/sberbank-fordert-eine-milliarde-euro-vom-kroatischen-grosskonzern-agrokor-ein.

46 Vgl. Andrej Dimitrijević: Ko je čovek koji je izgovorio »Ćale, ovo je za tebe« i zašto je to rekao, in: Svedok, 8.7.2020, https://svedokonline.medium.com/ko-je-čovek-koji-je-izgovorio-ćale-ovo-je-za-tebe-i-zašto-je-to-rekao-3c2f6cdc54c4.

47 Vgl. Nermina Kuloglija: Bosnian Serb Report Claims Many Srebrenica Victims Weren't Civilians, in: Balkan Insight, 21.7.2021, https://balkaninsight.com/2021/07/21/bosnian-serb-report-claims-many-srebrenica-victims-werent-civilians/.

48 Zitiert nach dj/bw: Macedonian police wipe out Albanian ›terrorists‹, in: Deutsche Welle, 10.5.2015, https://p.dw.com/p/1FNnQ.

49 Zitiert nach »Ќе заврши работа Цаци ако го направи ептен патетично« Транскриптите од 32. бомба (АУДИО), in: MDK, 15.5.2015, https://www.mkd.mk/makedonija/politika/transkriptite-od-deneshnata-32-bomba-audio.

50 Vgl. Rede von Nikola Gruevski als Video unter: Izjava, 10.5.2015, https://www.youtube.com/watch?v=HpcKMEEvQeo.

51 Vgl. Erin Banco: Russia's Wagner group ramping up operations outside of Ukraine, U.S. warns, in: Politico, 9.1.2023, https://www.politico.com/news/2023/01/09/russias-wagner-group-ramping-up-operations-outside-of-ukraine-u-s-warns-00076859.

52 Zitiert nach Narodna patrola preti »ruskim liberalima« u Srbiji: Vaše zastave ćemo gaziti, a vi ćete naše gledati, in: nova.rs, 20.1.2023, https://nova.rs/vesti/drustvo/narodna-patrola-preti-ruskim-liberalima-u-srbiji-vase-zastave-cemo-gaziti-a-vi-cete-nase-gledati/.

53 Vgl. Twitter-Account der Narodna patrola, 14.1.2023, https://twitter.com/narodna_patrola/status/1614040491976261632.

54 Zitiert nach Vučić: Oglas Vagnerove grupe za regrutovanje u Srbiji nije fer, in: Danas, 16.1.2023, https://www.danas.rs/vesti/politika/vucic-oglas-vagnerove-grupe-za-regrutovanje-u-srbiji-nije-fer/.

55 Vgl. Russia's Wagner group denies recruiting Serbs to fight in Ukraine, in: Reuters, 20.1.2023, https://www.reuters.com/world/europe/russias-wagner-group-denies-recruiting-serbs-fight-ukraine-2023-01-20/.

56 Für weitergehende Informationen zur »Russkij mir« vgl. Zaur Gasimov: Idee und Institution »Russkij mir« zwischen kultureller Mission und Geopolitik, in: Osteuropa, 62, 5, 2012, S. 69–80.

57 Zitiert nach Jasna Vukićević/Gjeraqina Tuhina: ›Srpski svet‹ koncept koji region čini nervoznim, in: Radio Slobodna Evropa, 19.10.2021, https://www.slobodnaevropa.org/a/srpski-svet-srbija-balkan-/31521168.html.

58 Zitiert nach Montenegro election marred by »coup« accusations, in: Euractiv, 17.10.2016, https://www.euractiv.com/section/enlargement/news/montenegro-election-marred-by-coup-accusations/.

59 Nachforschungen von *Bellingcat* weisen darauf hin, dass Popows eigentlicher Name Wladimir Nikolajewitsch Moisew ist. Vgl. Bellingcat Investigation Team: Second GRU Officer Indicted in Montenegro Coup Unmasked, 22.11.2018, https://www.bellingcat.com/news/uk-and-europe/2018/11/22/second-gru-officer-indicted-montenegro-coup-unmasked/.

60 Vgl. Julian Borger/Andrew MacDowall/Shaun Walker: Serbia deports Russians suspected of plotting Montenegro coup, in: The Guardian, 11.11.2016, https://www.theguardian.com/world/2016/nov/11/serbia-deports-russians-suspected-of-plotting-montenegro-coup.

61 Vgl. CEDEM (Hrsg.): Političko javne mnjenje crne gore NATO integracija jul, 2015, https://www.cedem.me/wp-content/uploads/2021/09/Stavovi_gradjana_o_NATO_integracijama_jul_2015.pdf.

62 Vgl. zum Beispiel Ben Farmer: Reconstruction: The full incredible story behind Russia's deadly plot to stop Montenegro embracing the West, in: Daily Telegraph, 18.2.2017, https://www.telegraph.co.uk/news/2017/02/18/reconstruction-full-incredible-story-behind-russias-deadly-plot/.

63 Zitiert nach Mustafa Canka: Presuda za »Orlov let«, in: Deutsche Welle, 6.8.2008, https://p.dw.com/p/ErOi.

64 Zitiert nach Lavrov: Širenje NATO-a na Balkanu provokacija, in: Radio Slobodna Evropa, 30.9.2014, https://www.slobodnaevropa.org/a/26613209.html.

65 Vgl. Christo Grozev: Balkan Gambit: Part 2. The Montenegro Zugzwang, Bellingcat, 25.3.2017, https://www.bellingcat.com/news/uk-and-europe/2017/03/25/balkan-gambit-part-2-montenegro-zugzwang/.

66 Andrija Mandić: Mi doživljamo Ruse kao nama najbliže, Ruski Ekspres, 4.2.2016, https://rs.rbth.com/news/2016/02/03/andrija-mandic-mi-dozivljavamo-ruse-kao-nama-najblize_564699.

67 Zitiert nach Blessed by Amfilohije, unwanted in Montenegro, in: CDM, 6.2.2016, https://www.cdm.me/english/blessed-by-amfilohije-unwanted-in-montenegro/.

68 Vgl. Grozev: Balkan Gambit: Part 2.

69 Vgl. Ivana Gardasevic: Russia and Montenegro: How and Why a Centuries' Old Relationship Ruptured, Connections, in: The Quarterly Journal 17, 1, 2018, S. 61–75.

70 Vgl. Adelheid Wölfl: Deripaskas Millionengrab für Montenegro, in: Der Standard, 10.7.2013, https://www.derstandard.at/story/1371172225924/deripaskas-millionengrab-fuer-montenegro.

71 Vgl. Mathias Brüggmann: In der Hand des Russen, in: Handelsblatt, 13.5.2009, https://www.handelsblatt.com/unternehmen/industrie/montenegro-in-der-hand-des-russen/3175840.html.

72 Vgl. Dusica Tomovic: Russians Dominate Foreign Ownership of Montenegrin Companies, in: Balkan Insight, 18.8.2016, https://balkaninsight.com/2016/08/18/russians-own-every-third-company-in-montenegro-report-08-17-2016/.

73 Zitiert nach Georgi Gotev: Greece and Russia exchange furious statements over Macedonia, in: Euractiv, 15.1.2019, https://www.euractiv.com/section/global-europe/news/greece-and-russia-exchange-furious-statements-over-macedonia/.

74 Vgl. Tasos Kokkinidis: Putin Slams Prespa Agreement, in: The Greek Reporter, 16.1.2019, https://greekreporter.com/2019/01/16/putin-slams-prespa-agreement/.

75 Zitiert nach Kosovo minister sees Russian influence in growing Serbian tension, in: Al Jazeera, 28.12.2022, https://www.aljazeera.com/news/2022/12/28/kosovo-minister-sees-russian-influence-in-growing-serbian-tension.

76 Vgl. Das prächtige Jahrhundert, Episode 1, 2011, https://www.youtube.com/watch?v=Sushfbbnl90&list=PLGGhqh1AUI_OHyKM-_y6QeORwvQFNq3Kg.

77 Zitiert nach Enika Abazi: Albania. New geopolitics and shifting linkages, in: Florian Bieber/Nikolaos Tzifakis (Hrsg.): The Western Balkans in the World. Linkages and Relations with Non-Western Countries, London/New York 2019, S. 175.

78 Zitiert nach Ece Toksabay: Turkish PM fumes over steamy Ottoman soap opera, in: Reuters, 27.11.2012, https://www.reuters.com/article/us-turkey-show-suleiman-idUSBRE8AQ11H20121127.

79 Zitiert nach Turkey election: Victorious Erdogan pledges ›consensus‹, in: BBC, 13.6.2011, https://www.bbc.com/news/world-europe-13744972.

80 Erich Rathfelder: Prizren spricht türkisch, in: taz, 18.8.1999, https://taz.de/Prizren-spricht-tuerkisch/!1275140/.

81 Zitiert nach PM Erdogan: Turkey is Kosovo and Kosovo is Turkey, in: World Bulletin & News From Turkey and Islamic World, 24.10.2013, https://worldbulletin.dunyabulteni.net/diplomacy/pm-erdogan-turkey-is-kosovo-and-kosovo-is-turkey-h121375.html.

82 Zitiert nach Erdogan: Alija Izetbegović me primio za ruku i rekao da čuvam Bosnu, in: Fokus, 23.10.2017, https://www.fokus.ba/vijesti/globus/erdogan-alija-izetbegovic-me-primio-za-ruku-i-rekao-da-cuvam-bosnu/895159/.

83 Sabina Pačariz: Political Power in Hybrid Regimes. A Study of Contemporary Serbian-Turkish Relations, PhD Thesis, Queen Mary University of London, 2021.

84 Vgl. Gentiola Madhi: Thaçi's gone. The thin line of Erdoğan's brotherhood, European Western Balkans, 16.11.2020, https://europeanwesternbalkans.com/2020/11/16/thacis-gone-the-thin-line-of-erdogans-brotherhood/.

85 Zitiert nach Amarildo Gutić: Scandalous Visit of Erdogan: Mosque for Bosnia and Herzegovina, drones for Serbia that are produced by Bakir Izetbegović's godson, in: Žurnal, 9.9.2022, https://www.zurnal.info/clanak/mosque-for-bosnia-and-herzegovina-drones-for-serbia-that-are-produced-by-bakir-izetbegovics-godson/25287.

86 Zitiert nach Zeljko Trkanjec: Erdogan, godfather to daughter of Bosniak SDA party leader, in: Euractiv, 30.8.2021, https://www.euractiv.com/section/politics/short_news/erdogan-godfather-to-daughter-of-bosniak-sda-party-leader/.

87 Vgl. Samir Huseinovic/Marina Martinovic: Gulen in Bosnia, in: Deutsche Welle, 20.8.2016, https://www.dw.com/en/turkeys-gulen-crackdown-comes-to-bosnia/a-19490024.

88 Zitiert nach Alice Taylor/Barbara Halla: Erdogan demands Albania's support in fight against Gulen, in: Euractiv, 18.1.2022, https://www.euractiv.com/section/politics/short_news/erdogan-demands-albanias-support-in-fight-against-gulen/.

89 Zitiert nach Abazi: Albania, S.175.

90 Zitiert nach Aram Roston: A Middle East Monarchy Hired American Ex-Soldiers To Kill Its Political Enemies. This Could Be The Future Of War, in: Buzzfeed, 16.10.2018, https://www.buzzfeednews.com/article/aramroston/mercenaries-assassination-us-yemen-uae-spear-golan-dahlan.

91 Vgl. Samir Kajosevic: Montenegro Extends »Golden Passport« Program Despite EU Criticism, in: Balkan Insight, 31.12.2021, https://balkaninsight.com/2021/12/31/montenegro-extends-golden-passport-program-despite-eu-criticism/.

92 Vgl Passport Index, https://www.passportindex.org/de/byRank.php.

93 Vgl. Daniel Heler: Serbian Guns Have Consequences for Balkans and Beyond, in: Balkan Insight, 13.12.2018, https://balkaninsight.com/2018/12/13/serbian-guns-have-consequences-for-balkans-and-beyond-12-12-2018/.

94 Beograd ne vodi nije moja fantazija! Vučić tvrdi da se radovi izvode PRE ROKA, in: Telegraf, 18.12.2015, https://www.telegraf.rs/vesti/politika/1912293-beograd-na-vodi-nije-moja-fantazija-vucic-tvrdi-da-se-radovi-izvode-pre-roka.

95 Vgl. Jorn Koelemaij: Dubaification in practice: an inter-scalar analysis of Belgrade Waterfront, in: Urban Geography, 42, 4, 2021, S.439–457.

96 Vgl. Daniela Ilić Krasić: Najskuplji kvadrat stana prodat za 9 632 evra u Beogradu na void, in: N1, 1.3.2021, https://n1info.rs/biznis/najskuplji-kvadrat-stana-prodat-za-9-632-evra-u-beogradu-na-vodi/.

97 Vgl. Predrag Blagovčanin: Arapi u BiH: Poželjni turisti ili nepoželjna prijetnja?, in: Analizraj.ba, 19. 8. 2018, https://analiziraj.ba/arapi-u-bih-pozeljni-turisti-ili-nepozeljna-prijetnja2/.

98 Zitiert nach A. Kozomora: Milorad Dodik: U BiH dolazi 500 000 Arapa, in: Blic, 1. 11. 2013, https://www.blic.rs/vesti/tema-dana/milorad-dodik-u-bih-dolazi-500000-arapa/gpgpy90.

99 Manuel Bewarder/Florian Flade: Balkan wird zum Einfallstor für IS-Terrormiliz, in: Welt, 7. 6. 2015, https://www.welt.de/politik/deutschland/article142061297/Balkan-wird-zum-Einfallstor-fuer-IS-Terrormiliz.html.

100 Wie der Islamische Staat den Balkan unterwandert, in: ntv, 23. 9. 2015, https://www.n-tv.de/mediathek/videos/politik/Wie-der-Islamische-Staat-den-Balkan-unterwandert-article15996596.html.

101 Vgl. Florian Bieber/Lura Pollazhani: Compared perspectives on radicalisation and violent extremism in MENA, the Balkans and the European Union, in: Connekt Regional Report, April 2021, https://h2020connekt.eu/wp-content/uploads/2021/04/CONNEKT-Cross-Regional-Report.pdf.

102 Vgl. Samir Kajosevic: Montenegro Seeks Cash to Build Highway's Second Phase, in: Balkan Insight, 3. 8. 2022, https://balkaninsight.com/2022/08/03/montenegro-seeks-cash-to-build-highways-second-phase/.

103 Vgl. URS: SEETO Road Route 4 Investment Plan, Technical Options Report – Final, 2012, https://www.gov.me/dokumenta/9b19a711-8a62-4521-87fc-e76c31eb37ed.

104 Vgl. Samir Kajosevic: Montenegro Authorities Exaggerated Cost of Highway, Surveys Show, in: Balkan Insight, 16. 11. 2021, https://balkaninsight.com/2021/11/16/montenegro-authorities-exaggerated-cost-of-highway-surveys-show/.

105 Zitiert nach Crna Gora traži pomoć EU za otplatu kineskog kredita, in: Balkans Aljazeera, 17. 3. 2021, https://balkans.aljazeera.net/news/economy/2021/3/17/crna-gora-trazi-pomoc-eu-za-otplatu-kineskog-kredita.

106 Vgl. Nikola Đorđević: Montenegro narrowly avoids Chinese debt trap, for now, in: Emerging Europe, 9. 8. 2021, https://emerging-europe.com/news/montenegro-narrowly-avoids-chinese-debt-trap-for-now/.

107 Zitiert nach Montenegro opens 1st Chinese-built highway section, in: english-news.cn, 14. 7. 2022, http://english.news.cn/20220714/690329ebbafb47cfaa3b44f897e09a54/c.html.

108 Ursula von der Leyen: Rede zur Lage der Union 2020, 26. 9. 2020, https://state-of-the-union.ec.europa.eu/system/files/2022-12/soteu_2020_de.pdf.

109 Vgl. Wenn Vučić und Orban aus dem Zug winken – dort aber niemand ist, in: Die Presse, 29. 3. 2022, https://www.diepresse.com/6118380/wenn-vucic-und-orban-aus-dem-zug-winken-dort-aber-niemand-ist.

110 Vgl. China's Piraeus power play: In Greece, a port project offers Beijing leverage over Europe, in: Hellenic Shipping News, 9. 7. 2019, https://www.hellenicshippingnews.com/chinas-piraeus-power-play-in-greece-a-port-project-offers-beijing-leverage-over-europe/.

111 Zitiert nach Ljiljana Bukvic: Od kako je stigao u Srbiju samo problemi: Linglong i dalje miljenik vlasti, in: Danas, 28. 8. 2022, https://www.danas.rs/vesti/ekonomija/od-kako-je-stigao-u-srbiju-samo-problemi-linglong-i-dalje-miljenik-vlasti/.

112 Zitiert nach Sasa Dragojlo: »Like Prisoners«: Chinese Workers in Serbia Complain of Exploitation, in: Balkan Insight, 26. 1. 2021, https://balkaninsight.com/2021/01/26/like-prisoners-chinese-workers-in-serbia-complain-of-exploitation/.

113 Vgl. Maja Bjelos/Vuk Vuksanovic: Geopolitics is Local. Ramifications of Chinese Projects for Human Security in Serbia, in: Belgrade Centre for Security Policy, 2022, S. 6–10.

114 Zitiert nach Vučić: Evropska solidarnost je bajka na papiru, uzdamo se u Kinu, in: Sputnik Serbia, 15. 3. 2020, https://rs-lat.sputniknews.com/vesti/202003151122059574-vucic-evropska-solidarnost-je-bajka-na-papiru-koronavirus-pandemija-/.

115 Vgl. Instagram-Account von Aleksandar Vučić [@buducnostsrbijeav], 16. 3. 2020.

116 Velimir Bata Živojinović unterstützte Milošević in den neunziger Jahren und war 2002 sogar Präsidentschaftskandidat der Sozialistischen Partei Serbiens.

117 Zitiert nach Mary Hui: China loves this obscure 1972 Yugoslavian movie-and Sarajevo is cashing in, in: Quartz, 13. 4. 2019, https://qz.com/quartzy/1589664/chinas-love-for-old-yugoslav-war-movie-fuels-balkan-tourism-boom.

118 Zitiert nach On Xinjiang and terrorism, U. S. double standards on display, in: china.org.cn, 18. 12. 2019, http://www.china.org.cn/world/Off_the_Wire/2019-12/18/content_75526732.htm.

119 Boris Tadić: The Chinese Model of Modernization Offers a New Option to Other Countries, in: China Today, 29. 10. 2021, http://www.chinatoday.com.cn/ctenglish/2018/commentaries/202110/t20211029_800261975.html.

120 Vgl. Reid Standish: The Fight In Serbia Over Chinese-Style Surveillance (Part 1), in: Radio Free Europe, 22. 11. 2022, https://www.rferl.org/a/serbia-chinese-surveilllance-backlash-standish/32142771.html.

121 Vgl. Radovan Balać: Withdrawal of the Draft Law on Internal Affairs in Serbia: The Prime Minister's Gambit, in: European Western Balkans, 31. 12. 2022, https://europeanwesternbalkans.com/2022/12/31/withdrawal-of-the-draft-law-on-internal-affairs-in-serbia-the-prime-ministers-gambit/.

122 Zitiert nach Sanja Arežina: Reflections of the »Belt and Road« Initiative and China-CEEC Cooperation on the Perceptions of China Pervading the Public Discourse in Albania, China-CEE Institute, Working Paper, 2020, Nr. 27, https://china-cee.eu/working_papers/reflections-of-the-belt-and-road-initiative-and-china-ceec-cooperation-on-the-perceptions-of-china-pervading-the-public-discourse-in-albania/.

123 Zitiert nach Niamh Kennedy: Nikolić citirao Tarabića: Doći će žuti ljudi s Istoka, in: N1, 18.12.2014, https://n1info.hr/regija/a17587-nikolic-citirao-tarabica-doci-ce-zuti-ljudi-s-istoka/.

124 Vgl. M.B.: Špijunka: Vučić uči i nemački, in: Novosti, 12.3.2013, https://www.novosti.rs/vesti/naslovna/aktuelno.289.html:423976-Spijunka-Vucic-uci-i-nemacki.

125 Vgl. Video des Beitrags unter: TV Prva: Ekskluzivno u kabinetu predsednika, Vučić za TV Prvu: Napredak će videti građani Srbije, 30.5.2019, https://www.youtube.com/watch?v=kTTTCOZd4d8&t=7s.

126 TV Studio B: Vučić u video poruci na kineskom jeziku potvrdio posetu Kini 23.12.2019, https://www.youtube.com/watch?v=mLKmNSOrQ1Q.

127 Vgl. Vučićev govor slušalo milijardu ljudi: U Srbiji i meni lično imaćete uvek iskrenog prijatelja i saborca – živela Kina, živela Srbija!, in: Informer, 6.7.2021, https://informer.rs/vesti/politika/620712/aleksandar-vucic-kina-govor.

128 Vgl. Poslanik SNS govorio na kineskom jeziku na sednici Skupštine Srbije, in: N1, 28.4.2021, https://n1info.rs/vesti/poslanik-sns-govorio-na-kineskom-jeziku-na-sednici-skupstine-srbije/.

129 Vgl. Instagram-Account von Aleksandar Vučić [@buducnostsrbijeav], 27.10.2020.

130 Vgl. Četiri stuba srpske spoljne politike, in: RTS, 30.8.2009, www.rts.rs/page/stories/sr/story/9/politika/123751/cetiri-stuba-srpske-spoljne-politike.html.

131 Vgl. Albert O. Hirschman: Exit, Voice and Loyalty. Responses to Decline in Firms, Organizations and States, Cambridge 1970.

132 Vgl. Isilda Mara/Michael Landesmann: ›Use it or lose it!‹ How do migration, human capital and the labour market interact in the Western Balkans?, in: European Training Foundation, 2022, https://www.etf.europa.eu/sites/default/files/2022-04/Migration_Western%20Balkans.pdf.

133 Vgl. Nenad Stefanov: Die serbisch-russische Freundschaft, eine erfundene Tradition, in: Der Standard, 6.3.2023, https://www.derstandard.at/story/2000144113394/die-serbisch-russische-freundschaft-eine-erfundene-tradition.

134 Zitiert nach Ambasador Bocan-Harčenko u intervjuu Beti: Konačan status Kosova po završetku sukoba Zapad – Rusija, in: Danas, 9. 2. 2023, https://www.danas.rs/vesti/politika/ambasador-bocan-harcenko-u-intervjuu-beti-konacan-status-kosova-po-zavrsetku-sukoba-zapad-rusija/.

Alle Weblinks gesehen: 10. 8. 2023

Literatur

Alexander Andreev: Der Krieg und Russlands Einfluss in Südosteuropa, in: Südosteuropa Mitteilungen, Jg. 62, 5–6, 2022

Jens Bastian (Hrsg.): External Actors Series: China, in: Southeast Europe in Focus, Nr. 6, 2020

Dimitar Bechev: Rival Power: Russia's Influence in Southeast Europe. New Haven 2017

Dimitar Bechev: Die Türkei unter Erdoğan – Wie sich das Land von der Demokratie und vom Westen verabschiedet hat. Hamburg 2023

Florian Bieber: The Rise of Authoritarianism in the Western Balkans. Cham 2020

Florian Bieber/Nikolaos Tzifakis (Hrsg.): The Western Balkans in the World. Linkages and Relations with Non-Western Countries. London/New York 2019

Marie-Janine Calic: Geschichte des Balkans. München 2023

Johanna Deimel (Hrsg.): External Actors Series: Russia, Southeast Europe in Focus, Nr. 1, 2019

Christian Hagemann (Hrsg.): External Actors Series: Turkey, in: Southeast Europe in Focus, Nr. 5, 2020

Norbert Mappes-Niediek: Krieg in Europa: Der Zerfall Jugoslawiens und der überforderte Kontinent. Berlin 2022

Dank

Ich möchte mich bei Armina Galijaš und Aleksandra Tomanić für die kritische Lektüre des Manuskripts und die hilfreichen Kommentare bedanken. Das Buch wurde durch anregende Diskussionen am Zentrum für Südosteuropastudien der Universität Graz und in der Balkans in Europe Policy Advisory Group (BiEPAG) inspiriert. Vielen Dank auch an Maike Nedo und Christof Blome für die Betreuung des Buches im Ch. Links Verlag.